ここちよい近さがまちを変える
ケアとデジタルによる近接のデザイン

Livable Proximity: Ideas for the City That Cares

この本を手にとってくださった方たちへ

パンデミックによって、私たちの生活に大きな変化がありました。オンラインサービスの充実やリモートワークの普及によって、自分の家にとじこもる生活スタイルも一般的になったのも、そのひとつです。

さて、これからの私たちの生活を考えてみると、「ふれあうこと」や「近くにいること」が大事なことに気づきます。そのようなアプローチの基本となるのが「ここちよい近さ（近接）」です。この視点は、まち、地域、都市、ケア、コミュニティ、デジタル、経済、デザインへの見方を変えてゆくでしょう。

本書の著者、エツィオ・マンズィーニはイタリアのデザイン研究者であり、ソーシャルイノベーションとサステナビリティのためのデザインに関するリーダー的存在です。彼の著「Livable proximity – ideas for the city that cares」は、これからのソーシャルイノベーションに重要な示唆を与えてくれます。その日本語版は、マンズィーニのソーシャルイノベーションへの考え方と「ここちよい近さ（近接）」という視点を日本に適用することを目的としています。日本では、都市だけでなく、地域も含めて、広い意味で「まち」という観点が欠かせないので、本文では「都市」としていますが、本書のタイトルでは「まち」としています。

ここで、マンズィーニの本を理解するに助けとなることを書いておきましょう。彼自身の考えに影響を与えた4つのことです。

まず、1968年、世界の先進国の若者の間で広がった価値観の転換を目指した運動に彼自身が関わり、そこから「グリーン革命」に目を向け、一貫して環境問題に関心を持ち続けてきました。2つ目、イタリアのトリエステの精神科医であるフランコ・バザーリアが隔離された精神病棟の廃止を政府に働きかけ、1978年、それが法制化に至ります。誰が精神異常で誰が正常であるかは誰も決められない。この認識のもと、誰もが同じ空間で生きられるようにしたのです。3つ目が1989年にピエモンテ州でスタートしたスローフード運動です。量ではなく質を重視するあり方と、この運動の進め方が世界を変えていく新しいデザインのあり方を示していることにも感銘を受けます。4つ目は、ノーベル経済学賞も受賞したアマルティア・センの「ケイパビリティ・アプローチ」です。誰もがそれぞれに能力をもち、人が何かをしやすい環境をつくるのがデザインの役割であるとマンズィーニは気づきます。

個人の潜在能力に対する見方、その活かし方、そのときのデザインの役割、これらを世界が気候変動と経済格差で騒然としている今の時代にどう適用するか、と本書のテーマが繋がっています。その彼が、本書について、次のように語ります。「本書はできるだけ多くの人に読んで欲しいです。しかし、哲学的な対話ですから、読者にそれなりの素養を求めざるをえないのはわかってください」その意図するところは、腑に落ちるには時間がかかる、ということです。しかし、誰もが理解できる日がくるはずです。

この本は、まち、地域や都市に関心がある人、これからのソーシャルイノベーションの実践に関心がある人、広い文脈でのケアに関心がある人、次世代のデザイン思考やデザイン文化に関心がある人、デジタルやプラットフォームに関心あるエンジニア、都市やデザインの研究者などには、ぜひ読んでもらいたい本です。

本書は、4つの章で構成していますが、1章は「近接とは何か?」という哲学的な内容、2章は都市と事例、3章ではケアと事例、4章はデザインと事例に関して掲載しています。付録1はイヴァナ・パイス著のデジタルプラットフォームに関する文章です。そして付録2は日本語版解説と日本における事例になっています。もし1章を読んで難しいと感じたら、2章や付録2から読み始めてみるとよいと思います。そして最後に1章を読むと、この本の全体像が把握できると思います。

最後に繰り返しますが、この本には難しい概念もあります。しかし、後半の事例などを参考にしながら読み進んでいただけると、マンズィーニの考え方の素晴らしさにじわじわと気づいていただけるはずです。

翻訳者を代表して、安西洋之、山﨑和彦
2023年11月1日

マンズィーニから日本語版へのメッセージ

本書の日本語版は、「空間」と「時間」という2つの課題に直面する。1つはイタリア語版の著者と日本語版の読者の文化的背景の違いで、もう1つは執筆の時点から3年という年月を経ている時間の問題である。

1

翻訳とは、あるリスクを引き受けることだ。誤解という避けがたいリスクである。この場合、本書の基盤となる「近接（proximity）」と「ケア（care）」という用語がもつ多様な意味合いがリスクの震源になる。

実際、この本では、私たちがお互いの関係や地球を大切にしながら良好に生活できる状況を「住みよい近接」と定義している。物理的および関係的な近さという条件は、特に込み入ったこともない、ほとんど当たり前のように見えるかもしれない。しかし、これは、私たちを逆の方向に導く大きな流れに逆らうことによって達成される目標なのだ。人と人や人と環境は、お互いが次第に遠のきつつある。そして、私たちも一部として属する生命の網の目すべてと、ありとあらゆる人にとって大きな問題を生み出している。

本書のなかで、この問題がなぜ起きるのか、そしてどのようにその問題に立ち向かうのかを私たちは議論している。英語版の副題にもあるように「ケアを重視する都市のためのアイデア」を提案している。つまり、近接のアイデアと実践、ケアのアイデアと実践、これらの2つを結びつけているのだ。

私が知る限り、「近接」と「ケア」の2つはどの言語にも存在する言葉である。なぜなら、これら2つの単語の意味は、すべての人の行動や感情のありさまに基づく意識的で継続的な行為を指しているからだ。同時に、人の経験と深く結びついているからこそ、それらの言葉を使う人たちの文化的特質にも深く根ざしている。すなわち、地球上の様々な地域で、その意味合いが異なっているのである。

そうであればこそ、この本は日本の読者に対しても ~そう、あなた方も~ 重要だと思うような話題を提供し、あなた方はそれを私たちとは異なる独自の方法で解釈してくれるだろう、と期待したい。

仮にそうなれば、著者である私、読者であるあなた方が異なる文化を跨いだ社会に開いていくに相応しい会話が盛り上がり、私たちを相互につなぎ合わせるものを認識し、同時に、私たちを区別する違いを育める。つまりは、私たちは一緒になって貢献することができ、その結果、私たちが生きる文化生態系はより豊かなものになる。

2

この本の最初のイタリア語版は２０２１年４月に出版された。それほど昔の話ではないとも言える。しかし、この３年の間に、その内容の妥当性を問われかねない様々なことが起こった。それでも、妥当性は失われていないと思う。

本書は、パンデミックの真っ只中に書かれた。自宅に監禁され、人と距離を保つように強制されたことで、多くの人が～そして私もだが～、生活における近接の適切さについて考察するきっかけとなった。ここから、本テーマに関して考える対象を都市や社会全体と範囲を広げていくことになったのである。この出来事は地球規模の社会実験と見るべきだが、３年の年月を経て、その実際的な影響はまだ十分には解釈しきれていない。

しかし、パンデミックが2つの矛盾した行動様式をもたらしたことは、すでに広く証明されているように思われる。多くの人びとはオンラインに頼る生活を拡大し、より頻繁にデジタル空間を訪れるようになり、それに伴って物理的な空間での出会いや交流の機会が減った。この現象が必然的に引き起こしている、あるいは引き起こしうる結果や影響を私たちは推測できる。

一方、人との距離を保つのが義務化されたことにより、近接の感覚と価値が認識され、この問題についてさらに広範な議論をする土壌が生み出された。そして、望むらくは、近接のシナリオを実際のかたちにさせたい。それが本書の提案である。もしこの提案が現実的であるなら、パンデミックの渦中およびそれ以後の経験は、本書が提案することを単に裏づけているだけでなく、まさに補強してくれているといえるだろう。

3

前述と同じ時期、変化をおこすもう1つの素材が公的空間での議論と私たちの生活に入り込んできた。人工知能（AI）は、いつとも知れない未来にその成果を先送りするような研究分野と認識されていたが、わずか数ヶ月の間にもの凄い勢いで拡大する商業技術として位置づけられるようになった。その成功がもたらす実用的、文化的、そして哲学的、政治的な影響が多大であることは、どの識者も認めている。私もその意見に賛成である。

だが、もちろん、ここはこのようなテーマを展開する場ではない。しかしながら、ひとつ質問させて欲しい。今日生じているような形の人工知能が引きおこすであろう事と、近接の問題の間にはなんらかの相関関係があるだろうか？　私の考えでは、答えは「イエス」である。人工知能が仮想現実の創造物と融合することで、私たちが生物学的な性質や環境との関係を感じられなくなる世界のディストピアのイメージが広がるが、唯一の対抗手段は、自然のものにしっかりと根ざした密度が高い多様なシステムの創造だ。それは、たまたまであろうと、一緒に住んでいる人、物、動物、環境と物理的にでもつながり生活できる近接システムである。

言い換えれば、テクノロジーによってあらゆるものが媒介されることで、何が本当で何が本当でないかを判断するのがますます難しくなる世界では「いること」、つまり、どのような時であっても自分の身体が存在する場で判断することが唯一の方法となるだろう。すなわち、デジタルの世界であれやこれやと気をそらされないようにして、その瞬間、その場所で、心と体を使って注意を払い、応対できるようにしておくことだ。「対面」、というわけである。

この観点からすると、住みよい近接とは、豊かで多様な近接のシステムを備えた社会技術システムの中で生活することと同義になる。それが私たちの生活のほとんどを占める物理的・関係的コンテクストを構成しうるのだ。もし私たちが望むなら、そこから他の仮想世界を探索し始めることができる。しかし、戻るべき家、友人、街、そしてケアする関係があるシステムを確保しているから、そうした探索を安全に行うことが可能なのである。

4

この本が書かれた後から私たちの生活に炸裂的に入り込み、執筆当時の私たちを遠ざけてしまっている3つ目の強力な変化の要因がある。それは戦争である。もちろん、2022年の前にも、世界には戦争があった。しかし、実際には、戦争に直接関与していない人びとにとって、ほとんど目に映ってこないものだった。

今、ロシアがウクライナに侵攻し、核のリスクを背負ったことで、それに気づかないわけにはいかなくなり、核がもたらす懸念にも触れないわけにはいかなくなった。だからこそ、日本の方々にこのメッセージを書くにあたり、私は戦争のことを語らないわけにはいかない。人工知能の場合と同じく、ここで本テーマをさらに探ることはできない。しかし、考察のための刺激として利用することは可能であり、また利用しなければならない。

戦争も平和も社会的な構築物であり、様々なレベルでの多種多様な介入の結果である、と私は考える。ひとつには、距離をおくという行為もある。実のところ、戦争を起こすには、双方の人びとが互いにとてつもなく異質であると感じている状況がなくてはならない。そして、それゆえに距離をおく。

もしそうだとすれば、近接の条件を準備することは、平和を求めることができる地勢のひとつとなる。言うまでもなく、平和と近接の間に決定論的な関係があるとは言っていない。物理的な近接だけで紛争を防ぐことなど無理だ。しかし、戦争という暴力的で組織的な紛争は、関係する人びとが距離を感じているときにのみ存在し得る。これも確かである。つまり、本書の中で私が「関係的近接」と呼んでいるものがない時だ。

だからこそ、このような困難な時代に、本書のように「近接」を論じることが、平和構築への貢献にもなりうると信じ、希望をもちたい。

5

最後に。出版社、翻訳チーム、そして特に安西洋之氏の尽力なくして本書の日本語版は存在しなかったであろうことに感謝したい。冒頭で述べたように、翻訳とは異文化間の架け橋となるアイデアを提案するものだ。その作業に、心から感謝している。今日、私たちはかつてないほど、互いの間に橋を架ける必要があるのだから。

ブチーネにて　２０２３年5月31日

目次

はじめに

ここちよい近さが
まちを変える

1　今にふさわしい〝近接〟の都市をつくる

この本は、都市とその今後について人びとが話し合うことで、社会全体を見据えた対話を豊かにすることに寄与しようとするものである。かなり前から繰り返し語られてはきたが、このところ注目されている考え方が息を吹き返すよう、ここでは提案したい。それは、**住んでいる場所から歩いて数分のところで、日常生活に必要なすべてを満たす近接の都市**である。

近接の都市は、機能的近接と関係的近接の2つが合わさる都市でもある。そのおかげで人びとは出会いの機会が増え、互いに支え合い、お互いと環境の両方に配慮し、協働で目標を共に達成する。突き詰めるところ、**近接の都市**は市民の生活をベースにしている。人びとが生きるにあたって必要なあらゆるものを見つけられ、他の人びととともに生きられる住みやすい近接との構想のもとに築かれている。

近接の都市は現在ではしばしば「15分都市」と呼ばれており、この考え方は進むべき方向に明確なビジョンを提示し、その考え方に力を与えている。しかし、このビジョンを現実のものにするには、文化的な方向の転換と強い政治的な意志を要する。すなわち、これまでの専門化され分断された都市観とは縁を切り、その上で、既存のインフラやガバナンス形態をくまなく見直さなければならない。とりわけ、社会、ひいては現代の都市を特徴づけている不平等と闘うことが求められる。近接の都市は、一部の特権的な人たちの占有物ではなく、都市の隅々までが市民の権利なのである。

この本が探求していく基本的な問いは、**「今にふさわしい近接の都市を私たちはつくれるだろうか？」**である。

本書が示す答えはイエスである。つくるのは可能だ。さらにつけ加えると、21世紀に入ってからの20年に渡るソーシャルイノベーションの足跡が、現代の都市をどうやってつくれるのかを具体的に示してくれている。少なくとも、最初の一歩をどこから踏み出せばよいかはわかる。

これまでの歴史が教えてくれるのは、数多のテーマと方法で立ち向かってきたこれらのイノベーションは、本書で示している「コミュニティと近接のあり方」を生み出せるということだ。本書では、次のことが視野に入っている。一緒に何かを手がけることにつながるコミュニティ、それらを実践する場所、斬新な取り組みが行われるオープンで動的な近接のシステム、同時にコミュニティを生き返らせるための協働、自由に使えるデジタル機器に大きく依存している近接のハイブリッドのプラットフォームである。

一方、これらの取り組みによって近接の都市の提言を具現化するとしたら、ソーシャルイノベーションと近接の関わりは、逆の方向にも解釈できる。近年に行われてきた数多くのタイプの試みと、近接の都市が共通の地平を得るかもしれないのだ。つまり、近接の都市がソーシャルイノベーションをより促す。このように、ここで提案することは都市にさらなる強さを与え、このたぐいの都市がより広まる期待がもてるだろう。

2 環境危機と社会危機が、近接の都市への再構築を促す

とどのつまり、近接の都市というテーマに目新しさはない。この条件をほぼ整えている都市はすでにある。あるいは、都市の一地区に存在しているのがよくあるケースで、それは前近代から受け継がれた遺産である。当時、交通機関に限界があり、日常生活のすべては近隣でこなすしかなかったのだ。

さらに、近接の都市というテーマは、異なる背景から、またしても名前だけをつけかえて流布するようになった。このテーマは環境面からの動機、つまりは空気汚染を減らすための交通量削減、

社会的動機、つまりは 孤独との戦いや生活の質の向上、こうしたことを目的に推し進められており、いくつかの都市ではこの近接の考えに基づいたプロジェクトやプログラムが立ち上がっている。

このような経緯から、この20年間に起こったこと、そして現在起こっていることを踏まえ、今日、近接の都市というテーマについての議論をよみがえらせることが急務である。環境危機と社会危機の間の相互作用がますますはっきりとしてきたのが背景にある。いつ、どのようにこの環境危機に対処するかを問わなければならなくなっている。社会危機についても、富を増やし続ける人びと、富をどんどんと失っていく人びと、この間の格差が広がっており、都市の網の目を再生しないといけない。

この難しい状況の真っただ中にあって、パンデミックが爆発した。私たちが経験している何かから何までもが、劇的な意味合いを持つようになった。この出来事がもたらす結果を完全に予測するのはまだできないとはいえ、すでに十分に明らかになっているいくつかの側面を本書は指摘している。

現に、次のことは確かなこととして言える。

パンデミックはいたる所で都市の未来に関する論議、一般的に言うならば、社会技術システムの物理的・地域的な次元についての議論を再燃させた。そればかりではない。パンデミックはこれまでには想像できないような規模と深さで、行動を変容させた。

最も顕著なことのひとつは、生産活動と消費の重心がデジタルの次元に移ったことだ。仕事、学習、娯楽のオンライン化の割合が高まった。日常の移動、社会的関係、都市とそのサービスの利用など、あらゆることがその渦に巻き込まれた。

このような現象を目の前にしたとき、近接の都市の発想は、きわめて今日的な意味を帯びているように思える。すなわち、パンデミック前から相当に突きつけられていた環境的・社会的な課題に対し、近接の都市は前向きで実行可能な指針になり得るのである。だが、それはまた、パンデミック後の社会に対する最良の提案とも言える。特に、「家で／家からすべて」という出現しつつある都市に立ち向かうためだ。この「家で／家からすべて」の都市は事実上、自らの家に閉じこもった個人による「非都市」である。自宅に籠ることがもはや義務でなくなっても、便利さを優先してこのような生活を続けるだろう。

結局のところ、すべてが身近にある近接の都市こそが、ディストピア的な風景にくさびを打ち込む視点となりうる。ただ、不幸にも巣ごもりを成り立たせる条件は、もの凄い勢いですでに広まっている。

3　近接・コミュニティ・ケア、そしてデジタルプラットフォーム

したがって、近接という話題そのものに新鮮さはない。もはや多くが語られ、多くの人が言葉を尽くしているのだ。この論戦に本書は何を加えるのだろうか？　最低線の目標としては、近接というテーマの輪郭をはっきりとさせ、深い考察に貢献することである。そのために、都市とそこで生活する人びとの経験の様々な側面や次元と、近接というテーマがどのように関わっていくのかを紐といていきたい。この基本的な動機を背景としながらも、より挑戦的な目標があり、それらは次の3つのポイントに集約される。

第1のポイントは、**コミュニティの構築**に関するものである。多くの著者や著作の論点とは、私たちが直面している複数の危機を考えると、社会の網の目をたてなおし、コミュニティを構築したり、再建したりすることが必要であるとの主張だ。

しかし、それらの主張が目標としてひとたび明示されても、次の段階に進めなくなるのが通常である。「言うは易し、行うは難し」だ。そもそも、どのようにコミュニティを（再び）構築するのか？　あるいは、すでにコミュニティが存在するならば、そのコミュニティを再生させて、長続きさせるには、どうすればよいのか？

本書は、その答えを出したいが、簡潔に言えばコミュニティはデザインできない。コミュニティとは数々の出来事から創発する社会形態だからだ。なしえることは適切な環境を整え、必要であれば、新しいコミュニティが生まれるような出会いをつくり出し、会話がはじまるような刺激を与えることだ。

ここで近接という問題が舞台にあがってくるのである。経験上、コミュニティにはほどよい近接が環境として求められる。それこそが近接のシステムである。この近接のシステムは十分に多様化し、機能的な要素と関係的な要素の間のバランスが十分にとれていることが求められる。ただ、この条件さえあればコミュニティが実際につくられる、という保証はまったくない。

しかし、同じくらいの確信をもって、私たちが「近接の都市」と呼ぶ、この好ましい条件が、新しいコミュニティが誕生し存続する可能性をより高めるといえる。そこで、**最初の問いに戻り、具体的に言うと、私たちがデザインすべき対象は、これらの有利な条件そのものである。**

第2のポイントは第1のポイントと関連する。**都市、近接、ケアの三者関係**に焦点をおいた近接の都市を、どのようにデザインするか、というものである。近年、ケアワークとして意図されたケアについて、また人間同士、より全般に人間と生命のネットワークを構成するあらゆるものとの相互作用のあり方であるケアについて、多くの議論がなされている。これまでに存在してきたサービス都市が「ケアなき都市」になってしまった、その経緯と理由について盛んに意見が交わされている。そこでは、住民はもはやケアを提供できる市民ではなく、サービスの（潜在的な）利用者か顧客としてしか見なされていない。

本書は、こうした議論を踏まえ、ひとつの仮説を前に進める。その仮説とは、ケアのできる都市を新たによみがえらせるためには、新たなコミュニティが生み出されねばならず、これを実行するためには新しいタイプのサービスも求められるということ。そして、それは地域の全域に広がったコラボレーションサービスであり、新しいコミュニティのための刺激と支援のインフラとなりうるということだ。

ソーシャルイノベーションをよく見てきた立場からすると、仮説の実現は、複数のレベルで次のような点を同時に実施することで可能であることがわかる。**サービスや活動を市民に身近なものにし（地域化）、コミュニティの構築を促し（社会化）、関係するアクターのネットワークを拡大し（包摂）、当初は想定していなかった関係者を巻き込み（多様化）、異なる領域からの参加や関わりを水平につなげる（調整）**。

第3のポイントは、物理的次元の近接とデジタルの次元における近接の両者の関係である。ここしばらくの間、私たちが行動する物理的空間とデジタル空間でハイブリッドな性格が強まっているとの議論が続いている。そして、パンデミックによってもたらされた大きな社会実験が、このプロセスを加速させたと言及される。

本書では、このハイブリッドな性格を考慮しない近接・コミュニティ・ケアの議論は今の世の中では成立しないと考えている。近接・コミュニティ・ケアは物理的なものに根差しているにもかかわらず、デジタルがますます重要になってきている。それなしにはもはや存在し得ないのだ。

その一方、現在、様々な形態のプラットフォームによってほぼ代表されるデジタル構成要素は、中立的ではない。プラットフォームは活動を支援するが、事実上、そこでできる活動を方向付けるという特徴を持っている。だからこそプラットフォームは、どんな活動を促進し、支援するのかに関する明確な考えをもってデザインしなければならないのであり、そうすることで、創発して欲しいと望む関わりあいの形があらわれる。これらのテーマは、本書の最後を飾るイヴァナ・パイスのエッセイでさらに掘り下げられている。

4　前近代の「近接」を現代の「近接」に変える

都市は複雑な有機体である。都市を語るには、全体を上からみる視点と内側からの視点を含む、様々な視点を採用しなければならない。この本では、そのうちの2つ目の内側からの視点、つまり市民の視点を採用している。近接やケアを嘘偽りなく語りたいなら、この内側からのまなざしは不可欠なのである。

他方、これらの問いについて語れることはすべて参照すべき文脈に依るため、語るに際してはいくつかの選択をしなければならなかった。そこで、私が熟知する文脈にある事例として、主にミラノとバルセロナを選んだ。これらの2つの都市では、本書で触れている課題について、たくさんのことが行われてきている。

ただ、他の場所でもよい例を見つけることができたはずだ。ヨーロッパ都市の典型的な例なら、トリノからコペンハーゲンまで挙がる。また、他の都市形態や歴史に目を向けるなら、ニューヨークから上海あるいはソウルまでをも候補にできただろう。あるいは、リオの貧民街やナイロビのスラムの密度と近接を語ることも可能だったろう。それぞれの都市には、語るべきそれぞれの物語があったはずだ。しかし、語り得る直接的な経験を私は十分にもっていないので、この仕事は他の人に任せたい。

各事例には付随する避けがたい特殊性があり、事例が他の文脈の人びとに伝えられることの限

界がある。だが、私たちが、それぞれの事例を認識し解釈する方法さえ知れば、それぞれの事例はあらゆる人に何かしらのことを教えてくれ、状況に適用できる何かを持っている、と私は信じている。

近接を論じるためにヨーロッパの都市を取り上げるのは、確かに最も安易な選択と見なされるだろう。垂直に密度の高い都市（高層ビル群の都市）、低密度の都市（郊外の都市）、インフォーマルな都市（スラム街や貧民街の都市）などと比較した場合、ヨーロッパの都市は実質的に近接都市の提案に近いように思われる。したがって、これらの都市を事例として参照することは、最もたやすい選択であることを意味する。

しかし「距離の都市」を支えるモデルのような、現在は強固なものとなっている文化モデル、運用モデルを打ち壊すことが必要なのであり、また同時に、「家で／家からすべて」という非都市的な方向へと向かおうとする傾向を転換させることもまた必要だ。もしそうなのだとすれば、この選択は最も妥当な選択であるように思える。なぜなら、課題が難しいなら、比較的やさしい場所から出発するのが有益だからだ。さらに、私たちが言及している近接の都市には、近接を有効活用した活動やサービスが豊富な近隣地域が（今でも）存在するのは事実ではあるが、それらの質の低下を招くような攻撃を何年も前から受けている。現在進んでいる社会砂漠化のプロセスを反転させるため、何か手を打たないといけない。そして前近代から残っている近接を、現代的な近接の形へと進化させるきっかけをつくらないといけない。

これに留まらない。これらの都市の歴史的な近隣地域では近接のシステムが十分に多様で、人の関係にプラスに作用しているのは事実だ。しかし、まったくそうでない地区もある。このようなところでは、近接の都市という概念を、それが最も難しいと思われる地区も含め、都市の全地区に拡大することが課題である。

5　本書の構成とイヴァナ・パイスによるエッセイ

本書は4つの章にわかれている。そして付録1はイヴァナ・パイスによるエッセイ、付録2は日本語版解説である。

第1章は他の3つの章の導入になる。近接というテーマがもつ様々な意味と現在進化中の動きを紹介し考察している。第2章は、都市にある近接の形態という観点から、都市とその進化について語っている。近接システムが混合しているのが都市なのだ。そこでは、3つのシナリオを紹介している。20世紀につくられ遺産として受け継がれてきた**距離の都市**のシナリオ。そして、現在競合している2つの新しいシナリオの**「家で／家からすべて」の都市**のシナリオと**近接の都市**のシナリオである。

第3章では、都市・近接・ケアの関係について論じる。ケアは人と人、人と世界との交流の一形態であり、これが近接の都市をつくる上での基盤となる。サービス都市と呼ばれるものがケアなき都市になってしまったが、そこに至った要因に言及する。サービスそのものが、どう認知され実施されてきたかの経緯に触れる。ここを出発点として、本書は近接の都市をケアの都市として構築するために貢献する2つの補完的な戦略を示している。

第4章は前章までの提案の核心に迫っていく。つまり、あらゆる可能性が探れる近接とケアの都市の基盤として、新しいコミュニティがデザインできるかどうか、そして、どのようにできるのか、である。2つの事例を仔細に観察することで、これらのコミュニティが構成され、長期にわたって存続するための糧となっている、様々な性質と規模のデザインの織り合わせを認識することができる。これらのケースから出発し、この本ではより一般的な表現として、デザイン戦略に関して意味するところを論じる。

付録1のイヴァナ・パイスによるエッセイでは、都市のためのデジタルプラットフォームというテーマを紹介し、議論している。都市のためのデジタルプラットフォームがもつ複雑な性質、時の経過に伴う進化、そして適正にデザインされた場合、それらが近接の都市にどのような貢献できるかが示されている。

6　本書のきっかけは2020年10月のバールでの会話

本書の内容は、執筆前と執筆中の過程に生まれた多くのストーリーの集積の結果である。筆者が辿ってきた過程と世界の多くの都市、特にバルセロナとミラノにおける、まちづくりのデザインをテーマにした近年の経験がもとになっている。それに、イヴァナ・パイスの経験が重なる。2020年10月、彼女とのバールでの会話から、この本の構想が生まれた。ジョルダナ・フェッリの経験も加わる。彼女とは住みよい近接というテーマについて話し合った。2020年11月には同名の取り組みを彼女と企画した。本書で提案したアイデアに焦点を当てるために最も有用な事例を惜しみなく紹介してくれたのがダヴィデ・ファッシだ。レクシュミー・パラメスワランとジュリア・ベニーニの両氏とはケアのコミュニティに関するイベントを企画した。

また、ヒラリー・コッタムとリュイス・トーレンスも、本書の内容を充実させるために協力してくれた。最後に、アルベール・フスティン、ロジャー・パエスとその他多くのエリザバ社の同僚たちとの出会いがある。彼らとはバルセロナで3年間、都市のデザインというテーマで一緒に仕事をした。

最後に、本は本である。すなわち製品である。つまり、あるグループの仕事の結果である。あるアイデアに投資し、それが実際の本となるよう手助けすることを決めた人びとの仕事の結実だ。このためにエジェア社のアレッシア・ウズレンギに私は感謝したい。彼女の信頼と柔軟性、そして専門家としての貢献が成功に導いてくれた。

第 1 章

近接とは何か?

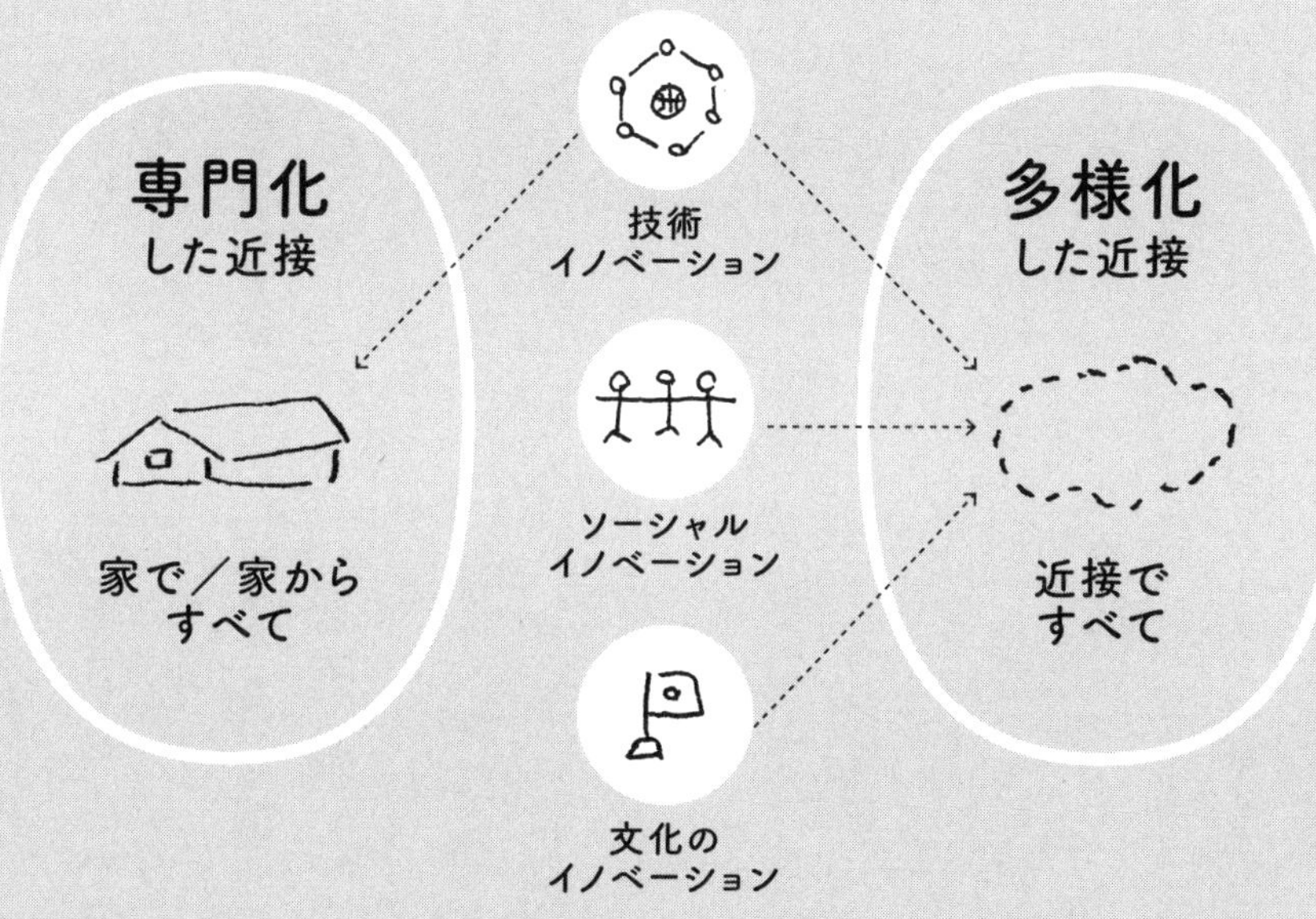

専門化
した近接
家で／家から
すべて
技術
イノベーション
ソーシャル
イノベーション
文化の
イノベーション
多様化
した近接
近接で
すべて

私がこれから話す「近接」というのは、実際に近くにいる、という状態のことである。しかし同時に近接は、誰かと何かを共有しているという意識から得られる、感情を指すものでもある。

空間的な意味と感情的な意味の両面を持つこの「近接」という概念は、私たちにとって特に重要なものだと思われる。近接というトピックについての重要な問いは「離れていたとしても、ものごとをどうやって上手くやっていけるのか」ということ、そして「その距離をどのように伸ばしていけるか」ということだった。今、私たちは、逆方向の問いを提起しなければならない。近くにあるものごと、それもできるだけ近くにあるものごとを使って、どのように上手くやっていけるのだろうか。つまり、どうすれば近接したままで、上手くやっていくことができるのだろうか。

ここでこの問いを提起しているのには、それなりの理由がある。私たちの社会は最大規模の問題に直面している。その問題に向き合うためには、私たちの身の回り、つまり私たちが属する「近接システム」から始めるしかないのだということに、私たちは徐々に気づきつつあるのだ。環境や社会、経済の危機といった様々な問題は、間違いなくいくつもの相互作用が連なりあった結果であり、その相互作用の連鎖は、はるか遠くまで続くかもしれない。しかし、ここでこれらの危機が、実際に私たちの経験や行動に関わり始めるのはいつなのかを考えてみよう。すると、私たちが位置する空間であり、私たち一人ひとりが自分の考えを構築する空間である「近接システム」において私たちと関わってくるのだ、ということがわかってくる。

近接という概念は、確かに曖昧なものだ。仮に「近接とは、その要素が容易に、直接的に接触できるシステムの特質である」と説明したとしよう。このとき、この表現は一体何を意味するのだろうか。「近い」とはどういう意味なのだろう。そこには正確な答えが存在するわけではない。こうした問いに、移動する距離や、到着までの時間という観点から答えることもできるだろう。しかし、近接という考え方はそれぞれの社会集団において存在するものであり、またそこには、近接の実践なのだと考えることができる活動もある。さらにこの近接という用語は、様々な学問分野でも重要なものとしても認識されている。そのため、近接について議論し、共有できる実践を生み出すための言葉が見出されてきた。

1.1

近接とは何か？

近接が「空間の中で、物理的に近い」という状態だというならば、ではここで私たちが議論しようとしている「近さ」をもつ実体とは誰のことで、何のことなのだろうか。そして、この近接はどのような意味で捉えられるべきだろうか。つまり、近くにあるとは何を意味するのだろうか。

近接とは「物理的に近い状態にあるときに相互作用する実体を構成要素とするシステムの特質」である。私たちが**近接システム**と呼ぶこのシステムは、私たちの身近なものをはるかに超えて広がる広範なシステムのサブシステムである。このシステムは、人間や人間の活動から生み出されるものだけではなく、私たちを取り巻くあらゆる生物と非生物を含んだ、相互作用のネットワークの一部である。しかし、近接について語ろうとする場合、それをどのような視点から語るのかについて決めなくてはならないし、語るためのふさわしい言葉もまたもたなくてはならない。

近接という用語は、社会心理学、経済学、ゲシュタルト理論、経済地理学、組織研究など、多くの学問分野で採用され定義されている。言うまでもなく、誰もがまず第一に、近接は物理的空間における特質だと考えている。しかしそれぞれの分野が、近接を様々に解釈し、異なる特性を識別しながら、近接について語っている。つまり、各分野の視点と関心に基づいて議論することによって、「物理的に近い」ということ以外に何が近接を特徴づけるのか、ということが表現されるのである。

ここでは、近接した状態において何ができるのか、何ができないのか、そしてもしできるのだとしたらどのように可能なのかを議論すべく、近接を定義していくことにする。ここで「何が」できるかという問いは、明らかに操作的・機能的な意味合いをもつものだ。一方、「どのように」という問いのほうは、質的・関係的な意味合いをもっている。質的・関係的な意味合いはあまり明白ではないが、操作的・機能的な意味合いと同様に重要な側面である。もう少し詳しく見ていくことにしよう。

コラム

1.1 近接の諸次元

20年前、ロン・ボシュマは社会地理学の分野において、近接概念の特徴について述べた。彼が述べた近接の特徴は、組織の領土的位置を研究するために提唱されたものではあるが、頻繁に用いられるものであり、また私たちの関心にも最も近い。彼が述べたのは、地理的近接、社会的近接、認知的近接、組織的近接、制度的近接という、近接の5つの次元である(1)。

地理的近接は、対象の間の物理的な距離である。両者の間の物理的な距離、あるいは一方から他方へ移動するために必要な時間として理解することができる。

社会的近接は、対象の間の関係を指す。親族関係、友情、長期的な付き合い、過去の経験などに依存する相互信頼によって特徴づけられる。

認知的近接は、世界の見方、解釈、理解、評価の仕方における近さに基づくものである。コミュニケーション、経験の交換、知識の伝達を可能にするために必要な近さである。

組織的近接は、対象がそれらの内部および上位レベルの組織との関係の両方において、構造およびプロセスの点で共通点をもつことを指す。

制度的近接は、特定の分野で施行されている立法規定および行政上の要件と、対象を特徴づける価値観および行動モデルという非公式なシステムの間の近さとして理解される。

1.2

機能的近接と関係的近接

●機能的近接

近接には、機能的特性と関係的特性がある。近接の**機能的特性**は、**生きていくこと、しなければ**

ばならないこと、したいこと、これらすべてを可能にする特性のことである。この機能的特性は、私たちがこの世界で行動することを可能にするが、それ以前に、生物学的な意味で生きるためにも必要である。私たちが生体機能を保つためには、近接において必要なものが得られなければならない。このことは、重要であるにも関わらず、通常はほとんど認識されていない。

例えば、猛暑の夏に「エアコン」の機能を近接に含めることがいかに大事であるかは、誰にとっても明らかである。しかし、空気そのものが近接システムの一部であると認識することは難しい。もっと正確に言えば、呼吸できる状態だと、空気の存在意義を認識しにくいので、空気について考えない。これはほんの一例に過ぎないが、**近接が、私たちがいる場所で提供されるすべてのコモンズが出会い、交差する場所である**ことを思い起こさせる。コモンズには、空気だけでなく、その場所の生きやすさに貢献する物理的、動物的、植物的な世界のすべてが含まれる。この近接システムの機能的特性は、私たちが当たり前だと思って見向きもしないものだが、明らかに私たちの生活の質だけでなく存在そのものの基盤になっている。

位置の性質によって定義されるこれらの特性に加えて、近接には、これらの特性を補完することによって生きやすさを向上させることを目的とした様々な人工物に依存する特性がある。建物、製品、サービス、通信システムなど、人工物の性質、種類、数によって、異なる近接の形態が特徴づけられる。したがって、様々な暮らし方が可能である。言い換えれば、近接システムは、より広い社会技術システムに私たちをつなぐものすべてと、私たち自身がその一部である生物および非生物のエコシステムに私たちをつなぐものすべてを含んでいる(2)。

●関係的近接

前述したように、近接はそこで実行される機能だけで説明することはできない。近接を説明するためには、その機能がどのように実現されるか、つまりその関係性についても考慮する必要がある。

近接の関係的特性とは、社会的な関係性を生み出す能力に関連する特性である。実際、私たちが属している近接システムは、私たちが互いに出会い、協働し、共有されたアイデンティティを生み出し、最終的にはコミュニティを生み出す可能性を促進したり妨げたりする。今日このことが何を意味するのか、簡単に考えてみよう。

近接の関係的特性は、機能的特性よりも明らかに目に見えにくいが、重要性が低いわけではない。一般的な言葉では、「近しい」というのは人間的な親近感、つまり、相互の共感と信頼の感覚を指す(3)。このため、**関係的特性は、当該の近接システムが、新しい形のコミュニティが生まれ、大きくなり、続いていくことに対して、好ましい環境となり得るのかどうか、また、どの程度までそうなり得るのかを定義するものでもある。**

●場所のコミュニティ

私たちがこれから使うコミュニティの概念は、本書の文脈に即して特徴づけられる必要がある。ここでいうコミュニティは、前近代の古い村や近隣地域のような、はるか昔につくられたコミュニティのことではない。それらのメンバーは、そこで生まれたという理由によって、自動的にコミュニティの一部に組み込まれている。そうしたコミュニティは、今でも世界中の多くの地域に存在しているが、私たちが言及しているのは別のものである。私たちは、プロジェクトを中心に意図的に構築された、軽やかでオープンなコミュニティについて述べている(4)。

最後に、コミュニティが場所に関連づけられるどうかはとても重要である。今日、物理的に離れている人びとと関心やプロジェクトを共有することも可能である。よって、これらのコミュニティ、ひいてはそのプロジェクトが、いつ、どのように場所に関連するかを考えることが重要になる。コミュニティが場所に関連する場合、私たちはそれを**場所のコミュニティ**と呼ぶことができる。**場所のコミュニティとは、自身が存在する空間への何らかの関心やケアによって動機づけられ、その存在と活動、そして空間に付与する意味によって、空間を場所へと変容させたコミュニティである。**

コラム 1.2

プロジェクトベースのコミュニティ

●意図的なコミュニティ

現代的なコミュニティは、伝統的なコミュニティが崩壊もしくは、困難に直面したときに生まれた、オープンで軽やかで、意図的なコミュニティである(5)。非近代的ともいえる伝統的なコミュニティは、比較的閉じた社会のあり方であり、ある場所に結びつき、密で安定した永続的なつながりを持つネットワークによって特徴づけられる。このようなコミュニティは、存続している限りにおいて今でも重要であり、私たちはそこから多くを学ぶことができる。しかし、現代社会、より正確には、近代化の影響を受けた社会では、こうした伝統的なコミュニティはもはや存在しないか、深刻な危機に瀕している。その結果、孤独や個人・社会の脆弱性をともなう個人化が進むことになった。これに対して、近年、ソーシャルイノベーションが様々な新しい社会のあり方を生み出しており、ここでいう現代的なコミュニティもその社会形態のひとつである。

非近代的(伝統的)なコミュニティは、そのメンバーが選択するものではないが、現代的なコミュニティは、メンバーが選択することによって存在している。つまり、意図的なコミュニティである。同時に、20世紀の意図的なコミュニティが、強いイデオロギーに基づき、排他的な所属を要求し、強いアイデンティティを約束したのとは異なり、現代の意図的なコミュニティは、複数あり、排他的ではなく、特定のレベルの献身を要求しないものである。また、過去への回帰を呼びかける人びとがしばしば求めるコミュニティでもないことに注意する必要がある。過去を懐かしむ人もいるかもしれないが、過去に戻ることはできない。過去への回帰という呼びかけのレトリックは、他者に対して「我々」を生み出すアイデンティティー重視の立場によって閉じたコミュニティを求めるものであり、それゆえ退行的で社会的に危険なものとなる。

●プロジェクトという意図

私たちが言及する現代的なコミュニティは、触媒として機能するテーマや(6)、協働によって実現されるアイデアを中心に形成される。したがって、プロジェクトベースのコミュニティと定義することもできる(7)。例えば、食や食のネットワークに取り組むコミュニティ、スポーツやレクリエーション活動に関するコミュニティ、人や環境へのケアに関するコミュニティなど、様々な特定のテーマに関連するコミュニティが存在する。これらのテーマに対してプロジェクトが組まれているので、プロジェクトベースのコミュニティの構築は、事実上、プロジェクトの定義と展開と一致する。

近接がコミュニティを生み出す能力は、明らかに関係的特性と結びついているが、機能的特性とも結びついている。より正確には、「近接性の原理」(8)という社会心理学の基本原理に基づいて起きる相互作用に結びついている。近接性の原理によると、人は自分と最も近くにいる人と社会的な関係を形成する傾向がある。遠くにいる人よりも隣にいる人と会話を始める方が簡単で、起きやすいという明白な理由があるからだ。

このように、様々な機能を実現できる近接システムは、人びとに出会いの機会、会話を始める理由、プロジェクトを開始する動機を与え、潜在的にはコミュニティを形成する可能性をもたらす。

1.3

多様化した近接と専門化した近接

私たち一人ひとりにとって、近接とは自分たちがいる時間的・空間的な位置を意味する。私たちはそこから世界を見て、行動する。したがって、私たちの行動能力、日常生活、ライフプロジェクトを考え実現する能力は、常に近接、つまり私たちの身体が物理的に存在する場所から始まることになる。私たちは携帯電話やコンピュータで入力しながら生活することができる。オンラインで仕事や勉強、娯楽を楽しむこともできる。必要なものはすべてオンラインで注文することができる。しかし、私たちの身体は常に物理的な文脈の一部であり、そのことによって生存し、本来的に物理的なことを行うことができる。だからこそ、私たちが近接した状態で何ができるのか、そしてそれをどのように行うことができるのかを知ることが重要である。

このことを議論するために、2つの極端な近接の間にある様々な可能性を考えることができる。一方の極端には、**多様化した近接**がある。これは様々な機会を提供し、人が生きるために必要なものを、ほとんどすべて見つけることができる近接である。もう一方の極端には、**専門化した近接**がある。これは生物学的生存に不可欠な機能の他には、ひとつの可能性、つまり単一のサービスまたは単一の活動形態（例えば、居住、仕事、学習、自由な時間の過ごし方など）しか提供しない近接である。よって、専門化した近接の世界で生きるためには、人びとはある場所から別の場所へ、ある専門化した近接から別の専門化した近接へ移動しなければならない。

●前近代の多様化した近接

人類の歴史において、近接システムは絶え間なく進化してきた。より正確には、人類が誕生してから19世紀まで、近接システムは徐々に新しい人工物と統合されてきた。そのことによって、人類が歴史の最初に種として出現した時とはかけ離れた環境での生活が可能になり、時には快適なものになってきた。

しかし、効率的な交通手段がすべての人びとに利用可能になる以前、そしてもちろん、通信技術による接続性が存在する以前は、私たちが日常的に行うことは徒歩で簡単に到達できるものでなければならなかった。余裕のある一部の人びとでも、動物にひかれた移動で到達できる範囲が限界であった。つまり、行うことは近接している必要があった。そのため、村や前近代的な都市の近隣地域は、様々な機能的・関係的機会を提供しなければならなかった。つまり、先ほど導入した用語を使えば、それらは多様化した近接によって特徴づけられている必要があった。この状況は、**前近代的な多様化した近接**と呼ぶことができるだろう。

●近代の専門化した近接

ほぼ現在に至るまでの、19世紀初頭からのこの2世紀、状況は変化している。交通手段の革新と最初の段階の通信技術は、活動やサービスの分布に地域的な変化をもたらした。管理の効率性の名の下に、調整や指示を行う活動は中央の拠点に移され、生産やサービスを行う活動は専門化した拠点に移された。また、規模の経済の名の下に、生産やサービスの活動は継続的に成長し、生産のための労働力とサービスを受けるユーザーの集積の規模はさらに大きくなり、ますます広大な地域に関連づけられるようになった。これらはすべて、個々の拠点での効率を追求するために行われた。関係者がそれらの拠点間を移動するために必要な交通手段をもっているはずだということは信頼されていた。しかし、時間や健康の面で要求される犠牲や、社会技術システム全体にとって伴う不経済、それらに続く環境問題は評価されないままであった。

実際、関係者の立場から見ると、私たちは経済システムの効率性が追求される中で、そして進歩という名の下に、自らのニーズや欲望に応えることができる専門化した近接を求めて転々と移動を続けるように追い立てられることになった。仕事のための近接、寝に帰るための近接、土曜日の夜を過ごすための近接、行政サービスがある近接などを転々とするのである。その結果、共通のテーマでの出会いや集合の可能性が減り、個人主義的な行動が強まっていった。つまり、専門化した近接の広がりと同時に、近接の関係的次元の意義が失われていったのだ。

●3つのイノベーション

ここまで述べてきたことは、近接というテーマに関連し、20世紀までの遺産として私たちにもたらされたものである。21世紀に入り、3つの強力な要因によって、全体像が変わり始めている。まず、**技術イノベーション**は、近接の新しいアイデアに基づいた社会技術システムを想像し、創造することを可能にする。**ソーシャルイノベーション**は、これらの技術イノベーションがどのように新しい社会のあり方を可能にするかを示す。そして、**文化のイノベーション**は、近代の原理を再考することによって、近接のアイデア自体を再定義する基礎を築いた。最後に、パンデミックが訪れたことで、私たちの社会の脆弱性が誰の目にも明らかになり、それは大きな社会実験として機能しながら、進行中のプロセスのすべてを加速させることになったのである。

1.4

技術イノベーションとハイブリッドな近接

技術イノベーションは近年、様々な可能性を切り開いてきた。この変化の中身はよく知られている。ネットワークへの接続とデジタル技術によって、私たちは今いる場所から動くことなく、世界中の人や物体と相互作用できるようになったのだ。その結果、何でもどこででもできるようになった。この変化を第1段階とすると、前例のない第2段階の実現可能性は2つの異なる方向に向きづけることができる。1つ目は前世紀に生み出された専門化した近接を極限まで推し進める方向であり、もう1つは多様化した近接の新しい形態を生み出す方向である。後者は、物理とデジタルのハイブリッドな近接である。

●「家で／家からすべて」というシナリオ

この第2段階の可能性に関して、現時点で起こっていることは、**「家で／家からすべて」**と定義できるシナリオの出現である。このシナリオは、ほとんどすべてを自宅で行い、ほとんどすべての必要なものを自宅で受け取ることが技術的に可能になったことで実現できる。このシナリオは、そのサービスを利用する人にとってはとても便利に見えるが、サービスを提供する側にとってはとても負担の大きいものである。私たちが必要だと思うものを実際に玄関先やコンピュータの画面、つまり私たちの近接に届けるために、目に見えづらい機械を動作させている人たちがいるのだ。

結局のところ、「家で／家からすべて」というこのシナリオは、ディストピア的な景色を私たちにもたらす。仕事、勉強、娯楽、製品、サービスといったあらゆるものを家に持ち込む技術を利用することで、すでに以前から進行している人びとの個人化と、公的領域と分断された私的領域への閉じこもりという傾向が極限まで推し進められるのである。実際には、ゲームのルールは変わるが、消費、環境負荷、不平等、孤独、社会的疎外の増大という結末は変わらず、増幅される一方である(9)。

●「近接ですべて」というシナリオ

しかし、この技術イノベーションの道筋は、唯一のものではない。別の道筋も以前から登場しており、完全に異なるシナリオを提案している。それは**「近接ですべて」**というシナリオである。

このシナリオを特徴づける第1の側面は、これまでにないハイブリッドな関係的近接が果たす役割である。デジタル技術とネットワークへの接続は、適切に活用されることで先に述べたものとは逆の役割を果たすことができ、通常は起こりにくい近接での出会いを準備する。こうすることで、近接して住んでいながら出会うことが容易でない人びとが、デジタルプラットフォームを利用して、一緒に何かをすることができるようになる。サッカー大会や地域のパーティーの企画から、病人を支援するための行動の調整まで、様々な活動が可能となる。これらの活動すべては場所に紐づいたコミュニティの構築に役立つものであり、その場所は出会いが起きる物理的な世界にある。しかし、デジタルの世界での活動によって支えられていなければ、このようなコミュニティは存在し得ない。

このシナリオを特徴づける第2の側面は、生産システムやサービスを分散型にする再編成を実現し、なおかつそうした再編成を人の関心を引くものにすることである。デジタル技術とネットワークへの接続は、一連のサービスや活動を近接させる。つまり、それらを関心のある人びとの近くにもってくる可能性を提供する。これによって各機能を遠距離の位置に配置する専門化した近接という20世紀のモデルを壊すことができるだけでなく、前述した「家で／家からすべ」というシナリオとも一線を画すことができる。そこに出現するのは、すべてが近くにある、つまり、すべてが近接という可能性である。この場合、ハイブリッドな近接は機能的であるばかりでなく、関係的でもある。そして、このハイブリッドな近接は、必要なものが近距離にあるという有効性と、それに伴う環境負荷の軽減を兼ね備えている。このことはまた、社会技術システムを分散型に再編成する可能性をもたらす。分散システムは、私たちの議論の目的にとってとても重要であり、個人レベルだけではなく、社会、政治、環境面でも多くの利点をもたらす。

コラム

1.3 分散システム

分散システムという表現には様々な意味がある。ここでは、生産やサービスの活動が、小規模な単位で組織され、広範な地域に連結して分散している社会技術システムを指している。全体として、より広範なネットワークを形成しながらも、各拠点が位置する場所やそこで活動するコミュニティの特色を残したものとなる[10]。

●分散システムの利点

このタイプのシステムを普及させることは、複数の理由によって支持される。分散システムは、水平的で分権的なシステムとしての性質上、各拠点において複雑性に対処することが可能である。そのため、垂直的で中央集権的なシステムよりも地域の特異性に敏感で、不測の事態に柔軟に対応することができる。同様の理由から、分散システムは、それが位置する文脈の特異性に適応し、起こりうる危機に対してレジリエンスをもつことができる。さらに、より公正で民主的な社会を実現するための前提条件を整える。分散システムはその性質上、生み出された価値の公正な分配を可能にし、地域のスキルを向上させる。分散型の活動によって問題や機会を認識し、議論し、意思決定を行う大きな見込みが得られた地域の意思決定システムには、動機と意味が与えられることになる。

同時に、分散システムの普及は、20世紀初頭から支配的であり続ける様式と根本的に異なる行動様式や思考様式を提案しているにも関わらず、現実的なシナリオであると言える。なぜなら、現代的な技術の潜在能力を十分に活用することに基づいているからである。より正確に言えば、それは3つの連続した技術イノベーションの波の結果として見ることができる。

●技術イノベーションの第1の波

第1の波は、情報システムのアーキテクチャが従来の階層型からネットワーク型に変化したことである。この変化は、分散知能の普及と、それが可能にした組織システムの根本的な変化に端を発している。新しい分散型の知識や意思決定プロセスが徐々に一般化していくにつれ、工業化社会で支配的だった硬直的で垂直的な組織モデルが、流動的で水平なモデルへと融合する結果となった。

●技術イノベーションの第2の波

第2のイノベーションの波は、エネルギーシステムの修正であり、現在も進行中である。これらの変化は、再生可能エネルギー源の開発によって推進されており、その性質上分散型である。また、小型で高効率の発電所、再生可能エネルギーの発電所、およびそれらを接続するスマートネットワークの開発によって、分散型エネルギーのモデルが生み出されている。分散型エネルギーの生成は、真に環境に優しいグリーンエコノミーの主要な要素のひとつである。このように、エネルギーシステムも情報システムと同じ道筋をたどり、分散システムのアーキテクチャへ移行していくと考えることが道理に合っている。

●技術イノベーションの第3の波

分散システムへ向かう第3の波は、垂直的でグローバルな生産および消費システムに対抗するものである。このイノベーションの分野は、職人的伝統や地域農業の再発見から、メイカーズやファブラボが提唱する新しい生産形態に基づくネットワーク生産システムの仮説まで広がっている。この形態の分散生産は、食品と農業の分野ではすでに大きな成功を収め、都市と農村の新たな関係の発展をもたらした。ファーマーズマーケット、CSA（地域支援型農業）、都市農業の事例、「ゼロマイルフード」のスローガンの下で行われてきたあらゆる取り組みなどが成功例である。製造業の生産に関しては、メイカーズやファブラボなど、生産システム全体のあり方に疑問を投げかける取り組みがあり、新たな機会の模索につながっている。

これら3つのイノベーションの波には、共通の特徴がある。それは、地域の資源を活用し、生産と利用、そして生産者と利用者の間の距離を縮めることを目的としたグローバリゼーションの一形態になっていることだ。これはまた、新たな近接のための条件をつくり出すものでもある(11)。

1.5

ソーシャルイノベーションと関係的近接

ソーシャルイノベーションの例として、地域菜園や緑地のためのコミュニティの創設、高齢者や弱者のための支援ネットワークの組織化、オンラインワークのための共有スペースの開設、伝統的な職人技やデジタルの職人技のワークショップのための共有スペースの開設、町の通りや近隣地域の再活性化などがある。これらの例は明示的または暗黙的に場所に関連づけられ、機能的次元と関係的次元の両方の次元で近接システムを豊かにしている。

コラム

1.4 ソーシャルイノベーション

ソーシャルイノベーションは、社会的に確立されたやり方を変え、問題を解決したり、新しい可能性を開拓したりするときに存在する。**より正確には「ソーシャルイノベーションは、社会のニーズを満たすと同時に、新たな社会的関係や協働を生み出す新しいアイデア（製品、サービス、モデル）と定義される。言い換えれば、それは社会のためになるイノベーションであり、社会の行動力を高めるイノベーションである」**(12)。このようなことが実現されるかどうか、そしてどのような方法で実現されるかは、推進者の想像力、先見性、組織的スキルによって変化する。同時に、時機や文脈によっても変わる。時機や文脈は有利に働くこともあれば不利に働くこともあるため、ソーシャルイノベーションは直線的に起こるのではなく、他のすべてのイノベーション同様に波のように進展する。そして、このようなイノベーションの波には、それぞれ特徴的な側面がある。

● 初期のソーシャルイノベーション

約15年前、イノベーションの大きな波が生まれる兆候が観察された。大きな波の兆候は、新しいアイデアを実施するグループから生まれた。新しいアイデアとは、自分たちを取り巻く問題に協働して向き合い、そのことによって社会的な組織や場所の感覚の再生に貢献するアイデアである(13)。暮らし方から働き方まで、福祉から食のネットワークまで、文化活動から地域の再生まで、日常生活のあらゆる分野でその兆候が見られた。

当初、これらの取り組みは、一群のクリエイティブコミュニティによってもたらされていた。とりわけ活動的で献身的な人びとの小さなグループが、何かを実現するための新しいアイデアを生み出し、実行した。時が経つにつれ、いくつかのグループとアイデアは進化し、普及・確立した。そして、その価値を認識し支援できる政治家や機関に出会った。その結果、様々なテーマや規模の政治的・制度的イノベーションが生まれた。

●現在のソーシャルイノベーション

15年の経験を経た今日、小さな革新的グループはソーシャルイノベーションの中核にいるものの、もはや彼らのみがソーシャルイノベーションの担い手というわけではない。医療、教育、食料などの大規模なサービスシステムや、本書が言及している「15分都市」に関するプログラムなどの都市全体のサイズでも行われている。これらの活動は、第2段階のソーシャルイノベーションであると考えられる。この段階のソーシャルイノベーションは、ローカルかつ草の根的な取り組みの長い歴史がある場所で生じるからこそ実現の可能性がある。また、それが成功しえるのだとすれば、それはローカルかつ草の根的な活動によって維持されるからこそである。

●ソーシャルイノベーションの機能

ここで述べたことの根拠を示すためには、これらのソーシャルイノベーションがどのように機能しているのかをより注意深く観察しなければならない。ソーシャルイノベーションの基盤となる相互作用の質や、ソーシャルイノベーションを駆動する動機を注意深く見ることが重要である。そうすると、ある共通の特徴が浮かび上がってくる。参加者は皆、自分にとって実用的な価値をもつ結果を望んでいる。しかし参加者は、実用的な価値だけではなく、人間関係の質、時間の使い方の質、求められる仕事の質にも重きを置いている。また、ソーシャルイノベーションが起きる場所の質が重視されていることも忘れてはならない。これらの質が重視されるのは、管理の効率性や規模の経済を重視する支配的な傾向とは対照的に、参加する人びとがケアについての新たな考えに基づいて関係をつくり出しているからだ。それは、人びと、場所、そして環境に対するケアである。一方、経験上、物理的な近さ、つまり近接なしにケアはありえない。

●コミュニティ、ケア、近接

これこそがソーシャルイノベーションが私たちに示していることだ。例えば、新しい福祉のあり方を生み出すための取り組みについて考えてみよう。関係するすべてのアクターが、自分自身がケアのコミュニティの一部であると感じられるような、関係的で協働的な福祉についてである。このテーマについては、第3章で再び取り上げることにする。ここで注目したいのは、そうしたケアのコミュニティが、場所や空間のエコシステムの中で息づいているという点である。ケアのコミュニティが必要な役割を果たすためには、物理的に近接していなければならない。したがって、これらのコミュニティが基礎とする機能的近接および関係的近接もまた、物理的近接を必要とする。同様の議論は、仕事におけるソーシャルイノベーションでも成り立つ。例えば、復活しつつあるローカルビジネス、新たな形態のデジタルまたは伝統的な職人芸、そしてオンラインの仕事のための近隣のコワーキングスペースといったものを考えてみよう。これらが成功するのだとすれば、それは近接という新しい経済の枠組みのなかに位置づけられたときだけである。その枠組みは、取り組みを地域における人間関係のネットワークの拠点（ノード）としてとらえるもので、その結果、それぞれの地域に深く根ざした仕事のコミュニティを生み出すことが可能になる。これはつまり、近接の条件にあるということだ。フードネットワーク、勉強、通りや近隣地域の活性化といったソーシャルイノベーションの他の分野でも、プロジェクトを中心に構築されたコミュニティに対して同じ議論を行うことが可能だろう。これらの各事例では、テーマによって程度は異なるものの、**コミュニティの構築、行われていることへのケア、近接の3つの間に密接な関係を見出すことができる。**

●近接の実験としてのソーシャルイノベーション

全体として、これらのソーシャルイノベーションは、新しいあり方ややり方に関する実験としてとらえることができる。私たちが関心を寄せるテーマに関していえば、その実験は近接の価値を再考するだけでなく、どのようにすれば近接が実現できるかを実践によって示すものである。

本節でここまで述べてきたことは、ソーシャルイノベーションの観察を根拠としている。それらのソーシャルイノベーションは、過去15年間に出現し、そして現在、21世紀初頭を特徴づける大きな波を形成していると解釈されるものである。さらに現在、15年前にはほとんど認識されていなかった環境問題や社会問題が、誰の目にも明白で具体的なものになった。そして、パンデミックの危機が訪れ、環境問題や社会問題の全体像をとらえる視点がさらに変化した。この新しい文脈の中で、環境問題やそれらが起きている場所への強い関心を特徴とする新しい形のソーシャルイノベーションが出現している。これまで以上に社会的次元と環境的次元を統合したテーマで活動する、新しい場所のコミュニティが生まれているのだ。

1.6

文化のイノベーションと「人間以上（モア・ザン・ヒューマン）の」近接

文化のイノベーションはソーシャルイノベーションと交差しており、同様の重要性をもつ。ここで私たちが最も関心のある構成要素に注目すると、文化のイノベーションは「自然」と「社会」を分離する二元論モデルを乗り越える能力を伴っており、私たちを取り巻くすべてのものの間の根本的な相互依存を認識するものになっている。このことは、とりわけ、西洋の伝統的な人間中心主義を克服し、私たち自身を「生命の網」[14]の一部として見ること、すなわち、地球上の生命に貢献するすべてのものを結ぶ相互依存の網の目の一部として見ることを学ぶということだ[15]。その網の目とはつまり、人間を養うだけではなく、地球上の生命が生きることを可能にする要素のネットワークである。私たちは、そうした生命の一部ではあるものの、その中心ではない。この精神において、私たちの話している近接は、私たちの周りに存在するすべてを含む傾向にある。つまり近接には、他の人間や人間の活動の産物だけでなく、生物や非生物のすべてが含まれるのだ。このことを考慮すると、近接システムは、私たちの近くにあるものをはるかに超えて広がる、より広範なサブシステムということになる。それは実際、生命の網の一部である。

コラム

1.5 近接システムと生命の網

近接システムを、生命の網の一部と考えてみよう。この場合、近接システムはどのように定義できるだろうか。すべてのもの同士がつながっているならば、その一部である近接システムを定義することは可能なのだろうか。そして、定義すること自体は正当なことなのだろうか。

●エドガール・モランの考察

これらの問いに答えるために、エドガール・モランの考察から始めることにしよう。モランによると、すべてのもの同士がつながっていることは真実であるが、そのつながりすべてが同等ではないことも同様に真実である(16)。よって、より広範なシステムの中においても、サブシステムの内的一貫性によって、他のサブシステムと区別して識別されうる。サブシステムの内的一貫性を認識するには、特別なスキルと感受性が求められる(17)。モランはさらに次のように続ける。これらのシステムをどのように識別するか、つまり、どのようなタイプの内的一貫性を認識するかは、観察者の能力だけではなく、その立場にも依存する。観察者がシステムについて何を知りたいのか、システムを活用して何をしようとしているかによって、認識される内的一貫性が変わるということだ。システムを識別し記述するためには、内的整合性があり、なおかつ私たちの意図と一貫性を持つサブシステムを、広範なシステムから抽出する特別な能力が求められる。

●プロジェクトの一部としての近接システムの定義

ある目的を持つ私たちの見方や考え方が、操作しようとしているサブシステムの定義に影響を与えるならば、次のことが成り立つ。サブシステムは私たちのプロジェクトに先立って存在するのではなく、サブシステムを定義すること自体がプロジェクトの最初のステップである。サブシステムは、私たちの意図と可能性に従ったプロジェクト志向の行動の結果であり、どの要素を私たちの行動がおよぶものと考えるかによっても変わる。要約すると、私たちのサブシステムの想像の仕方には、意図的な要素があるということだ。

本書の場合、サブシステムを抽出する意図は、次の通りである。それは、地球規模の相互依存の網から、私たちの身近で起こることすべてを含み、私たちがその一部となっているサブシステムを近接システムとして抽出する活動自体が、有用だと認識していることである。私たちが世界に対して行動を起こしたいとき、まず私たちの周りから始める必要があると信じるに足る根拠がある。よって、この意図で近接システムを抽出することにする。

●人間以上（モア・ザン・ヒューマン）の近接

人間以上（モア・ザン・ヒューマン）の近接を理解し、促進する方法についての議論は、以前から行われているが、環境災害、そして最近ではパンデミックによって、さらに幅広く深いものになった。今まで私たちが自然と呼んできたものが、グローバルなレベルから私たちの日常生活にいたるあらゆるレベルで、人間に関する事柄に対して並外れた力を持つ主体になり得るという事実に注意が向くことになったのである。ブルーノ・ラトゥールに依拠して「自然の政治」と呼ぶことができるこれらの行動は、私たちのあり方や考え方を変えるように促す。そして、私たちが地球上の生命の一部であることを認識するよう私たちに迫るはずだ。そして、私たちが皆、**地上的存在（テレストリアル）**であることを認識する助けとなるだろう(18)。

自分たちが地上的存在であることを認識し、それに応じた行動をすることは、部分的で不完全な目標を通してのものにならざるを得ないが、その方向は正しいものである。このような部分的で不完全な、しかし正しい方向に向かうステップは、循環型経済を実現する技術や、地球への影響を軽減する技術の使用から始めることができる。しかし、他の道も可能である。例えば、動物、森、川といった人間以外の存在にも発言権を与える民主主義(19)や、生命の網を再生したいという願望に突き動かされたソーシャルイノベーションの新しい波に対する支持(20)が挙げられる。

●生命の網とケア

このソーシャルイノベーションについての考察から、私たちは近接の議論にケアの概念を導入することになる。ケアの概念には、誰かや何かの世話をするという実践的な意味だけでなく、哲学的な意味がある。つまり、生命の網を維持する相互依存関係の深遠な本質としてのケアである[21]。そして、近接システムにおいて、このような相互依存が起こり得るのだ（これについては第3章で詳しく触れる）。

この概念的な枠組みにおいて、多様化した関係的近接という状態にどのような意味を与えるかという議論は、私たちが置かれている複数の危機に対して、適切な持続可能性の文化を構築するための基盤となる。これは、近代西洋文化に際立つ人間中心主義的な、つまり本質的に持続不可能な基本原理を問い直すために必要な奥行きを持った文化となり得る。

1.7 住みよい近接

これまで語ってきた、技術イノベーション、ソーシャルイノベーション、文化のイノベーションという3つのイノベーションの流れが融合することで、進むべき方向の近接が見えてくる。それは、複数の機能を含む、多様化した近接である。そして、機能的特性と関係的特性の相互作用に基づく、関係的近接である。物理的な要素がデジタルの要素によってサポートされるという意味でハイブリッドなだけでなく、伝統的に「文化」と考えられていたものが、伝統的に「自然」と呼ばれていたものの一部として認識されるという意味でもハイブリッドとなる、ハイブリッドな近接である。**多様化した、関係的で、ハイブリッドな近接、これが進むべき方向である。**

この近接の概念は、機能的特性と関係的特性の動的な相互作用を特徴とし、地域の活動を支援しつつグローバルなネットワークに接続するデジタルインフラによって統合されている。そのことにより、サービス、仕事、社会的活動、文化的活動などに多くの可能性をもたらす。

人と人、そして生命の網を構成するすべての生物と非生物の間で、ケアの相互作用が起こる近接こそが、私たちが進むべき方向の近接である。したがって、これは最も深く豊かな意味で**住みよい近接**であり、私たちが持続的に生きていくために必要なものの多くを提供することができる。

持続的に生きることには、生物としての生存から、日常生活における疑問や願望に応じること、そして私たちの存在の意味の探求に至るまでが含まれる。

どうすればこの方向へ進むことができるだろうか。それは明らかに文脈に依存する。本書では、都市の文脈において、近接の様々な次元を通して考えることで、シナリオを構築する。その中で、最も望ましいのは、**近接の都市**のシナリオである。

注　記

1 R. Boschma, "Proximité et innovation," *Économie Rurale*, 280(1), 2004, pp. 8-24; R. Boschma, P.-A. Balland, M. de Vaan, "The Formation of Economic Networks: A Proximity Approach," in A. Torre, F. Wallet (eds.), *Regional Development and Proximity Relations*, Cheltenham, Edward Elgar, 2014, pp. 243-267; A.M. Lis, "Development of Proximity in Cluster Organizations," *Entrepreneurship and Sustainability Issues*, 8(2), 2020, pp. 116-132.

2 Fritjof Capra, *The Web of Life. A New Scientific Understanding of Living Systems*, New York, Anchor Books, 1996; Donna Haraway, *Staying with the Trouble. Making Kin in the Chululucene*, Durham, Duke University Press, 2016.

3 G. Marocchi, "Cosa è la prossimità," www.confinionline.it, March 6, 2017; and Idem, "Comunità di prossimità, la condivisione riduce le distanze," www.labsus.org, September 5, 2016.

4 Ezio Manzini, *Politiche del quotidiano*, Milan, Edizioni di Comunità, 2018 (邦訳：エツィオ・マンズィーニ『日々の政治：ソーシャルイノベーションをもたらすデザイン文化』安西洋之、八重樫文訳、ビー・エヌ・エヌ新社、2020).

5 Ibid.

6 ブルーノ・ラトゥールによって導入された用語で表すならば、彼らは「懸案事項（マターズ・オブ・コンサーン）」の周りに集まった人々のグループである。Bruno Latour, *We Have Never Been Modern*, Cambridge, Harvard University Press, 1993 (orig. ed. *Nous n'avons jamais été modernes. Essai d'anthropologie symétrique*, Paris, Éd. La Découverte, 1991; 邦訳：ブルーノ・ラトゥール『虚構の「近代」：科学人類学は警告する』川村久美子訳、新評論、2008).

7 Manzini, *Politiche del quotidiano*, cit.

8 T.M. Newcomb, "Varieties of Interpersonal Attraction," in D. Cartwright, A. Zander (eds.), *Group Dynamics: Research and Theory*, Row, Peterson & Co., 1960 (邦訳：ドーウィン・カートライト、アルヴィン・ザンダー『グループ・ダイナミックスⅠ（第２版）』三隅二不二、佐々木薫訳編、誠信書房、1969).

9 さらに、効率性の名の下に、システムを管理する組織はますます大きくなる。そして「勝者総取り」の効果によってネットワークはより巨大なものになる。

10 Ezio Manzini, Mugendi M'Rithaa, "Distributed Systems and Cosmopolitan Localism. An Emerging Design Scenario for Resilient Societies," *Sustainable Development*, 24(5) (Special Issue: *The Cultural Dimension of Sustainability and Resilience*), September/October 2016, pp. 275-280.

11 Ezio Manzini, "SLOC: The Emerging Scenario of Small, Open, Local, Connected," in S. Harding (ed.), *Grow Small, Think Beautiful. Ideas for a Sustainable World from Schumacher College*, Edinburgh, Floris Books, 2011, pp. 216-231; Manzini, M'Rithaa, "Distributed systems and cosmopolitan localism," cit.

12 Robin Murray, Julie Caulier Grice, Geoff Mulgan, *Open Book of Social Innovation*, London, Nesta & the Young Foundation, 2010.

13 Anna Meroni, *Comunità Creative, Creative Communities: People Inventing Sustainable Ways of Living*, Milan, Edizioni PoliDesign, 2007; Ezio Manzini, *Design, When Everybody Designs*, Cambridge (MA), The MIT Press, 2015.

14 Capra, *The Web of Life*, cit.

15 Arturo Escobar, *Designs for the Pluriverse. Radical Interdependence, Autonomy, and the Making of Worlds,* Durham, Duke Press, 2018; Haraway, *Staying with the Trouble,* cit.

16 Edgar Morin, *The Method. Volume 1: the Nature of Nature,* New York, Peter Lang, 1992 (orig. ed. La méthode. Tome 1. *La Nature de la Nature,* Paris, Éditions du Seuil, 1977; 邦訳：エドガール・モラン『方法１：自然の自然』大津真作訳、法政大学出版局、1984).

17 E. Morin in Sacha Kagan, *Art and Sustainability: Connecting Patterns for a Culture of Complexity,* Bielefeld-London, Transcript Verlag, 2011, p. 132.

18 Bruno Latour, *The Politics of Nature. How to Bring the Sciences into Democracy,* Cambridge, Harvard University Press, 2004 (orig. ed. *Politiques de la nature. Comment faire entrer les sciences en démocratie,* Paris, Éd. La Découverte, 1999); Idem, *Down to Earth. Politics in the New Climate Regime*, Cambridge, Polity Press, 2018 (orig. ed. *Où atterrir? Comment s'orienter en politique,* Paris, Éd. La Découverte, 2017; 邦訳：ブルーノ・ラトゥール『地球に降り立つ：新気候体制を生き抜くための政治』川村久美子訳、新評論、2019).

19 研究者や科学者だけでなく、「市民科学」の文脈でアマチュアのグループや環境運動の活動家も行うことができる。「市民科学」という表現は、市民のネットワークがアマチュアとして参加する科学研究に関連した活動を表す。参照：G. Agnello, A. Sforzi, A. Berditchevskaia, *Verso una strategia condivisa per la citizen science in Italia. Doing It Together Science,* 2018, pdf available at https://discovery.ucl.ac.uk/.

20 Ezio Manzini, Virginia Tassinari, "Designing Down to Earth. Lessons Learnt from Transformative Social Innovation," *Journal of Design and Culture,* in the course of publication.

21 Maria Puig de la Bellacasa, *Matters of Care. Speculative Ethics in More Than Human Worlds,* Minneapolis-London, University of Minnesota Press, 2017.

第2章

近接の都市

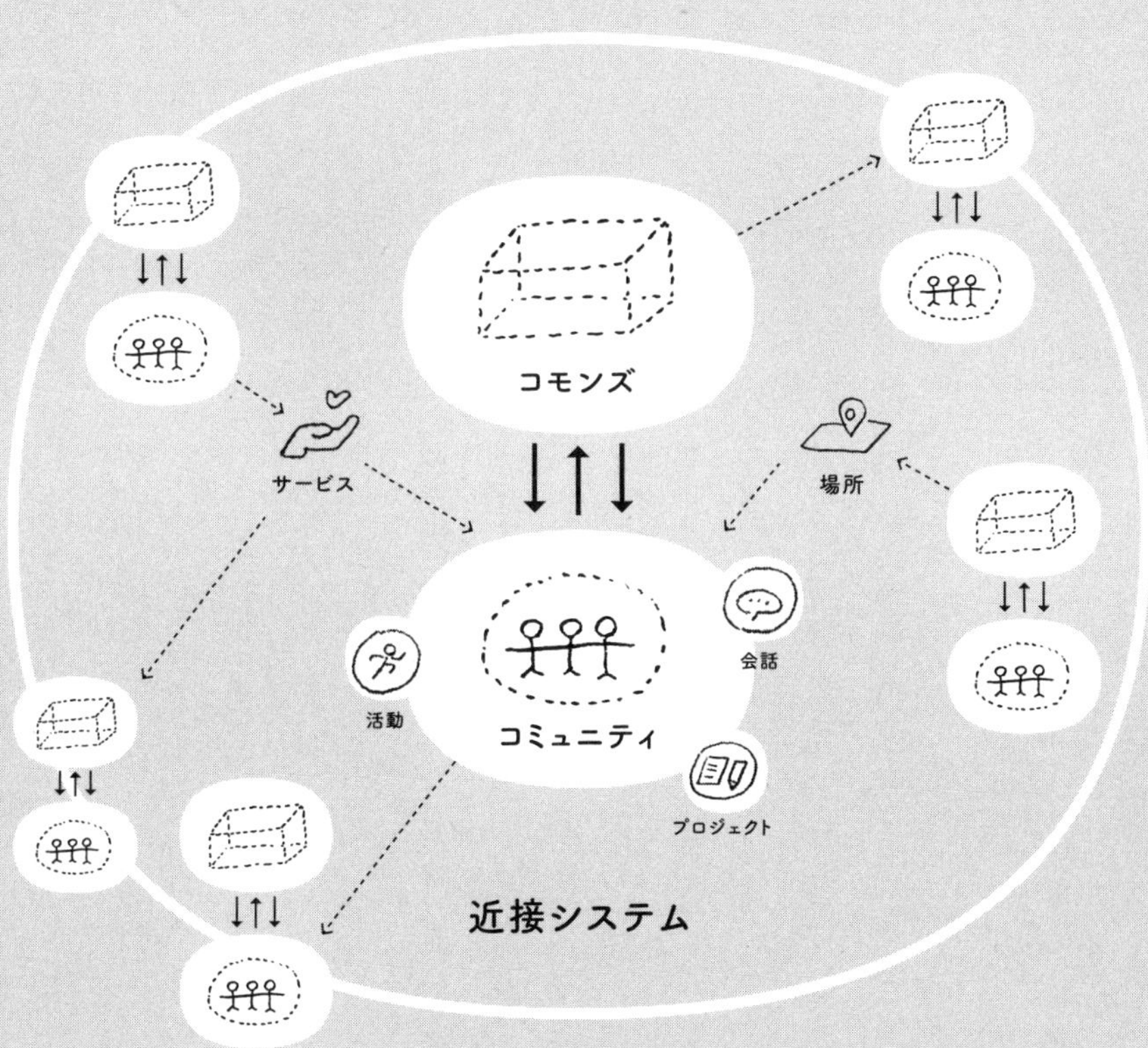

ここちよい近さが
まちを変える

イタリア・シエナには、アンブロジオ・ロレンツェッティが1338年に描いた「善政と悪政の寓意とその効果」という一連のフレスコ画がある。その「善政」が描かれた壁面を見れば、当時、「よく統治された都市」がどのようなものだと考えられていたのかがわかる。それはコンパクトで、公共の場とプライベートな場に満ちた、様々な人びとが生産・再生産活動に取り組む都市。豊かで多様な田園に囲まれた、生命に溢れる複雑な都市だ。

ロレンツェッティが示したよく統治された都市はこのように、私たちが今日、**近接の都市**として定義するものと似た特徴を持っている。それは公共空間に特徴づけられ、居住・生産活動が混ざりあった、多様化した機能が密集する人間サイズの都市。機能と関係の両方の次元で、近接の価値が明らかな都市。そしてロレンツェッティの絵画にあるように、ほしいもの・やりたいことのすべてが近くにあり、そこにある近接が十分に多様化した、住みやすい都市である。

このフレスコ画が教えてくれるものと、私たちが近接の都市とその善政だととらえているものとの間に類似点があると気づくことができれば、私たちはその相違点もまた見つけることができる。

2.1

コモンズとしての都市

●現代の都市と14世紀の都市の間にある違い

ほぼ700年前の「善政」と、今日私たちが提案したいことの間には、類似点もあるが、事実、大きな相違点もある。

700年前の善政と、私が提案したいこととの間にある一番の違いは、私たちの規範や慣習、共通ビジョンの発展の方法にある。ここで規範や慣習、共通ビジョンというのは、善政を示すすべての市民活動が生まれる、その土台となるようなもののことである。それらはまた、全体としてソーシャルコモンズを形成し、ひいては都市が生まれることに寄与する。

ロレンツェッティの時代、および20世紀までは、これらのコモンズはゆっくりと、時間をかけて構築されるものだった。それはあまりにゆっくりとしたプロセスだったため、当事者から見れば、コモンズの構築は明確で意識的なプロジェクトを必要としない、自然な出来事のように見えたかもしれない。それゆえこの時代の善政は、過去から引き継がれてきたものを管理したり、ケアしたりするものだと考えられていたことだろう。今日、急速かつ深遠な変容を遂げるつながりあった世界においては、一般的なコモンズや都市の特定のコモンズを再生・管理する旧来の方法は、もはやうまくいかない。つまり、従来はほとんど自然な過程だと思われていたものは、今日では意識的なデザイン活動の結果でなければならないのだ。我々はそのようなデザインの結果を**「意図的なコモンズ」**と呼ぶことができる。すなわちそれは、選択から生まれるコモンズであり、あらゆる意味で「プロジェクト」とみなせる活動から出現するものだ。

いま私たちが話している近接の都市とロレンツェッティの描いた都市との間にある2つ目の根本的な違いは、今しがた私たちがコモンズについて述べたことと密接に関係している。14世紀には、フレスコ画に見られる都市の密度や多様な近接は、強制的に選ばされたものだった。事実、大量輸送の手段も接続性もない世界においては、都市はそうせざるを得なかった。つまり、人々は近くにいなければならなかったのであり、求めるもののすべてが近くになければならなかったのだ。一方現在では、現代版の「多様化した近接」はオプション、つまり選ぶことのできる選択肢のひとつである。このように先程コモンズについて述べたのと同様、現在の意味の「近接」は、必要なとき、プロジェクトに立脚した特定の選択の結果として立ち現れるものだ。いわばそれは**「意図的な近接」**なのである。

最後に当時と現在の違いをより深く理解するためのもうひとつの見立てがある。ロレンツェッティの都市の近さは、物理的な世界の性質であった。より正確に言えば、彼が表現した「近接システム」は明確に定義された物理空間において作動するものだったのだ。それに対し現代の都市では、私たちが言う近接システムはデジタル空間にも位置している。それゆえ第1章で見たように、私たちが考えるべき近さは、意図的であるだけでなく、物理空間とデジタル空間のハイブリッドとしての近接でもある。

●コモンズの都市

ここまで、コモンズと近接に焦点をあてて現代と14世紀の間にある違いを強調してきたが、当時と同様、今も近接のテーマはコモンズというテーマと結びついており、「近接の都市」は「コモンズの都市」だということができる。コモンズが存在するためには、コモンズをケアするコミュニティが必要である。さらにはケアすることのできるコミュニティは、そのすべてが近接システムに含まれる。このコミュニティを支えるコモンズの総和が、この近接システムなのだ。

コラム

2.1 コモンズとコミュニティ

コモンズとは最も広義の定義で言えば、コミュニティのメンバーの間に共有されているもののことである。一般的に、それは私たちの存在の基盤を構成する様々な財を意味し、自然的・物理的なコモンズ（水や空気）に始まり、多様な有形のソーシャルコモンズ（街路や広場、およびケアの責任を負うコミュニティがあるなら公共の庭など）を介して、無形のソーシャルコモンズ（相互信頼、幅広い能力、都市を特徴づける安心感）にまで広がっている。

コモンズの概念には長い歴史がある。多くの著者が、持続可能性の観点からこの表現を何年にも渡って用いてきた。しかし、この概念が、未来に向けて取ることのできるあらゆる戦略の主要テーマだと多くの人に認識されるようになったのは、つい最近のことである。コモンズが新たに関心を集めるに至ったきっかけは、エリノア・オストロムによる研究であり、およびその結果として、彼女が２００９年にノーベル経済学賞を受賞したことだった(1)。その後、ステファノ・ロドタ、シルケ・ヘルフリッチ、ミシェル・バウウェンス、デイヴィッド・ボリアー、ジョルジオ・アレナ、クリスチャン・イアイオネ、シーラ・フォスターといった多くの論者が政治的な議論やソーシャルイノベーションの議論にこの概念を持ち込んだ(2)。そして、コモンズと都市再生の出会いは、ボローニャで開催された２０１５年の国際コモンズ研究協会（IASC）の都市コモンズに関する最初のテーマ別会議の文脈で、決定的なものとなった。

カルロ・ドノロは、ここで発展させようとしているコモンズというテーマに役立つ、より正確な定義を提示している。すなわちコモンズとは「必然的に共有される財の集合体である。コモンズが財と呼ばれるのはなぜかといえば、人間がその一部分をなすエコシステムにおける関係性において、コモンズは社会生活の発展、集団の問題の解決、そして人間がその一部を構成する生態系における人間関係の存在を可能にするからである。コモンズが共有されているのはなぜかといえば、……（少なくとも原則的には）誰もがアクセスできる共有財として使用・管理されたとき、コモンズはより優れたものとなり、その最高の特質を発揮するからである」(3)。この定義が強調しているのは、**コモンズのためにはコミュニティが必要不可欠**だという事実である。さらにコモンズとコミュニティの間には、二重の関係性がある。コモンズは〝社会生活を発展〟させる、つまりコミュニティを育み、再生させる。しかし同時に、コミュニティはコモンズを〝共同で〟統治し、そのためのルールを明示的にも暗黙的にも定義する。このことは、もうひとつの重要な側面を説明している。つまり、すべての公共財がコモンズであるとは限らないし、すべてのコモンズが公共財であるとも限らないということである。放置され荒廃した広場は公共財かもしれないが、ケアするコミュニティが存在していないため、コモンズではない。近所の庭はそれが住民たち自身によって管理されているなら、たとえその土地が私有地だったとしても、コモンズなのである。

このコモンズとコミュニティがお互いに影響を与えあう双方向のつながりは、物理的なコモンズのみならず、ソーシャルコモンズに対しても同様に見出すことができる。つまり、例えば相互信頼や協調性、幅広い能力、安心感なども、他のすべてのコモンズと同様、それらを生み出し、再生成するコミュニティの縦糸と横糸を構成するものであり、コモンズはあらゆる関わりあいの織物、つまりすべてのコミュニティのおかげで存在する。そして同時に、コモンズなしでは社会はまとまらないのである。一方ですべてのコモンズと同様、これらのコモンズもまた、法律や命令によって生み出すことはできない。それゆえ、複雑な活動や会話、再生プロジェクトの総和がコモンズを生み出し、その質を担保するのであり、またそれらの活動は逆に言えば、それらの活動を可能にする近接システムの中で起きる必要がある。このように、双方向のつながりはコモンズとコミュニティをつなぐのみならず、それらを近接システムとも結びつけている。すでに述べたように、**コモンズの都市は、近接の都市でもあるのだ。**

近接の都市をコモンズだと考えることは、都市をすべての市民に属する社会的・物質的資源（人間ー非人間の集合体）であるととらえることを意味する。またその場合、すべての市民がその資源の生産に貢献しているのであり、そしてすべての市民がそれらをケアしていかなければならない。これが意味するのは、都市は市場（商品と消費）だけからなるのではないし、国家（地方制度、規則、それらが生み出す公共空間）だけからなるのでもない、ということである。市場や国家は都市を生み出すことはできても、都市を完全に定義することはできない。そこにはまた、事実として物理的コモンズやソーシャルコモンズの都市があるのであり、それは存在するために、適切な近接という条件を必要とするのである。

この視点を採用するならば、実際のところ都市とは、人びとが手段や権利を持っているがゆえにアクセス可能な「サービスの集合体」ではないのだ、ということをおさえる必要がある。むしろ都市とは、**能動的かつ協働的な市民から構成される、複雑な有機体**である。

ここで提起される問題は以下のようなものである。「現代のハイブリッドな近接において、どうしたらコモンズの都市を再生することができるのだろうか?」

この問題に答えるために、善き統治の都市とも、私たちが目指す近接とコモンズの都市とも異なる、別の都市のイメージから出発することにしよう。その出発点となるのは、20世紀の近代の都市、つまり、距離の都市、コモンズの危機の都市とでも呼べるような都市のことである。

2.2

距離の都市とその危機

20世紀の都市は、専門化と規模の経済による効率化という考えに基づいて建設された。効率化のために、都市のいくつかのエリアは専門化されたエリアとなった。例えば仕事のためのエリア、レジャーのためのエリア、勉強のためのエリア、家に帰って寝るためのエリアである。このようなエリアはまた、規模の経済の旗のもと、特定の種類の活動やサービスの供給、さらには需要が集中するエリアでもある。

実際、都市の複数のエリアを専門化させるという考えが導入された当時、公害を生み出す大規模な生産活動は、住宅地から離れた場所に隔離されることになっていた。しかし、オフィスワークもまた集約され、当時は物理的にその場にいることでしか（ほとんど）生まれることのなかった情報の流れを促進することにつながった。そして、より多くのものをより安く効率的に提供するためには、商業活動も大型ショッピングセンターで行わなければならないという考えが定着した。最終的には、病院や学校、スポーツ施設やレクリエーション施設など、日常生活のあらゆる分野にまで同じアプローチが及ぶことになったのである。このように活動やサービスが特定の地域内に専門化された結果、人や物は、ある専門エリアと別の専門エリア、つまり、ある機能的近接と別の機能的近接の間を絶えず移動しなければならなくなってしまった。このようにして生まれたのが、人と物が絶えず移動する都市、**「距離の都市」**である。

何十年もの間、この専門化と規模の経済という支配的な考え方はうまく機能してきた。この移動の必要性や、結果としての交通量の増大、環境汚染、健康被害、そして地域と市民の断絶は、いわゆる進歩や人びとのウェルビーイング、システムの経済的健全性を目指すのだという旗のもとで、受け入れるべき犠牲だとされてきた。この精神のもと、これらの問題がもたらす経済的損失でさえ、社会全体に対して外部化されるべき避けられない不経済だと考えられてきたのである。

今日の私たちの目から見れば、つまり、この間に得られた経験や、発達してきた環境的・社会的な感性、そしてテクノロジーによって利用可能になった新たな機会を考えれば、「距離の都市」が構築された当時の装置は、もはや通用するものではない。今や私たちは、先に言及した不経済が持続不可能なレベルに達していることを認識している。それだけではない。ここまで述べてきた類の専門化や、活動・サービスの大規模集積は、進歩や人々のウェルビーイング、システムの経済的健全性のために必要なのだと提案されてきたはずだった。しかし、これらの理由でさえ、距離の都市のもとで、場合によっては逆行しないまでも、かなり縮小してしまったのである。最後に、私たちが見てきたように（1.4節）、大規模な単機能センターを解体し、活動やサービスを地域全体に分散させ、様々な機能をローカルレベルで再配置することで多様化した近接という新しい形態をつくることについて、想像できる、あるいは実装することができるような技術的な条件も整いつつある。

近年、パンデミックとその影響を受けて、「距離の都市」の危機は加速している。ソーシャルディスタンスを要請されるなかで、自宅で、あるいは自宅の近くで働けることが重要だといわれている。これと同様に、地域へのサービス分配がいかに重要であるかということ、そして、私たちが隣人と知人であることがいかに重要であるかということが、すべての人びとに明らかになりつつある。

2.3

競合するシナリオ

環境的危機、社会の崩壊、現在の技術の可能性、およびパンデミックによって提起された新たな需要に向きあうなかで、今日、都市に関する様々なアイデアや開発戦略が共存し、衝突しあっている。そこには、20世紀からの近代主義的都市（距離の都市）を継承し、適応させていこうとしている人びとがいる。また、その進化を新たな視点へと導くことを提案する人びともいる。

ひとつの解釈の方法として近接という基準を採用し、また近接の発展の軌跡について第1章で述べたことを思い出しながら、2つのシナリオを描き出してみよう。つまり、**「家で／家からすべ**

ての都市」のシナリオと、私たちが参照しようとしている**「近接の都市」**のシナリオである。

●「家で／家からすべて」の都市のシナリオ

「家で／家からすべての都市」の主な特徴は先程の、デジタル技術と接続性によって可能になった新しい近接に関する議論（1.4節）につながっている。都市はこのシナリオにおいて、機能的には、結果を出し続ける〝メガマシン〟だと認識され続ける。しかし、今やそのマシンは、新しいテクノロジーを利用することができ、自らをオンラインとオフライン両方のサービスのプラットフォームなのだと提示するマシンである。このシナリオの強みは、すでにそれに対して投資している（そしてその結果すでに莫大な富を築いている）経済界を味方につけていることだ。しかし、それだけに留まらない。このシナリオが提案する方向性は、個人によるウェルビーイング追求の流れと重なりあい、ウェルビーイングは一連の製品やサービスを通じて簡単に手に入れられるように見える。

こうした製品の消費者、サービスのユーザーとしての役割を受け入れてきた人びとにとって、このシナリオが提案するものは非常に便利に見えることだろう。しかし、この「家で／家からすべて」というシナリオは、それらの製品やサービスを利用できるようにするために働く人びとが客観的に見て隷属的状態に置かれているにも関わらず、その事実を背後に押しやっている。そしてここでは、ユーザーのための使いやすさがもたらす環境的・社会的影響についても、また同様に隠されているのだ。

結局のところ、ユーザーを取り囲むあらゆるもの、つまり、ユーザーのプライベート空間以外のあらゆるものに対してこのシナリオが提案しているのは、**「社会的砂漠」**なのだ。それはコミュニティもコモンズも場所も持たない個人の集合体からなる「非都市」、サービスを受ける人びとに、孤独とコントロールを引き換えに利便性を提供する個人消費のためのメガマシンである。そしてそのシナリオは、環境的にも社会的にも、持続不可能な経済組織モデルに基づいているのである。

●近接の都市のシナリオ

2つ目のシナリオ、つまり**「近接の都市」**のシナリオは、20世紀の専門的で機能的近接の都市や、今しがた述べた「家で／家からすべて」という新たな近接の都市とは対照的に、多様で、関係的で、ハイブリッドな近接を特徴とする広がりを持つ都市を提案するものだ。

続く節では、前章で提案した近接の概念を用いて、都市とそれが生成される過程に含まれる示唆について議論していく。しかし先に進む前に、この議論の背景には、過去20年間のソーシャルイノベーションと、生命の網の中での人間の役割をどのように再考するかについての科学的・哲学的研究による成果があると認識しておくことは重要かもしれない（1.5節と1.6節を参照）。これら科学的・哲学的研究は、都市の機能に対するとらえ方に根本的な変化が必要であることを示唆している。つまり、**都市はメガマシンとしてではなく、複雑な生態系としてとらえる必要があるのだ。**このアプローチに一貫するものとして、近接の都市は、複数の近接を包含するものとして理解されるべきである。私たちがここで語っている近接の都市は、近接が示すことのできるすべての方法で、近接を追求することから生まれるのだ。

2.4

すべてを15分以内で、しかしそれだけではない

その機能的な次元を考えると、**近接の都市はまず第一に、日々私たちが必要とするもの、しなければならないことのすべてが、住んでいるところから徒歩や自転車で数分のところにあるという、技術的・社会的なプラットフォーム**として私たちの前に姿を現す。

近接の都市の性質に関するこの最初の説明が持つメリットは、それが単純明快だということである。そしてまた、潜在的な性質のいくつかを、即座に理解することができる。近接の都市は、強

制的な移動を取り除くことで交通量（とその結果生じる公害）を減らし、そして、そうすることで生活の時間や公共空間を人びとに取り戻そうとする都市である。つまり人びとは、かつて会社や、遠くのショッピングモール、市役所に行くために使っていた時間、かつて自動車に占有されていた街路や広場、歩道を自分たちの手に取り戻すことができる。それゆえ近接の都市は、子どもたちが徒歩で通学し、街路で遊ぶことができ、高齢者が安全に歩くことができ、必要なものがすべて近くにある都市でもあるのだ。

このような都市の考え方は、決して新しいものではない。そのルーツは、20世紀の初めに提唱された「近隣住区（neighborhood unit）」という考え方に遡ることができ(4)、それ以来この考え方は、世界の様々な都市で考慮されている。さらにまた他の多くの都市においても、同じ方向に進もうとする取り組みが行われてきた。しかしこの考え方はとりわけ、2019年に提案された「15分都市（la Ville du quart d'heure）」というコンセプトによって力強い復活を見た。これはパリで働くフランス系コロンビア人の教授カルロス・モレノと、モレノがコンサルタントを務めるアンヌ・イダルゴ市長によって提案されたもので、イダルゴはこの「15分都市」の提案を2020年のパリ市長選で再選するためのキャンペーンの核に据えた（実際、彼女は選挙で勝利を勝ち取った）。

このコンセプトが選ばれたのは、「15分都市」方式が当時のパリ市政の取り組み全体（歩行者天国化、代替モビリティの開発、新たな緑地や新インフラ）を効果的に表現しており、かつそれが次の任期にも同じ方向に進むための効果的な枠組みになりえることがわかったからだった。つまり彼らは15分都市の理念を都市全域に広げることで、すべての市民の生活の質を向上させ、同時に気候に関するパリ協定の目標達成に貢献しようとしたのである。

言っておかなければならないのは、パリはこのプログラムが最も明確に採用された都市ではあるが、必ずしもこの表現を用いずとも、多かれ少なかれ確信を持って同じ方向に進んでいる都市は他にもある、ということである。世界の多くの大都市において気候変動イニシアチブをコーディネートするC40(5)は、バルセロナ、ミラノ、上海、ヒューストン、オタワなど10の都市をそのような都市の例として挙げており、また、これにメルボルンとデトロイトを加えることもできるだろう(6)。

事例

1　パリと15分都市

2020年、パリ市長アンヌ・イダルゴの再選キャンペーンの核となったのが「15分都市」だった。このコンセプトが選択された主な理由は、大気汚染の削減（パリは2050年までに排出量ゼロ都市を目指している）、およびパリ市民の生活の質の向上（空気の質の向上と、市内で移動しなくてはならないことによる時間ロスの削減）であった。

このプログラムでは、自転車専用道路の新設、多くの路上駐車場の廃止、オフィスやコワーキングスペースが不足している近隣地域へのそれらの新設が計画された。計画には他にも、利用時間外のインフラや建物の利用、近所の商店の支援、学校の中庭への小さな公園の創設、およびそれらを学校時間外に地元住民に開放することなども含まれていた。これらはすべて、都市を、日々の暮らしに必要なもののすべてが近くにある近隣地域の星座のような連なりへと、都市を変容させることを目的としている。

実際のところ、これらの目標のほとんどはすでに進行中のプログラムの継続だったのだが、その統一ビジョンとして市長選挙の際に提示されたのが「15分都市」であった。これらのプログラムのなかでも、とりわけ最もよく知られ、目に見えるのが、大規模な自転車インフラの構築である。これは、今後数年間で、市内に１，０００ｋｍの自転車専用道路を整備するという野心的な計画「プラン・ヴェロ（訳者注：ヴェロは自転車のこと）」の第1段階である。しかし、私たちの議論の目的を考えると、他の2つの計画について言及したほうが面白いかもしれない。

1つ目の計画は、学校の中庭の多くを小さな公園に転用し、学校時間外はそれらを地元住民に開放するというものだ。これは、近接に関するソーシャルイノベーションプロジェクトの、すべての特徴を備えた取り組みである。実際このプロジェクトは、学校の中庭という既存の資源を終日有効活用するという、軽やかで拡散的な介入である。こうすることでその近接システムは小さな公園という新たな機能を得て充実したものになるし、学校もまた、様々な社会集団にひらかれた多目的スペースとなり、近隣地域での暮らしにおいて新たな役割を獲得することになる。

私たちにとって非常に興味深いもう1つのプログラムは、近隣地域の伝統的な商業活動や職人活動の支援に関わるものである。このプログラムにおいて、事業者・職人らは生き残るための支援を受けるのみならず、過去および現在起きている技術や社会の大きな変化に適応するために、彼らの現在の運営方法を見直し、修正していくことが求められる。この目的を達成するため、近隣地域で営業・操業する商人や職人を支援するという、具体的な任務を掲げた機関が設立された(7)。例えばこの機関は店舗用のスペースを購入したり、それを近接地域での活動を希望する人びとに利用しやすい価格で貸し出したりすることができ、またそのプロジェクトの発展のために、必要であれば新たな起業家を支援したりもする。

このアイデアが近年特に成功し加速している背景には、いくつかの動機がある。最も明白かつ長期的な理由は、明らかに、交通量の増大とそれがもたらす公害、および移動にかかる無駄な時間とそれに伴うストレスだ。市民がすぐに感じ取れるこうした環境面や健康面での動機に加え、時間の経過とともに他の動機も加わってきた。前述のように、接続性とデジタル技術の成熟と普及により、分散システムを通じて、利用者が近所でサービスを利用したり、仕事を地域や家庭に持ち込むことが技術的に可能になったのだ（これについてはコラム1.3で述べた）。これが意味しているのは、以前はユートピアだと考えられていたものが、実現可能で、一部の人びとにとっては経済的にも関心のある見通しとなって現れ始めたということである。最後に、コロナ禍が壮大な社会実験として機能し、そのおかげで多くの人びとが自宅や近所でオンラインワークをしたり、近所の商店を利用したり、近所で散歩したり自由な時間を過ごしたりするようになった。こうしてパンデミックは、ローカルなサービス、つまり私たちのいう「近接サービス」の重要性を浮き彫りにしただけでなく、習慣を変えること、および近接の価値を再発見することは可能なのだということをもまた示したのである。

この15分都市の提案をより正確に位置づけておくために、C40連盟の公式ウェブサイトに掲載された、15分都市の基本原理を以下に示そう(8)。

1. 各近隣地域の住民は、商品やサービス、特に生鮮食品を含む食料品や医療に容易にアクセ

スすることができる

2. 各近隣地域には、異なるサイズで、異なる経済レベルでのアクセスが可能な多様な種類の住居があり、異なる種類の家族が住み、多くの人びとが職場に近い場所に住むことができる

3. 各近隣地域の住民は、有害な汚染物質のないきれいな空気を吸うことができ、またそこには楽しむことのできる緑地もある

4. オフィスや店舗、コワーキングスペースが近所にあるおかげで、多くの住民が自宅の近くやオンラインで仕事ができる可能性がある

これらの原則を統合することで、都市のビジョンを策定し、それを実現するためのステップを定めることができる。そのビジョンとは、15分都市の約束を全地域で実現する、多中心的な都市というビジョンである。この目標に到達するための最初のステップは、モビリティとサービスの分配に介入すること、そして同時に幼稚園や学校、医療施設、緑地、公共空間といった様々な都市機能を新たに方向づけしたり、調整したりするために、近接のもとで運営することである。

サービスからサービスの提供場所に至るまでの全体の仕組みを再考し、新たな都市コモンズを生み出していかなければならない。この点に関して、カルロス・モレノは次のように書いている。「これは都市を生きる、もうひとつの方法なのだ。この生き方においては、近接のもとで生まれる社会的つながりはより質の高い生活の一部になりえる。これは、都市の最も貴重な特徴、生きる世

界の特徴を回復することを意味する。そして、私たちがあらゆる生命体に対して行うように、その新陳代謝を回復させることで、都市は活性化し、誰もが利用できるようになるのだ」(9)。

2.5

機能的近接と「最小生態学的ユニット」

●スーパーブロック

ここまで提示してきたことをより具体的な形に落とし込んでいくために、15分都市に加え、もうひとつの重要な事例について考えてみよう。つまり、スペイン・バルセロナの**「スーパーブロック」**(カタルーニャ語でスペリッリャ〈superilla〉と呼ばれる、様々なブロックで構成されたシステムのこと。訳注：ブロックは街区の意)の事例である。当初のアイデアは、30年以上前にバルセロナ都市生態学庁創設者兼長官であるサルバドール・ルエダによって提案されたものだ。これを対象とした実験は様々に行われてきたが、この動きはアダ・クラウ市政下において、近年さらに加速している。このプログラムにより、いくつかの近隣地域(ボルンとグラシアに始まり、ポブレノウ、最後にサン・アントニ)は徐々に学習しながら変貌を遂げ、最後のスーパーブロックであるサン・

アントニは、今日における15分都市（このケースでは、実際には10分未満である）の近隣地域のあり方を示す好例となった。

活動する地域を特定し定義したのち、このプログラムが最初に取り組んだのは、ブロック内の通りにおける車両の通行を減らしたり減速させたりすることで交通の流れを変えることであった。しかしこの最初のアクションは、モビリティに対するアクションとしてのみとらえるべきものではない。**それはなにより、以前は主に自動車や駐車場が占めていた公共空間を、市民が奪還した運動としてとらえるべきものなのだ。**ルエダは言う。「ほとんどのプランナーは、このタイミングで最も重要なことは歩行者エリアをつくることだと考えるだろう。しかし、私はそうではない。私は市民エリアをつくりたいのである」[10]。彼が説明するには、ある人を「歩行者」だと考えるとき、それは移動手段という観点からその人をとらえていることを意味し、このとき通りは移動するためだけに使われるものになる。しかし市民にとって通りはそれ以上のもの、つまり、多様な用途に用いることのできる公共空間なのである。実際、ルエダの考えの核心は、通りから自動車を排除して歩行者が歩けるスペースを生み出すことではなく、通りそのものが持つ単機能性を排除することだった。スーパーブロック内の通りは、様々なタイプの市民が出会い、様々な活動が起こり、様々な移動形態が共存できる、複合的でシェアされた公共空間へと変容することになる。言い換えれば、通りや広場が機会のプラットフォームとなることで、それを起点として、庭園、子どもたちの遊び場、フェスティバルやコンサートの会場、ミーティングスペースなど、他の一連の活動が生まれる可能性が生み出されるのだ。

このことは、ひいてはより幅広い公共政策の収束を促すことになる。例えば住宅政策では、ゲットー化や、土地が高騰し既存住民が追い出されるジェントリフィケーションなどの課題を回避し、逆に社会の多様性を保証しようとしている。食料政策では、都市の食料自給率向上の観点から、食料の生産と消費のネットワークをリデザインしている。労働政策では、商店や職人的・伝統的な産業活動を活性化させ、これらをデジタルな職人技による新しい活動と連携させたり、オンラインによって仕事が地域的に再配分されて生まれる機会と連携させたりすることで、近接の新しい経済を目指そうとしている。そして、都市の民主的な暮らしの再生政策という観点では、小さな近隣レベルでの暮らしに始まり、都市全体での暮らしへ、そして、今や避けることのできない、都市とその市民に関連するデータの収集・処理・所有の次元へと発展が進んでいる。バルセロナでは、このすべてが始まっている。

事例 2 バルセロナとスーパーブロック

スーパーブロックのプログラムが目指すのは、バルセロナのスーパーブロックにおける、大規模ブロックのネットワークを創出することである。バルセロナの都市は、イルデフォンソ・セルダが1800年代半ばに都市の拡張計画において設計したグリッド状の街区からなるが、スーパーブロックのプログラムでは、このグリッドを起点とした9つのブロック（3×3）のひとまとまりで都市モデルが構成されている。これらのスーパーブロックの外周には自動車や公共交通網など速い交通手段のための道路がある一方で、スーパーブロック内部の通りは歩行や自転車移動が優先されており、ゆっくりとした回遊に有利である。自動車の乗り入れはできるが、制限速度は時速10kmで、車線は1車線のみだ。路上駐車場は廃止されている。これによってほとんどの通りが自動車から解放され、通りは、多様な活動に使うことのできる公共空間になった。

サルバドール・ルエダによる当初のアイデアは、30年前にさかのぼる。このプログラムはアダ・クラウ市長率いる現政権の前の政権が主導したもので、1993年のボルン近隣地域での最初の実験、2005年のグラシア地区での2つの実験を皮切りに始まった。2015年、クラウ新政権はプログラムの推進を決定し、まずはポブレノウ近隣住区で、続いて2018年にはサン・アントニ近隣住区で実験を行った。2020年11月、同政権はスーパーブロックプログラムの新たなフェーズが始まったと発表した。その目標は野心的で、サン・アントニの変革をアシャンプラ全域、つまり実質的に市の中心部と歴史的エリア全土へと拡大しようとするものであった。バルセロナ市の発表によると、「今後数年間で、スーパーブロックの構想は市民の参加を伴って徐々に拡張し、

21の緑のハブと21の近隣広場によるネットワークが形成され、33.4ヘクタールの歩行者空間と6.6ヘクタールの緑地が増えることになる」(11)。

スーパーブロックプログラムの介入のデザインと開発はすべて、特に最近のものは、通りを自動車から解放することで得られた新たな公共空間や、徐々に追加が決まった新たなサービスの共同デザインに住民を巻き込んでいる。これらの活動に参加したのは、プロジェクトをコーディネートする公的な存在に加え、一個人あるいは自発的・組織的なグループからなる住民、地域で営業する商業事業者、サードセクター組織など、潜在的に関心を持つ、すべての社会的アクターであった。この協働的なデザイン活動はまた、バルセロナ市が取り組んだもう1つの重要なプロジェクトの成果である「デシディム(Decidim)」(12)と呼ばれるデジタル・プラットフォームによっても支えられた。

実行のレベルでは、物理的なスペースの変容は2つの段階で構想された。当初、介入策は軽やかで元に戻せるような形で実施され、それゆえその介入は安価で、実施しやすく、必要に応じた変更や解体も容易だった。この「戦術的」なアプローチは、この取り組みの実験型・参加型という特徴に合致するものとして選ばれたものである。この最初の段階では、具体的な状況がリアルな規模、つまりそこに暮らせる規模で生み出されたことで、皆が物事がどうありえるかについてアイデアを考えることができた。つまり、具体的な状況をまずつくり出すことで、皆が批判や提案をもって介入できるようになったのである。こうあってほしいという人びとのアイデアが固まったところで、アイデアは戦術的な段階から介入策の実装へと移行し、最終的な形に落とし込まれていった。

全体として見れば、このプログラムは、2段階からなる社会的な学習のプロセスとしてみなすことができるだろう。学習の第1段階は、関係者の間の熱心で社会的な会話に始まり、それぞれの介入の特徴を定義することに貢献するような学習である。そして第2段階は、その後に続く異なる介入をどのように選ぶのがベストなのかを、何十年にもわたって学習することを可能にしてくれる。つまりこの学習は、都市の興味深いが抽象的な「モデル」から、その複雑さのなかでの、実践的な「実現」へと向かう学習なのだ。

●最小生態学的ユニットのエコシステムとしての都市

しかし、ここまで述べてきた15分都市やスーパーブロックの都市は、機能的な次元から見た近接の都市への問いの全てに網羅的に答えているわけではない。ここまで述べてきたことは、ある方向に向かっていくための第一歩ではあるが、それを真に追求するためには実のところ、二重の視点の転換を必要とするのだ。1つ目に示唆される視点の転換は、近接のサービス、少なくともそのうちの多くを、「コラボレーションサービス」として再検討することである。このコラボレーションサービスは、コミュニティを生み出し、そうすることで「コモンズの都市」というアイデアを具体化することができるサービスのことである（コラム2.1参照）。2つ目に必要な視点の変化は、**都市を、互いに結びついた、複数の近接のローカルなエコシステムから構成される都市エコシステムとみなす**ことである。このローカルのエコシステムを**「最小生態学的ユニット」**(13)と呼び、これは水やエネルギー、食料、その他の物質の流れという点で、その代謝が考えうる限り最も効率的で、自給自足する傾向にあるものを指す。このアプローチを採用すると、都市は、相互接続された様々なエコシステムから構成されているというまさにその理由によって、複雑でレジリエントなシステムになる(14)。この二重の視点の転換を考えれば、近接システム、そして私たちが例として取り上げてきた事例は、都市を最小生態学的ユニットから構成されるエコシステムとして理解するための、具体的な一歩として捉えることができる。

このアプローチを採用することで、15分都市は都市の生態学的トランジションのための戦略になる。それはなぜかといえば、15分都市のコンセプトが、生活の質を求める市民の動機と、環境によい方向へと都市の発展自体を方向づける必要性とを結びつけるものだからである。その必要性は今日、かつてないほど切迫したものだ。より正確に言えば15分都市は、ボトムアップによるソーシャルイノベーションのための共通ビジョン、都市の物理的・社会的インフラをリデザインするためにトップダウン的に採用される方向性、そしてそのために必要な社会的・政治的・経済的資源をいかに媒介・調整すべきかの指針を、同時に提供するものだ。そのためには都市にとって利用可能な資源を刺激し支援することができるガバナンスが必要だが、まず第1に、市民とその様々な集合体による、積極的かつ協働的な参加が求められる。このことを実現するために、ソーシャルイノベーションや技術的イノベーション、文化のイノベーション、制度的イノベーションが融合した、新たなイノベーションの波が生まれなければならない。

2.6

関係的近接、ローカルネットワーク、コスモポリティズム

● 近接の都市は「好ましい条件」を生み出す

多様化した関係的な近接として意図された「近接の都市」は、市民が出会う様々な機会を提供するのみならず、会話を始めるための理由や、プロジェクトを想像するための動機をも提供する。

そうすることによって、ここで**「プロジェクトベースのコミュニティ」**だとみなすことができるコミュニティが構築されるのである（コラム1.2参照）。

ここでの主張の意図は、関わりあいの織物を修繕しコミュニティを構築するための、最も好ましい条件を生み出そう、ということである。ここまで、近接システムの専門化が人びとの間の距離を生み出す「距離の都市」のシナリオや、人びとを私的な空間へと自主隔離するよう促すことで同じ結果に至る「家で／家からすべて」という新しい近接のシナリオについて紹介してきた。しかし、**コミュニティが生まれるための最も好ましい条件を生み出そうとするこの意図こそが、「近接の都市」と、競合する他のシナリオとを区別するもの**である。

このように、近接の都市は、市民が孤独を感じづらく、また他者との協働によって市民自身が能力を発揮できる可能性もより多いおかげで、**「短いネットワーク」**が育まれる都市だ。一方で、協働するための共感、ケア、能力、そして動機はそれ自体を直接デザインすることはできないため、それらが存在しやすくなるための条件をどのようにつくり出せるかを議論する必要がある。しかしその前に、重要なポイントに触れつつ、一度全体像に焦点をあてる必要がある。

ここまで私たちは、提案した近接の都市のシナリオでは、日々の暮らしの短いネットワークが育まれることを確認してきた。しかし、それがすべてではない。このシナリオにおいて短いネットワークは、都市や世界の他の部分の近接システムとつながった、**長いネットワーク**に織り込まれている。この織り込みは、近接の都市における関係的な近接と、前近代のムラ社会における近接とを区別する。そしてこれゆえに関係的な近接は、文化的な生産、芸術的な創造性、デザイン思考のための肥沃な土壌になるのである。

●コスモポリタンローカリズムへ

このシナリオの説明を考えてみると、ある問いが立ち現れる。このシナリオは、達成できるものなのだろうか？　日々の暮らしの短いネットワークと、世界に開かれた長いネットワークを同時に耕すことは可能なのだろうか？　この問いに対しては、様々な態度がありえるだろう。

一部の人びとは、過去に戻り、前近代の近接を夢見る。短いネットワークの近接さえあれば十分に幸せなはずなのだから、彼らにとって、前述のような問題は存在しないのだ。しかし、私たちが好むと好まざるとに関わらず、このような見方は現実的なものではない。なぜなら、いずれにせよ、過去は戻ってこないからである。社会的、文化的、技術的変化ゆえ、過去何世紀にもわたって存在していた村や近隣地域を生み出すことはもはやできない。これは実現不可能な夢であるだけでなく、危険な夢でもある。この夢は閉鎖的で同質主義的なコミュニティの構築につながる考えや行動を生み出す。それはついで、退行的な思想や政治的な実践を増長させるだろうし、そのことがさらに前述の考えや行動を増長させてしまう。

他の人びとにとって、この問いが提起する問題は深刻で、かつ不安をかきたてるものだ。彼らにとって、日々の暮らしの短いネットワークを耕すことは可能性を世界に開くことの真逆をいくもので、それゆえ近接とは、閉鎖性と田舎偏愛主義の類義語だとされているのだ。しかしこのようなポジションは正当化できない悲観主義だ、と考えに足る理由がある。明らかに、近接とは閉鎖的な田舎偏愛主義のことではないと証明する数学的公式はないし、短いネットワークと長いネットワークを生み出す可能性を保証するレシピはない。だとしても私たちは、ドメニコ・デ・マシがそうしたように[15]、「メディチ家のフィレンツェは人口2万人にも満たない小都市であったが、にも関わらずたった20~30年の間にルネッサンスを生み出した」ことを思い出すことができる。言い換えれば、歴史上最大の文化的革命を起こすことができたのは、そのような誰もが互いを見知った、日々の暮らしに必要なもののすべてが確かに家の近くにある小都市だったのである。同様に、アンディ・ウォーホルや彼の時代のほとんどのニューヨークの芸術家たちがグリニッジ・ビレッジにいた、という事実をここに追加することもできるかもしれない。その場所は当時、マンハッタンの中心部にありながら、様々な意味において、ある種の真の都市農村であった。

当然、これらの事例を今日再現できない明白な理由はいくらでもある。それでもこれらの事例が私たちに伝えてくれているのは、短い距離と近隣ネットワークを伴った都市は、ダイナミズム、開放性、創造性を生み出すための、好ましい環境でもありえるということである。だからこそ、私は問いたい。これらすべてがすでに起きたことなのだとしたら、なぜこれが未来には起きえないと言い切れるのだろうか?

おそらく前述の問いは、次のように言い換えることができるかもしれない。ダイナミックでいきいきとした都市のためのより豊かな可能性を有しているのは、どちらの都市だろうか? 継続的な交通移動の必要性に疲弊する、あるいは閉鎖的で、家に接続された個々人の都市だろうか。それとも、今日私たちが想像し、実験するような、開放的でつながりあった近隣地域に暮らし営む、個々人やコミュニティの都市だろうか?

私たちが今話している近接の都市は、2番目の選択肢が起こる可能性が高そうだ、という確信に基づいている。したがってこのシナリオは、長年にわたって議論されてきたコスモポリタンローカリズムを現代的な形で表現するものである。いまなら私たちは、このコスモポリタンローカリズムを実現し始めることができるかもしれない。

コラム 2.2

コスモポリタンローカリズム

現代社会を観察していると、過去に考えられていたこととは逆に、グローバル化と接続性が結合して生まれる現象が、ローカルなものに新たな意味を与えてきたことがわかる。「ローカル」という形容詞はかつて、谷間や農村、地方の小さな町など、孤立した、比較的それぞれの文化や経済に閉じたものを意味していたが、今やその言葉は全く異なるものを指している。実際、**ローカルという言葉は今、その場所やコミュニティ固有の特徴と、グローバル化や文化的・社会経済的な相互接続によって世界中で生成・維持されている新たな現象とを結びつけるものだ。**今日、こうしたグローバル化と接続性によって生まれた現象は、伝統やアイデンティティの保護を隠れ蓑に、地元の利益を最大化する近視眼的なビジョンを支持する退行的な立場(17)から、地域開発の名のもとに地域に残る伝統、風景、文化を観光アトラクションに変貌させ、地域の「ディズニー化」を引き起こす立場に至るまで(18)、極めてネガティブな流行によって特徴づけられることが多い。

幸いなことに、起きていることはそればかりではない。ソーシャルイノベーションは、近隣地域の再生から食のネットワークの構築まで、ローカルな工芸品の振興からコミュニティのエネルギー自給率向上戦略まで、力強いローカルな次元を備えた、様々な取り組みを生み出してもきた。こうしたソーシャルイノベーションは、場所と結びついた新たな社会文化的・経済的活動を発明・

強化することで、事実上**「コスモポリタンローカリズム」**と呼ぶことができる、新たな場所の感覚や、新たなローカルに関するアイデアを生み出してきた。

この台頭しつつあるコスモポリタンローカリズムとは**「ある場所やコミュニティに根ざすことと、アイデアや情報、ヒト、モノ、カネのグローバルな流れに開かれることとの間の均衡」**だと考えることができる(19)。これはデリケートな均衡で、外界に対して閉鎖的になり社会的・政治的な関係が生まれてしまったり、あるいは、遠くからやってくるものに対して全面的に開放的になって、社会の関係性の織物が持つ地域特有の特徴を破壊したりしてしまえば、当然、簡単に壊れてしまうものである。

逆に、この均衡が見出され維持されるとき、新しい種類の場所が生まれる。この場所とはもはや孤立した実体ではなく、ローカルな社会的・経済的構造を生成・再生させる短いネットワークと、特定の場所とそのコミュニティを世界につなぐ長いネットワークという多様なネットワークの、結節点となるものである。

同時に、ソーシャルイノベーションが生み出すコスモポリタンローカリズムは、新しいウェルビーイングの概念をも生み出している。このウェルビーイングを考えるにあたっては、いきいきとした関わりあいの織物や、健康的な環境、美しい景観、その場所が示す多様性の豊かさといった、自然および社会文化的コモンズが大事なのだと認識することが重要だ。こうした観察をプロジェクトベースの言葉に翻訳してみると、場所は孤立しているのではなく、短距離と長距離のネットワークの結節点であることがわかる。短距離のネットワークはローカルな社会文化的な関係性の織物を生成・再生し、長距離のネットワークは特定のコミュニティや特定の場所を世界の他の部分とつないでいるのだ。

コスモポリタンローカリズムというテーマは、分散型システム（コラム1.3参照）というテーマと互いに絡みあっている。分散型システムはコスモポリタンローカリズムの技術的インフラであり、相互接続された場所の世界を技術的に実現するものである。そしてコスモポリタンローカリズムは、分散型システムを方向づけるものである。つまりコスモポリタンローカリズムは、それがなければ持続不可能な方向へと向かってしまう技術的な可能性に、文化的、政治的、環境的な方向性を与えるものなのである[(20)]。

2.7

機能的近接と関係的近接の双方向のつながり

●双方向の近接性の原理

多様化した近接の都市が、いかに、そしてなぜ関係的近接の都市が栄える土壌となるのかについては、近接性の原理（第1章）に説明されており、これは機能的近接から関係的近接へと向かう道筋を示している。つまり、近接のなかで活動する機会が多いということは、交流や出会いの可能性、および共通のテーマやプロジェクトを見つける可能性が高いということを意味するのだ（コラム1.2参照）。

しかし、現実を、特に最近のソーシャルイノベーションを観察してみれば、プロセスは逆の方向にも進みうることがわかる。つまり、ローカルなコミュニティが増えれば増えるほど、そしてそれらのコミュニティが近隣地域で生み出すローカルな活動やサービスが増えれば増えるほど、近接は多様化する。端的に言えば、コミュニティが豊かな場所ほど、サービスや機会が豊かな近接システムを持つ可能性が高いのである。

出会いの機会が関係性を生み出し、その関係性がプロジェクトベースになることで新たな出会い

の機会を生み出すという、近接の次元のこの双方向のつながりは、**「双方向の近接性の原理」**と定義することができるだろう。その意味は、ソーシャルイノベーションと、私たちが議論しているシナリオとの間にある関係性について考えてみれば、とりわけ明確である。私たちが見てきた通り、ソーシャルイノベーションは、新たな機会を生み出そうとするまさにその動機から生まれ、そしてソーシャルイノベーションは、それが参照する（そしてそれが一部を構成する）近接システム上で協働的に活動することによってその機会を生み出す。ソーシャルイノベーションは、こうして機会の提供を増やしていくのである。ついでこのことが新たな出会いや新たな会話、ひいてはソーシャルイノベーションの新たな取り組みのきっかけを生み出すことができる。

結論を言えば、ここまで提案してきた「近接」という概念が有用なのは、ローカルなレベルにおいて近接がシステムの機能的な次元と関係的な次元を合わせ持っているからである。そのことにより、これら2つの次元を別々に論じることができる。同時にこれらをつなぐ双方向のつながりが見え、そしてまさにその相互性に基づいた行動戦略を定義することができるのである。

●ヴィルとシテ

このような一連の考察を、リチャード・セネットの考察に紐づけることができる。彼は著書「建築と住居」(21)において、都市の質は、多かれ少なかれ対話的または対立的な、**構築環境（ヴィル）**

と**生活環境（シテ）**という2つの構成要素の間の相互作用によって決まると述べている。ヴィルは物質的な人工物（家、通り、広場、技術的インフラ）の集合だと見なされる。一方、シテは相互作用の迷路、出会いや会話、コミュニティからなる都市だと考えることができる。それは、質が高いほど、より多くの出会いと会話が生まれ、またより多くのコミュニティが生まれる可能性があるような都市である。

都市のこれら2つの側面に関する説明は、確かに近接の2つの次元に似ている。ヴィルには機能的近接の、シテには関係的近接のテーマが含まれているのだ。近接という概念が、ヴィルやシテとしての都市に新たに加える解釈は、それらがプロジェクトベースだという意味合いである。つまり、ヴィルを向上させるには、シテ、つまり関係的近接のアクションと、それが生み出せるエネルギーが必要だ。その逆もまた然りで、シテを再生するためには、ヴィルによって、豊かで多様化した機能的近接を生み出す必要がある。双方向のつながりが存在する場合はいつもそうだが、どこから始めるべきかをきっぱりと定義するルールはなく、それはケースバイケースで決める必要がある。ここに、本質的にプロジェクトベースで戦略的なこのアクションの特徴を見てとることができる。

20世紀の近代において、都市は第一に、構築都市（ヴィル）としてとらえられてきた。都市は富を生み出すメガマシンとして想像され、その効率性は専門化された区域の存在によってもたらされた。このように現実を還元的にとらえる見方に対して、ジェイン・ジェイコブスはすでに50年以上も前にその流れに逆らい、生活都市（シテ）を別の角度からとらえ始めていた。彼女は、都市の質が複雑で予測不可能な多様性に、どのように、そしてどれほどまでに依存しているのかを観察した[22]。つまり、そこで出会いうる人びとの多様性や、そこで起こりうる出来事の多様性、そこから生まれうる関わりあいの多様性といったもののかけあわせが重要だと彼女は明らかにしたのである。この観察は、都市に関する議論とそこから派生して生まれる実践の方向を改めて考える上で、極めて重要な意義を持つものであった[23]。

しかし、セネット自身が指摘するように、ジェイコブスの提案にはある限界があった。つまり、生活都市に集中することで、構築都市は単なる背景となり、その特徴が議論されなかったようなのだ[24]。しかし、私たちがよく知っているように、生活都市を議論すればそれで事足りるわけではない。ヴィルとシテの両方が重要だという考えは、そもそもヴィルを設計し建設しなければならない新たな都市においてだけではなく、すでに存在する都市においても同様だ。時間の経過とともに変化することで、ヴィルはシテの発展にとって、有利な条件も不利な条件も生み出す。つまり、ヴィルは近接の条件を生み出すが、それは本来の質を失い、多様性が少なくなり、専門化していく可能性もある。

2.8

出会い、出会う場所、都市の微細な次元

●場所と近接文化

都市は見知らぬ人びとが出会う場所である(25)。リチャード・セネットのこの見解は、都市と前近代の村とを区別するのに有用だ。都市では見知らぬ人と出会うのが常だが、村ではそうではない。しかし今日、この主張の意味は拡張する必要があるだろう。伝統的な関わりあいの形式が崩れた社会においては、互いがますます見知らぬ人同士になってきているのだ。こうしてセネットの指摘はすべての人びとに拡張され、都市はジグムント・バウマンが定義する段階にまで達している。すなわち、**「都市とは見知らぬ者同士の同居である」**(26)。このように現代の都市では、私たちは互いに見知らぬ者同士になってしまいがちだ。しかし、都市がうまく機能していれば、都市は私たちがともに暮らすことを可能にする。私たちの暮らしの経路が交差しあえば、衝突ではなく出会い、つまり会話へと発展する相互作用が生まれ、場合によっては新たな関わりあいの形式へと発展する可能性があるのだ。

しかしながら、このようなことが起こるためには、その都市が「近接の都市」であることが必要であり、それは機能的な様式と関係的な様式の両方において実現されていなければならない。この

近接があることによってこそ初めて、互いに見知らぬ二人が、距離（例えば互いを遠ざける固定観念や先入観）を乗り越え、他方で近さの要素（共有できるもの）を発見し、何かを交換し、会話を始めることが可能になるのである。このためにはとにかく、好ましい環境が必要だ。つまりそこには、**他者に耳を傾け、共感し、好奇心を抱く近接文化や、同時に、人びとが話を聞く準備ができている適切な空間がなければならない。**一方私たちは、すでに言及した双方向の近接性の原理に従って、文化と空間という2つの次元の間には双方向のつながりがあることを知っている。近接の文化は場所、つまり近接の文化が盛えることのできる近接システムに依存する。その逆もまた然りで、このような質を持つ場所が存在するには、それを構想できる文化が必要なのである。場所と近接文化は、相互に支えあうことによって、それぞれのケースに応じて、ポジティブにもネガティブにもなりえる循環的なプロセスを生み出すのである。

●出会いはいかに起こるか？

ここで私が関心を持っているのは、構築都市（ヴィル）の物理的な空間が持つ特徴が、出会いが生まれる可能性にどう影響するのかという問い、そして、この出会いが会話へ、場合によっては新たな関わりあいの形式へと発展する可能性にどう影響するのか、という問いに光をあてることだ。すでに述べたように、出会いや会話、関わりあいの形式は、生活都市（シテ）のための建設材料である。この点を明らかにするために、私たちは出会いを可能にする条件を十分に観察しなければならない。

つまり、ここでの問いは以下のようなものである。社会の関係性を生み出す出会いは、いつ、どのようにして起こるのか？　近接の文化は、いつ、どのようにして普及するのだろうか？

出会いが生まれるためには、人びとは共通の関心事を見つける必要がある。ブルーノ・ラトゥールなら、共通の「懸案事項（マターズ・オブ・コンサーン）」が現れなければならないと言うだろう[(27)]。しかしながら、共通の関心事を見つけるためには、声だけでなく、目や身体を使ってコミュニケーションをとることができるような、出会いを可能にするための現実的な条件も整えなければならない。隣人であれば階段の踊り場、友人であればカフェのテーブル、見知らぬ人であれば通りといった具合に、そこには適切な場所がなければならない。結局のところ、意見を交換したり、一緒に何かをしたり、あるいは単純におしゃべりを楽しんだりするために会うには、そこに場所が必要だ。**2人以上の人間が、お互いに耳を傾け、目で見て、場合によっては触れられる距離で、互いのそばまでやってきて、留まることのできる「場所」が必要なのだ。**「ひとつの出会い」の近接学についてのこのような微細なレベルでの観察は、より大きなスケールにおいても大事なことを教えてくれる。近接の都市が出会いの都市であるためには、出会いを生み出す十分な密度と、様々な活動をしつつ様々な人びとと出会うことができる、十分な多様性が必要だということだ。つまり**密度と多様性は、出会いを生み出すための、そして出会いが会話へと発展し、場合によっては**

新たな関わり方の構築へと発展するための、好ましい条件である。通り、広場、カフェ、ショップ、そして公園は、そのようなことが起こりうる場所である。一戸建てや孤立した街区からなる近隣地域の、広くて何もない通りでは、出会いは起こりにくいだろう(28)。

ここで私の言う密度とは相互作用の厚い織り目のことで、この相互作用は、特定の水平方向の密度を特徴とする都市形態における通りや広場で起こりうるものだ(孤立した高層ビルや近代主義的な住宅街といった、都市の垂直方向の密度とは対照的である)。パリとバルセロナの事例について論じた前節で見てきたように、このような都市形態は、社会的な質の創造に最も適しているだけでなく、環境的な持続可能性へと容易に方向づけることも可能である。この都市形態は明らかに、世界中の全ての都市に拡張することはできないだろう。しかしその質を考えれば、新たに生まれつつある都市の建設を導いたり、既存の都市の変容に指針を提供したりできるかもしれない。

確かに、パンデミックとそれがもたらしたソーシャルディスタンスによって、多くの人びとが密集した都市の終焉を宣言しようとしている。しかし、この立場はある誤解に基づいている。**私たちの言う密度は、実際には必ずしも集まりの形成を意味するものではない。**さらに人びとがコロナ禍に最もうまく対応した場所は、ロックダウンとそれに伴うソーシャルディスタンス要請の間でさえ持ちこたえられるような、十分に密でダイナミックな社会的関係性の織物があった場所だったのだということが実証されつつある。

コラム 2.3

感染病対策のための近接学

近接学とは、本来の定義から言えば、人びとが仕事の環境や個人的な関係において、どのように空間や空間配置を利用・構成しているかを研究する学問である（Collins Dictionary）。今日、パンデミックがもたらした距離（これは一般に「社会的距離（ソーシャルディスタンス）」と定義されるが、「物理的距離」と呼んだほうが適切だろう）ゆえに、多様な文化によってローカルレベルで定義された伝統的近接学に、新たな普遍的近接学を加える必要性が生じている。この普遍的近接学は、感染病対策のために、すべての人が他の人との間に2ｍ以上の距離をあけなければならない（訳注：国によって異なり、イタリアでは1ｍであった）という新たな行動ルールが課されたことに基づいた学問領域だ。この新たな近接学は、都市にとってどのような意味を持つのだろうか。特に、都市の密度と社会的な関係性に対して、どのような影響を与えるのだろうか。これらの問いへの答えは、3点に整理することができる。(1)密度は混雑のことではない。(2)距離を取ることは社会的孤立のことではない。(3)距離をとるからといって協働できないわけではない。

密度は混雑のことではない。人びとは互いに2ｍ以上離れなければならない。これに基づけば、感染病対策のための近接において、避けるべきは混雑である。これは都市の物理的な密度や関係の密度とは何の関係もない。混雑が起こるのは、バスや混雑したオフィスなど推奨される距離を保つのに十分なスペースがないために、あるいは、ディスコやパーティー、サッカーの試合などで私たちが近くにいることを望むがゆえに、多くの人が接触したり、非常に近くにいたりするときである。

つまり、混雑は都市の密度と連動しているのではなく、混雑を生み出す特定の理由の有無と連動しているのだ。言い換えれば、密度の低い地域だったとしても、ラッシュアワーの通勤電車、日曜日の集まり、特別な日の教会は、人口密度の高い都市地域にある同様の場所より混雑することがあるだろう。

結局のところ、距離をとるために必要なのは、都市の密度を下げることではない。必要なのは、混雑する状況を避けることなのだ。

距離を取ることは社会的孤立のことではない。感染病対策のための近接は、確かに他人との関わり方を変えるが、他人と関わることを妨げているわけではない。他人と関わるために、必ずしも接触が必要なわけではないのだ。オンラインでの関わりあいの長所と短所や、それをオフラインでの関わりあい、つまりこれまでと同じ物理的な世界で起こる関わりあいと組み合わせる可能性については、これまでに多くの議論が行われてきた。

この議論と並行して新たに加えなければならないのが、物理的な世界での関わりあい、つまり必要な距離を保ちながら行われる関わりあいに関する議論である。ソーシャルディスタンスはこのように、オンラインーオフラインハイブリッドでの新しい形の関わりあいを促進する方法を議論することにつながる。オフラインの関わりあいについては、適切な距離を保ちつつも、物理的な世界で交流が起きることになる。

距離をとるからといって協働できないわけではない。 感染病対策のための近接学は、新しい行動を必要とするものの、協働を妨げてはいない。さらにいえば、人びとは協働するからこそ、より受け入れやすい方法で、そしてしばしば社会にとってもより効果的な方法で、必要な変化に対処することができる。新たな近接学における一連の協働的な試みが取り入れているのは、この方向性である。その例として、病人、子ども、高齢者のケアという観点で、ソーシャルディスタンスを尊重しつつも相互に助け合う可能性や、近隣地域のサービス、近くにあるオフィス、子どものためのゲームなどを、使用する間の場所や物を衛生的に保つという予防措置をとることで、共有しながらも距離を保ちつつ利用する可能性が探られている。

2.9

ローカルコミュニティ、多様化した近接、レジリエンス

もしジェイン・ジェイコブスが今日、ニューヨークのウェスト・ヴィレッジや、当時似たような特徴をもっていた他の多くの都市を歩いたとしても、彼女が当時とても大切にしていたはずの質を見つけることはできないだろう。当時、濃密で多様な関係が織りなすことで生まれていた「なにか」は、その特性が失われつつある、あるいはすでに失われてしまった。自動車やそのための駐車場、道路、道路網を含む全体のシステム。観光客や彼らのためのショップやカフェ。そして何よりも不動産投機家や彼らによる都市の商品化計画などの増長する大波が、当時のネットワークに打撃を与え、傷つけ、貧しいものにしてしまったのだ。これらの要素は富裕層と貧困層とを区分し、彼らをそれぞれのゲットーに閉じこめ、出会いの機会を減らし、そこで見られる多様な関わりあいの形式を減らし、事実上、社会の砂漠化のプロセスを助長している。

同時に、デジタル技術の普及がこれまでの傾向に拍車をかけた。つまりそれは、人びとの関心を物理的な世界からデジタル世界へと移すことで、人びとを通りや広場からさらに遠ざけ、私的な空間での孤立へと追いやったのだ。これは、広がる孤独と、都市エコシステム全体の脆弱性という観点において、社会の砂漠化のプロセスを加速させるものである。これは、レジリエンスの

喪失を含め、あらゆる観点から見て深刻な現象であることは間違いない。

今日、しなやかさ、つまり**レジリエンス**というテーマが盛んに語られている。それゆえ、このテーマ、および都市とレジリエンス、近接の関係に簡単に焦点を当てておくことは有益だ(29)。過去の経験や最近のコロナ禍の経験から、**最もレジリエントな都市とは結局のところ、自分たちが暮らす場所に根ざしたコミュニティの網の目の上に構築された都市だ**ということがわかってきた。災害後の状況における様々なコミュニティの行動を観察してみると、最も強く、最もよく構造化されたコミュニティは、大きな痛手を伴う出来事の後、上からの指示がなかったとしても、何をすべきか、どのように自分たちを組織化すべきかを理解する能力が高いことがわかる(30)。つまり、例を挙げれば、テニスクラブは救急センターになり、その会員は互いをよく知った、組織化できるネットワークになる。他にも例えば、屋根つきのコートは簡易宿泊所に、浴室用タオルはシーツや包帯に、バーベキュー道具はキッチンに変身する。要するに、日常生活で使用されているものが、例外的な瞬間には再解釈されて使用され、緊急時のための自発的なインフラとして機能するのだ(31)。

このことから私たちが学べる教訓は、大災害が起きた場合、また正常な状態や通常のやり方が崩壊し、トップダウンによるコミュニケーションが機能しない場合、組織化の方法や、既存の資源の最も創造的な利用の方法を考え出すことができるのは、お互いを知り、その場所をよく知っている人たちだ、ということである。そして同様に重要なのは、必要な関係的近接があれば、人びとは心理的なレベルでお互いを支え合うことができるということだ。

ここまでに紹介した観察は地震や台風といった出来事に対して行われたものだが、極めて深刻な経済危機や社会危機の場合も同様のことが起きることがわかっている。そして今、コロナ禍の危機においても、同じことが起きている。このように、一般化して言えば、都市のレジリエンスは社会の重要な構成要素なのだと言うことができる。つまりレジリエンスには、〝普通の〟ときに互いに慣れ親しみ、危機に直面したときに自己組織化して新たな問題に立ち向かうことができる、人びとのネットワークの存在が必要なのだ。言い換えれば、社会的・環境的な質と同じように、都市が、微細なスケールで複雑かつ活力あるエコシステムとしての質を示すほどに、レジリエンスは大きくなる。

2.10
街路、広場、コモンズ、そして近接

都市はもちろん、微細なレベルでの見え方だけで成り立っているわけではないし、それだけで説明することもできない。都市が存在するためには、微細なレベルは必然的に、より大規模なインフラに基づかなければならない。さらにすでに見てきたように、都市の社会的・文化的な生活は、近隣地域レベルのミクロな関係の事例の総和へと還元することはできない。それゆえ私は近接の都市のシナリオを紹介し、近接の都市は短いネットワークと長いネットワークの交わりを育むのだと、そしてこのシナリオが究極的に提案するのはコスモポリタンローカリズムなのだと述べてきた。

しかし、都市の質が近隣地域の質の総和ではありえないし、そうであってはならないことは事実ではあるが、今や私たちは、物理的にも社会的にも質の高い近隣地域なしには、レジリエントで持続可能な都市は不可能であることもまた事実だと知っている。つまり、そのような都市を実現するためには多様化した近接が拡散していることが必要なのであり、それがあるから出会いが生まれ、それが会話やプロジェクト、コミュニティへと発展していく可能性が生まれるのだ。このような出会いや会話、そしてそれらが生み出す関わりあいの形式があってこそ、全体として都市はレジリエントなものになり、また、都市を持続可能なものへと進化させるために必要な政治的かつプロジェクトベースのエネルギーが生まれるのである。

このようなことが行われる場所は多様であり、また他の場所を発明することもできる。しかしこの可能性を最もよく表現しているのは、街路や広場ではないだろうか。街路や広場は、専門化された場所、つまり移動のためのインフラとしてではなく、多様な活動や多様なグループの人びとが共存し、交差し、出会い、会話やプロジェクトを生み出す多機能空間として理解されるべきものだ。街路や広場がこのように機能するとき、近接の都市は街路や広場の都市となる。

問題は、残念ながら社会の砂漠化が進行し、ここまで説明してきた通りの形で、街路や広場の機能がますます低下しているということである。この傾向を変えるにはどうすればいいのだろうか？　この問いに対する答えは、ソーシャルイノベーションと、本章の冒頭で述べたコモンズの（再）構築である。したがって、この問いは次のように言い換えることができる。どうすれば、ソーシャルイノベーションと、必要な都市コモンズの生産を促進できるのだろうか？　私たちは、ソーシャルイノベーションもコモンズも、直接計画することはできないが、それらが存在するための好ましい条件をつくり出すことならできそうだ。近接が多様化し、機能的な構成要素と関係的な構成要素のバランスがとれているなら、近接は活動するための土壌になるということを、私たちはもう知っているのだ。

けれどもその際考慮に入れなければならないのは、街路や広場で起きていることは、広いネットワークのなかで、多様なテーマに関わって起きていることの、物理的かつローカルな証拠なのだ、ということである。より正確に言えば、街路や広場で起きているのは、それぞれが固有の論理と機能様式を持つ社会技術システムの、ローカルな織り合わせである。さらに今日、こうした出会いは、デジタルな世界と物理的な世界とをつないだ結果として起こることがますます増えてきていることを考慮に入れる必要がある。つまり街路や広場の機能は、現在の物理とデジタルのハイブリッドな次元の外では、もはや理解することはできないのだ。

最後に私たちは、**街路や広場、そしてそこで、それらのおかげで生まれる出会いは、生命の網の一部であることから切り離せないのだ、**という考え方を学ばなければならない。したがってそれぞれの広場やそれぞれの街路は、それらが位置づけられたそれぞれの都市と同じように、地球というひとつの大きな複雑な生態系の、ある要素なのだ。

このように、「どうすれば社会の砂漠化の傾向を逆転させられるか?」という最初の問いに対する答えは、予想できたことではあるが単純ではない。しかしこのことは、そこに可能性のある答えがない、という意味ではない。より正確に言うならば、可能性のある答えを見つけるための道筋がない、という意味ではない。

次の章では、その道筋のひとつを紹介しようと思う。それは、ケアの思想と実践に焦点をあてたものである。この議論は、社会の砂漠化に対する唯一の解毒剤はケアに対する新たな能力であるという仮定に基づいている。そして、そのケアが定義上必要とするのが、近接である。

コラム

2.4 社会の再生を促すリモートワーク　イヴァナ・パイス

空っぽの街路や広場が社会の砂漠化を表しているとすれば、新たな出会いのための場所が誕生していることは、都市の再社会化を目指す対抗運動の兆しだと考えることができる。これは21世紀初頭に始まり、新たな仕事の場ですでに起こっていたことだが、リモートワークの普及によって加速する可能性がある。

●リモートワークの普及

ユーロスタットの地域別年鑑(32)によると、パンデミック以前（2019年）は、20〜64歳のEU圏内労働者のうち、通常在宅勤務をしているのはわずか5．5％だった。この割合は、コロナ禍パンデミック後に2倍以上に増加し、2020年には12．4％に達した。最も急増を見せたのは首都圏と都市部である。最も高い割合（37％）を記録したのはフィンランド首都圏（ヘルシンキ－ウーシマー）で、次いベルギーのブラバン・ワロン州（26．5％）およびブリュッセル首都圏（25．7％）、アイルランドの中央東部地域（24．7％）、オーストリアのウィーン（24．2％）、デンマーク首都圏（23．6％）、フランスのイル＝ド＝フランス（23．4％）だった。EU東部および南部地域の多くでは在宅勤務はあまり普及しておらず、クロアチア、キプロス、ラトビア、ブルガリア、ルーマニア、およびギリシャの大半の地域では5%未満であった。専門職、金融業、情報通信業、教育業、政府部門に従事する労働者には在宅勤務の機会が多かったが、農業、製造業、流通業といった手作業に従事する人びとには機会が少なかった。緊急在宅勤務のおかげで、企業の操業はかなりの割合で維持され、何百万人もの労働者の雇用が維持された。同時にこのことは、代替となるような労働組織形態を実験することにもつながった。ツイッター社（訳者注：現X社）を皮切りに、とりわけハイテク企業ではこれが連鎖的な効果をもたらし、無数の企業が「これからは社員はいつでも働く場所を選べるようになる」と表明した。また、ハイブリッド型リモートワークという考え方の導入も、さらに広まってきている。これらの発表が組織実務にいかに反映されていくのかを予測・理解するのは確かに時期尚早だが、方向性は明確なようで、その意味合いを考察することは有益だろう。在宅勤務が可能な職種の割合として測られるテレワーク可能性は、G7諸国の職種の3分の1ほどと推定され[33]、その割合は都市部ほど高くなっている。

リモートワークが普及するという見込みによって、これまでは企業に関わるものと見なされていた戦略が、個々の労働者のレベルにシフトすることになる。これまで脱ローカル化は国内から人件費の安い他国へ生産拠点を移す企業に関わる話題だったが、現在問題になってきているのは、職場はそのままに、労働者を、少なくとも部分的には新しい労働環境へと配置する可能性があることだ。これは、とりわけ企業が海外に移した拠点を再び自国へ移転するリショアリング戦略を実施している段階で起きている。

● 近接型コワーキングスペースの出現

この視点は市民の、サービスの消費者や利用者としての側面のみならず、労働者や生産者としての側面をも考慮することにつながるため、近接の都市にとっては乗り越えるべき課題となる。鉄道のようなインフラがモノや人の移動を可能にし、通勤を可能にすることで都市の境界を広げてきた一方で、クラウドの論理に基づく新しいプラットフォームは、人びとが今いる場所にとどまり、遠くにいる人びととデジタルオブジェクトを共有しながら仕事をすることを可能にする。

一方では、労働者の働く時間や空間の柔軟性が高まることが見込まれ、プロジェクト型の働き方が一般化すること、およびそれに伴って労働活動が分断することについて一定の懸念が生まれている。しかし他方でこの懸念ゆえ、自営業者たちが働き方を管理する際のリスクに対処するために最近取り入れている、いくつかの解決策が注目を集めつつある。近接の都市の議論においては、これらの解決策の中でも、新しい職場が中心的な役割を果たす。この新しい職場というのは、コワーキングスペースのみならず、より一般的にはスマートワーキングプレイスと定義される(34)。例えば、カフェ、レストラン、および働く人びとを受け入れるためのスペースを備えたホテルなどがこれにあたる。これらの場所は、自営業者がますます細分化される労働市場において人間関係の基盤、仕事の基盤を維持するために、必要不可欠な社会インフラになっている。コワーキングスペースは緊急時のリモートワークの普及により、自営業者のみならず、従業員や企業など、様々な特徴やニーズを持つコワーカーを受け入れるために再編された。パンデミックの緊急時には、従業員は自宅以外で安全に仕事ができる場所を確保するために仕事をする場所を借りた。興味深い事例のひとつは、親たちがローテーションを組んでワークステーションを利用し、交代で子どものケアに取り組んでいたという例である。企業の側に目線をうつせば、成長や独立を見越してコワーキング用のワークステーションやオフィスを借りたスタートアップ、および危機に陥り、事業縮小に伴いコワーキングを利用した企業などの変化をとらえることができる。

また、パンデミック時には都心部の様々なスペースが他よりも大きな被害を受けたが、都心部以外の地域のスペースは、住宅街にあるというまさにその理由ゆえに、急速に満室になったという事実を記しておくべきだろう。このことは、各ゾーンが社会的、文化的、経済的生活の自律的な中心地として発展するための手段を持つような、多中心都市という提案を強化するものである。しかしこれを実現するためには、周辺近隣地域のアクセシビリティと活力を促進する、適切な都市政策が必要である。

しかし、本書で投げかけられた問いに関わって最も興味深い点は、**近接型コワーキングの出現**である。かつて共有ワークスペースは、専門性（デジタル分野、芸術の世界、映画産業などに関連したコワーキング）や提供サービスの機能に基づいて、コワーキングスペース利用者が選ぶものだったが、現在では、ローカルコミュニティの基点として自らを位置づける、新たなワークスペースが出現している。近接型コワーキングは、同じ近隣地域に住む労働者専用のワークスペースであるのみならず、多くの場合、ローカル地域に寄与するマルチサービスのハブとして提案されており、コワーキングスペース利用者の専門スキルだけでなく、イベントやショーなどの文化的な性質を持つサービスや、子どもや青少年への支援、レセプションサービスといった、社会的な性質を持つサービスも利用することができる。

仕事がますます分散、断片化、デジタル化している状況において、こうした場所は人や関心、アイデアを再集合させることができる。こうした場所は、ある住宅街を、多かれ少なかれ構造化されたローカルコミュニティへと変化させ、また潜在的には、その地域の住民を、集合的なアクターへと変化させることができる。このようなダイナミズムは、(エリア間や労働者間の)不平等や分離の新たな形態と結びついて、ローカルレベルで新たな緊張を生み出す可能性があることもまた明白であり、そのため、プロジェクトに基づいた意図的な投資と、ローカルレベルでの新しい統治形態の模索が必要である。

注　記

1 E. Ostrom, *Governing the Commons. The Evolution of Institutions for Collective Action,* Cambridge, Cambridge University Press, 1990 (邦訳：エリノア・オストロム『コモンズのガバナンス：人びとの協働と制度の進化』原田禎夫、齋藤暖生、嶋田大作訳、晃洋書房、2022).

2 Michel Bauwens, "Towards the Partner State Model of Commons Governance," https://blog.p2pfoundation.net/, September 2012; Gregorio Arena, Christian Iaione, *L'età della condivisione. La collaborazione tra cittadini e amministrazione per i beni comuni,* Rome, Carocci Editore, 2015.

3 C. Donolo, "I beni comuni presi sul serio," www.labsus.org, 2017.

4 EVStudio AEP, "The Neighborhood Unit: How Does Perry's Concept Apply to Modern Day Planning?" https://evstudio.com/, May 30, 2019.

5 C40とは、世界97の大都市からなる気候変動のための連合体であり、ローカルレベルでパリ協定よりも野心的な目標の達成を目指している。これらの都市は、7億人以上の市民と世界経済の4分の1を代表している。最近、C40は、コロナ禍後の経済復興のモデルとして、15分都市のアイデアを提唱した。参照：https://www.c40.org/about.

6 C40 Cities Climate Leadership Group, C40 Knowledge Hub, "How to build back better with a 15-minute city," https://www.c40knowledgehub.org/.

7 セマエスト社は、パリとその周辺地方に拠点を置き、新しい地域経済の促進を通じた工芸と商業の活性化を専門としている。参照：www.semaest.fr.

8 Ibid.

9 Carlos Moreno, "The 15 minutes-city: for a new chrono-urbanism!," http://www.moreno-web.net/, June 30, 2019; Idem, *Urban life and proximity at the time of covid-19,* Paris, Editions de l'Observatoire, 2020; Idem, *Droit de cité, de la "villemonde" à la "ville du quart d'heure,"* Paris, Éditions de l'Observatoire, 2020.

10 引用元：David Roberts, "Barcelona's Superblocks Are a New Model for 'Post-Car' Urban Living," https://www.vox.com/, April 11, 2019.

11 Press release of the City of Barcelona, November 11, 2020 (Ajuntament de Barcelona, *Cap a la Superilla Barcelona,* https://ajuntament.barcelona.cat).

12 "Decidim helps citizens, organizations and public institutions self-organize democratically at every scale" (https://decidim.org).

13 BCNecologia, *Charter for the Ecositemic Planning of the Cities and the Metropolies,* https://charterbcnecologia.wordpress.com/.

14 Salvador Rueda, "L'ecologia urbana i la planificación de la ciutat," *Medi Ambient Tecnologia i Cultura,* 5, 1993, *Repensar la ciutat,* pp. 6-17; Salvador Rueda, Rafael de Cáceres, Albert Cuchí, Lluís Brau, *El Urbanismo Ecologico,* Barcelona, BCNecologia (Agencia de Ecologia Urbana), 2012.

15 Domenico De Masi, *Smart Working. La rivoluzione del lavoro intelligente,* Venice, Marsilio, 2020, p. 14.

16 Wolfgang Sachs (ed.), *The Development Dictionary. A Guide to Knowledge as Power,* London, Zed Books, 1992 (Italian trans. *Dizionario dello sviluppo,* It. ed. edited by A. Tarozzi, Torino Edizioni Gruppo Abele, 1998); Idem, *Planet Dialectics. Exploration in Environment and Development,* London, Zed Books, 1999 (Italian trans. *Ambiente e giustizia sociale. I limiti della globalizzazione,* presentation and editing by G. Onufrio, Rome, Editori riuniti, 2002); Ezio Manzini, "Small, Local, Open and Connected: Design Research Topics in the Age of Networks and Sustainability," *Journal of Design Strategies,* 4(1), Spring 2010; Manzini, M'Rithaa, "Distributed systems and cosmopolitan localism," cit.

17 David Harvey, *The Condition of Postmodernity. An Enquiry into the Origins of Cultural Change,* Oxford, Blackwell, 1990 (邦訳：デヴィッド・ハーヴェイ『ポストモダニティの条件』吉原直樹監訳、和泉浩、大塚彩美訳、筑摩書房、2022); Zygmunt Bauman, *La società dell'incertezza,* Bologna, Il Mulino, 1999; Ulrich Beck, *Was ist Globalisierung? Irrtümer des Globalismus – Antworten auf Globalisierung,* Frankfurt, Suhrkamp, 1997 (邦訳：ウルリッヒ・ベック『グローバル化の社会学：グローバリズムの誤謬ーグローバル化への応答』木前利秋、中村健吾監訳、国文社、2005).

18 George Ritzer, *The McDonaldization of society,* Rev. new century ed., Thousand Oaks, Pine Forge Press, 2004 (first ed. 1997; 邦訳：ジョージ・リッツア『マクドナルド化する社会』正岡寛司監訳、早稲田大学出版部、1999).

19 Arjun Appadurai, "Disgiunzione e differenza nell'economia culturale globale," in M. Featherstone, *Cultura globale. Nazionalismo, globalizzazione e modernità,* Rome, Seam, 1990.

20 Manzini, M'Rithaa, "Distributed systems and cosmopolitan localism," cit.; Escobar, *Designs for the Pluriverse,* cit.; Terry Irwin, "Transition Design: A Proposal for a New Area of Design Practice, Study, and Research," Design and Culture, 7(2), 2015, pp. 229-246; Gideon Kossoff, *Cosmopolitan Localism: The Planetary Networking of Everyday Life in Place, Cuarderno Journal* 73 (Transition Design Monograph), 2019; Alexandros Schismenos, Vasilis Niaros, Lucas Lemos, "Cosmolocalism: Understanding the Transitional Dynamics Towards Post-Capitalism," *tripleC: Communication, Capitalism & Critique,* September 21, 2020, pp. 670-684.

注　記

21 Richard Sennett, *Building and Dwelling: Ethics for the City,* New York, Farrar Strauss & Giroux, 2018.

22 Jane Jacobs, *The Death and Life of the Great American City,* New York, Vintage, 1992 (first ed. 1961; 邦訳：ジェイン・ジェイコブス『アメリカ大都市の死と生』山形浩生訳、鹿島出版会、2010).

23 同様の意見は、すでに述べたリチャード・セネットのみならず、アンリ・ルフェーブルからチャールズ・ランドリー、デヴィッド・ハーヴェイに至るまで、都市を注意深く観察する人々によって述べられてきた。彼らはまた、異なる視点から出発し、異なる言葉を用いて、都市が複数の出会いが起こりうる場所だという事実を高く評価している。Henri Lefebvre, *Le Droit à la ville,* Paris, Anthropos, 1968 (邦訳：アンリ・ルフェーブル『都市への権利』森本和夫訳、筑摩書房、2011); Charles Landry, *The Art of City Making,* London, Earthscan, 2006; David Harvey, *Rebel Cities: From the Right to the City to the Urban Revolution,* London, Verso Books, 2012 (邦訳：デヴィッド・ハーヴェイ『反乱する都市：資本のアーバナイゼーションと都市の再創造』森田成也、大屋定晴、中村好孝、新井大輔訳、作品社、2013).

24 Sennett, *Building and Dwelling,* cit.

25 Richard Sennett, "A flexible city of strangers," https://mondediplo.com/, February 2001.

26 Zygmunt Bauman, *City of Fears, City of Hopes,* London, Goldsmiths College, 2003, p. 5.

27 Bruno Latour, "Why Has Critique Run Out of Steam? From Matters of Fact to Matters of Concern," *Critical Inquiry,* 30(2), 2004, pp. 225-248.

28 Jan Gehl, *Cities for People,* Washington, Island Press, 2010 (邦訳：ヤン・ゲール『人間の街：公共空間のデザイン』北原理雄訳、鹿島出版会、2014); Idem, *Life Between Buildings,* Washington, Island Press, 2011.

29 Ezio Manzini, Adam Thorpe, "Weaving People and Places: Art and Design for Resilient Communitues," *She Ji: The Journal of Design, Economics, and Innovation,* 4, i, Spring 2018.

30 Robert J. Sampson, *Great American City: Chicago and the Enduring Neighborhood Effect,* Chicago, The University of Chicago Press, 2012.

31 Adam Greenfield, "Practices of the Minimum Viable Utopia," *Architectural Design,* 87(1), 2017, pp. 16-25.

32 The *Eurostat Regional Yearbook – 2021 Edition* can be viewed and downloaded from https://doi.org/10.2785/894358.

33 OECD, *Implications of Remote Working Adoption on Place Based Policies: A Focus on G7 Countries,* Paris, OECD Publishing, 2021, DOI: 10.1787/b12f6b85-en.

34 さらなる議論については、以下の研究を参照：Percorsi di Secondo Welfare, Centro di Ricerca e Documentazione Luigi Einaudi, *Smart Workers e Smart Working Places: lavorare oltre l'ufficio* (available at https://innova.srl/landing-page-smart-working/).

第3章

ケアする都市

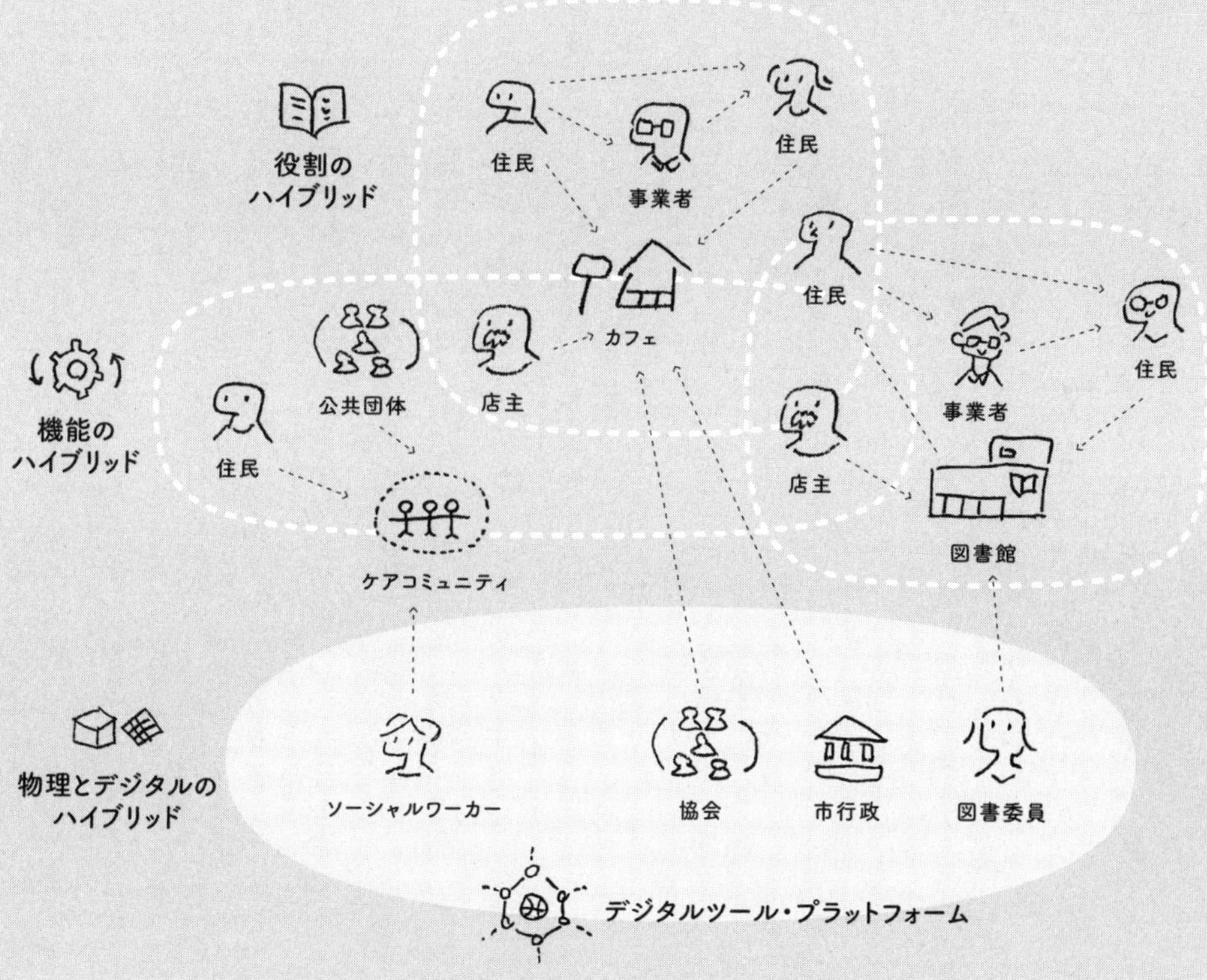

ここちよい近さが
まちを変える

これはアフリカのことわざである。私たちの暮らしも以前はそうだった。このことわざの意味はさらに広がっており、老人の世話や特に弱い立場にある人の世話をするためにも村、あるいは近隣が必要である。つまりお互いを思いやることができる社会には、村が必要なのだ。ことわざはケアの活動と村というコミュニティ、そして物理的な場所との強いつながりを物語っている。このことわざにあるように、ケアを提供するには物理的な近さと関係的な近さが密接につながっている。村では誰もが他の人たちの周りにいて、あらゆる意味で支え合っている。ケアする村は、これまで議論してきた意味豊かな近接の地域である。

●子どもを育てるには村が必要だ

しかしそうした村はもはや存在しない。村のコミュニティや近接は、まさにそのようなケアの可能性とともに、私たちの前から姿を消してしまったのだ。この近接、コミュニティ、そしてケアのすべてについて、私たちは郷愁を感じるかもしれないし、そうでないかもしれない。いずれにせよ、それらは元のままの姿で戻ってくることはない。しかし私たちが現在直面している多くの危機に立ち向かうなかで、私たちは村、場合によっては前近代の都市をも振り返り、私たちが抱える困難からいかに立ち直っていけるかについてのアイデアを探すことができる。これまでの章では、私たちは取り組むべきアイデアとして、機能的および関係的な2つの次元における近さと、場所とコミュニティの関係を明確にする可能性を持つ近接を仮定した。前章では、近代性がますます機能的で専門的な近接を生成し、それが社会的・環境的な意味で距離の都市を生み出したことを見てきた。しかし私たちは、この傾向を修正することが可能であることもまた確認してきた。ソーシャルイノベーションが私たちにどこへ進むべきかを示し、そこへ進むことが可能であること、そして距離の都市を引き起こした技術イノベーションが、近接の都市を支えることができるということも認識してきた。

●近接の都市はケアする都市

ここでは近接とケアの関係について議論を続ける。議論の中心には、近接の都市がケアの都市であるという認識がある。より正確に言えば、それは**ケアする都市**である(1)。つまりそれは、**人びと、組織、場所、製品、サービスが全体としてお互いにケアする能力を発揮するエコシステムである。**

その出発点は、ケアという概念そのものを考察することであり、私たちにとって基本的な側面に焦点を当てることだ。接触することなく、つまり近接することなく、ケアは存在しない。このように、近代が生み出した距離の都市は、本質的に**ケアなき都市**である。そして、物理的／デジタルの近接のハイブリッド化は、類似した形式を持つケアのハイブリッド化と交差する。だから、ソーシャルイノベーションが新しいケアサービスを提案するとき、それは近接の都市がどのようなものであり、どのように機能するかについても多くのことを教えてくれるのである。

3.1

ケアと近接、ケアは近接である

ケアとは、「私たちが可能な限りよく生きることができるように、私たちの『世界』を維持し、継続し、修復するために行うすべてのことを含む種の活動である。その世界には、私たちの身体、自己、環境が含まれる」(2)。ジョアン・トロントとベレニス・フィッシャーが30年以上前にこのように定義したケアの考え方は、社会的な関係性の織物を構成する人間同士の相互作用の網全体を指す。しかしそれだけではない。それはまた「世界」、すなわち生命の網の中で相互依存している全てに向かって広がる。実際のところ、すべてのケアの実践に共通するのは、自分たちが属する広範なエコシステムの命を支え、修復し、維持する責任だ。それはすべての人びとの責任ある態度を必要とし、この理由から誰かが単独で生み出すことはできず、お互いに依存し合う多くの主体が関与する共同生産プロセスによって生成されなければならない。

●ケアの物理的接触

このような考え方から、マリア・プイグ・デ・ラ・ベラカサは、その著書『Matters of Care』(3)の中で、私たちが近接について考える際に特に役立つ2つのテーマ、接触と社会性に焦点を当てている(4)。ケアにはプイグ・デ・ラ・ベラカサが述べるように触覚的な側面があり、ケアするためには接触が必要である。私が触れるとき、私は触れられる。すなわち、私がケアするとき、私はケアされるのだ。ケアは近くてもちつもたれつの互恵性を含む。この洞察は、私たちが議論しているテーマに直結する。**ケアには近接、つまり関係的および機能的な近接が必要なのだ。**距離の都市は、ケアなき都市でもある。これは不幸なことではあるが、実際に起きてしまったことであり、私たちが学び立ち向かうべき課題である。

私たちが今日求めるケアと近接の考え方や実践は、確かにこの章の冒頭で引用したアフリカの村のそれとは異なるだろうし、また20世紀の近隣とも異なるだろう。第2章では、近接についてこの点を議論した。ここでは、ケアと近接という2つの用語が密接な相互作用を維持しながらお互いに影響し合って共進化していくことに注目し、ケアについて見ていくことにする。近接なしにケアはなく、ケアなしに近接はない。もちろん、私たちが見てきたように、近接はハイブリッドになる可能性があり、これから見ていくように、ケアについてもハイブリッドになる可能性がある。しかしどちらの場合も、近接とケアが真にそのような関係であり続けるためには、ある身体が別の身体に物理的に近接しているという物理的な次元が存在しなければならない。

●ケアの関係的システム

互恵性というテーマは社会的なテーマへと私たちを導く。ケアは行為ではなく、相互の行為として考えるべきだと述べてきた。つまり、私たちは触れ、触れられ、ケアを行い、ケアされるのだ。しかし、村が世話をする子どもや、都市で世話を必要とする老人や病人をよく考えてみても、この相互作用は直接的には目に見えない。再び、プイグ・デ・ラ・ベラカサが救いの手を差し伸べる。**「ケアの互恵性が二者間であることは稀である。ケアという生きた組織は、相手に与え、受け取ったりする個人のおかげではなく、広くひろがった集団的な努力のおかげで維持されているのである」**(5)。言い換えれば、ケアは、特定の瞬間に誰かが他の人や物に対して行う行為として理解されるのではなく、社会における様々な形で現れる、あるいは現れうるものとして理解されなければならない。私たちの誰もが、かつては子どもであり、早死にしなければ老いていき、私たちの多くが子どもを持ち、誰もが病気になるだろう。このように、私たちは皆、ケアを必要としてきたし、これからも必要とする。私たちは他人や世界に対して注意深く、共感的に行動することで、ケアの関係をつくり出しているのだ。もし社会や都市がこの視点をもたないならば、ケアの社会的な側面や特徴を認識することはできない。

今日、私たちが信じ込んでしまっている支配的な考え方とは逆に、ケアは、ニーズを持つ人と解決策を提供する人の間だけで実行される個々の行為ではない。この個別の行為とする見方は、ケアを人びとの個人化プロセスの中心に置き、社会を有益で生産的な個々の人びとの集合体としてとらえるアプローチの結果である。この視点では、誰も彼も競争しなければならず、時間を無駄に過ごすことはできない。したがってこの視点から見れば、ケアに時間や注意を割くことはない。

もし競争力を持たない場合には、可能であれば修復されるか、修復できないのであれば棄却されるかのどちらかである。

このケアの考え方、つまり個々の問題に対する具体的な解決策としてのケアは、過去半世紀にわたり支配的であり、サービスや福祉の考え方が発展していく過程とともにあった。そして半世紀以上経った今、このようなものの見方が、私たちを危機的な状況に導いていることは明らかだ。コロナ禍は逆説的ではあるが、この危機的状況をより鮮明にした。**まさに私たちが距離を保つことを求められているときに、パンデミックがもたらした新しい生活環境は、近接の重要性をすべての人に具体的に示している。**それは関係的な意味でも機能的な意味でも、日常の問題解決における小さなレベルでも、近さがもたらす親密さの感覚でも、大規模なスケールでも、物理的な世界でもハイブリッドな世界でも同様に近接の重要性を示している。これは私たちに互いに触れずに、近くにいながら接触する方法を見つけるよう強制しているのである(6)。

コラム

3.1 接触なしで接触する

コロナ禍は世界に大規模な社会実験を強制した。それは物理的な分離とともに生きていく方法であり、1m以上離れた生活の近接を発展させる方法である。この実験は、ミクロ的な社会性とケアの新しい形を発展させることにつながった。高齢者の手助けをした人びと、自宅まで商品を配送した地元の商店、文化活動を後援した近隣の書店などがそれである。しかしいずれの場合でも、誰かが誰かに届けようとしたケアは、家の玄関の扉で止まった。あるいは少なくとも1m離れていた。

この観察は、プイグ・デ・ラ・ベラカサによって提案された、ケアの触覚的な次元を再考することを私たちに求めている。事実ここで示された例は接触なしのケアを語り、友人やボランティアが玄関前に置いた買い物袋はその典型的な例である(7)。

プイグ・デ・ラ・ベラカサはケアと触覚との関連に言及する。なぜなら、感覚の中で最も明確な相互性を持つのが触覚であるからだ。人は見られることなく見ることができ、聞かれることなく聞くことができるが、触れられることなく触れることはできないのである。それゆえに、触覚がケアの関係に関与するすべての要素を結びつける相互依存性を最もよく表現する感覚である。

パンデミックによって発明せざるを得なかったミクロ的な関わりあいを通じて、物理的な触覚ばかりが重要なわけではないということがわかった。つまり本当に重要なのは、上記に提案したケースのように、直接的な接触なしでも起こりうる、親密さの感覚としての近接なのだ。接触なしの接触であるケアが提案されている。しかし、これが実現するためには、対話者が物理的かつ関係的な近接の状態にある必要がある。具体的には、彼らがお互いを知り、近接して生活している必要がある。実際ドアの前に食料品の袋を置いてくれるのが、友人や隣人、または角のお店の人なのか、それともどこから来たのかわからない見知らぬ人なのかでは、同じではないことは明らかだろう。

したがって、接触なしのケアのテーマは、近接のテーマと密接に関連している。接触なしの相互作用は、関与するアクターが近接の状態にある場合にのみ、ケアとして定義できる。彼らがお互いを知っていれば、相互作用の連続性がある。近接の状態であると、相互扶助の実用的な価値は、他者の存在を感じ、ケアの感覚を感じるという心理的な価値と結びつく。これは、何らかの理由で接触がない場合でも、同様である。

3.2

ケアはケアワークでもある

日常の言葉では、ケアは様々な意味を想起させる。ここでは、3つの意味を挙げてみよう。最初のケア（ここでは**ケア1**と呼ぶ）は、誰かや何かに**気づく**ことを意味する。これは、私たちが始めた定義、それに続く考察、そしてケアする都市としての近接の都市のビジョンと関連している。

2つ目の意味（これを**ケア2**とする）はもっと具体的で、注意が誰かや何かに**対応する**状況になるものを指す。つまり、病気であったり、子どもや高齢者のように自立していなかったり、物であれば特に壊れやすかったり、メンテナンスが必要であったりと、ニーズがある人や物に対して行う行動に重点が置かれる。この場合、ケアの相互作用は、真の**ケアワーク**として要求され、認識されるコミットメントを必要とする。この活動は、必ずしも正式に認められ、報酬を得るものではないが、それが構成する特定のスキルや義務を通じて定義できる活動である。原則として、この2つ目の意味は初めの意味に含まれるべきだ。つまり、**ケアが必要とされるすべてのもの（ケア2）は、ケア（ケア1）をもって行われるべきだが、私たちは、しばしばそうではないことを知っている。つまり、ケアワークはしばしばケアなしで行われるのだ。**

最後に、3つ目の意味（これを**ケア3**とする）がある。ここでは、ケアが**治療**と同義となり、辞書によれば「ケアは病気を治すことを目的とした一連の治療手段および医学的処方を指す」とある(8)。通常、これはケアワークの結果である。つまり、ケアする人がケアされる人にケアを処方するのだ。しかし、これと同じ意味をケア1に拡張することもできる。危機的状況にある社会と病める惑星に直面したとき、治癒のための指示のような、つまり治療として理解されるケア3を見つける必要がある。それは生命の網を再び紡ぐための戦略や政策のようなものである(9)。

●ケアとケアワーク

ケアする都市という言葉は、ケア1、つまり私たちが出発点とした一般的な定義に最も近い意味で理解されるべきである。しかしこの章では、例として主にケア2を参照する。なぜなら、それは真のケアの仕事としてより見えやすく、測定可能だからだ。私たちは、ケア2をケア1を提示する方法の1つとして考える。これは、原則としてそうすべきだからだけでなく、2つのお互いに関連しあう非常に実用的な理由からでもある。1つ目の理由は、ケア2が必要な人や物と、そうでない人や物、つまり、健康者と病者、または「注意深く扱うべき」ものとそうでないものの間に明確な境界線を引くことがますます難しくなっていることである。2つ目の理由は、ケア1とケア2の間の分離、そしてケア2のケアなしの専門化サービスへの変化が、私たちが現在経験している社会的および環境的な危機の理由のひとつであるということである。私たちは実際、ケア1のないサービスの社会、そして都市は存在し得ないことを目の当たりにしている。そしてこれまで述べてきたような理由から、近接がなければ社会も都市も成り立たないのである。

ケア2、すなわちケアワークについて議論することは、それが必要とする時間、注意、エネルギー、能力、スキルについて語ることを意味する。このことは、社会におけるケアワークの分布と、その中で起こる不平等、つまりジェンダー格差に基づく不平等を扱うことを必然的に意味する。実際、ケアワークの分配について、その負担が女性の肩にいつでも大きくのしかかってきたこと、そしてそれが今でも続いていることは、逃れがたい事実である。したがって、後述するように、近接都市に近づくために取り組むべき領域のひとつであるケアワークの再分配というテーマは、このジェンダー格差の克服を確約するように発展させなければならない。私たちが日々目にしているように、これはあらゆるタイプの障害に遭う。

とはいえ、それを踏まえればケア1の危機が起き、それが主にケア2の危機として現れ、顕在化している現状に至った過程を理解することは可能である。そのために、ケア2、すなわちケアワークの進化のいくつかの基本的なステップをかいつまんで説明する。

●ケアワークの歴史

人類の歴史が始まったときから、ケアとケアワークは文化的に同質で長続きする、比較的閉じたグループ内、つまり家族、氏族、村落のコミュニティ、都市の近隣地域で与えられ、受け取られ、交換されてきた。これらすべてのケースにおいて、ケアワークの大部分は女性の責任であった。さらに最近では、ここ2世紀の間に加速度的に、ケアは病院、幼稚園、養護施設といった専用のサービスでも行われるようになった。この場合もケアワークのほとんどは、不安定な労働条件や低賃金で女性によって行われてきたし、今も行われている。このようなサービスシステムにとって、20世紀に参照された考え方が、ケアの産業化であった。このシナリオでは、サービスは当時のフォード式工場と同様の効率基準で組織化されなければならなかった。

今日後述する様々な理由から、ケア2の需要は増大し、複雑化している。一方、非公式的なケアと公式のケアの両方が、その需要を満たすことができなくなってきている。実際、流動的で超個人化した現代の社会では、家族や村落、近隣コミュニティは、完全に消滅しないまでも弱体化しつつあり、個人は日常生活のあり方を考えると、原則的にはそうしたいと思っていても、他の人の世話をすることは現実的にますます難しくなってきている。逆に、工業化されたケアのシナリオで伝統的なケアの実践に代わるものとして期待されていたサービスシステムは、十分な財源、そしてしばしば政治的な意思を持っていないため、ますますその能力を失っている。しかし、こうなってしまうのは何よりも、サービスシステムが基礎としているサービスの考え方が、サービスシステムが扱うべき問題の次元と多様性に対処できないからである。

● 近接の2つのシナリオ

ケアの需要が増加し、一方でケアの供給が縮小しているというこのギャップが、現在のケアの危機の根底にある。ここから、偶然とはいえ、これまで近接について見てきたものと同様に説明できる様々なシナリオが登場する。それらは、家で／家からすべての都市に対応するオンラインケアのシナリオと、明らかに近接の都市に対応するコラボレーションケアのシナリオである。

この2つのシナリオのうちの最初のもの、**オンラインケアのシナリオは、「家で／家からすべて」のシナリオの強みをすべて持っているが、私たちの視点では、完全にディストピア的な特徴を持っている。** このケースでは、遠隔支援の普及が見込まれるが、現実に起こることは、遠隔放棄だ。すなわち、遠隔医療モニタリングはついてはいるものの、人びとは完全に孤独な状態で家に放置されるのである。そして、遠隔支援サービスは看護師や介護者として機能する。しかしケアが必要とする触覚的な側面を考慮に入れると、付き添いのように機能するロボットが家庭内に存在することで、遠隔支援サービスを補完しないといけないだろう。このシナリオは、個人的な空間に閉じこもり、自分ではコントロールできない社会技術システムの支配下に置かれた、孤立化した個人の社会や都市という考え方がもたらす結果を極端にとらえたものだ。ただし、常に社会技術システムに支配されているわけだが。むろん、遠隔支援や、場合によっては家庭用ロボットも、有用で社会的に問題のないやりかたで使用することができる。しかし、それは、それらが近接のソリューションの一部である場合、つまり、人が物理的にそこにいて行う活動をサポートする場合にのみ起こりうる。

2つ目のコラボレーションケアのシナリオは、近接都市のシナリオと相通じ、同じ特性を持っている。これは、現在支配的なトレンドや実践されていることに反するシナリオだが、多くのソーシャルイノベーションの結果の中に見出すことができる。このシナリオは、ケアワークをどのように分配すべきかを明確に示している。実際、このシナリオが示唆するのは、ケアという仕事が、非常に多くの人びとに公平に分配される都市エコシステムのビジョンであるということである。過去にはケアワークの配分は、伝統的な都市の形態や行動様式の結果として行われていた。今日同じような分配、ただしジェンダーの観点からも公平な分配を得るためには、一定のルールを定義した上でプロジェクトを考え実行し、コラボレーションサービスが動作するプラットフォームを構築する必要があるのだ。これについては次節で説明する。

コラム

3.2 ケアワークの本質

ケアワークに含まれる活動は多岐にわたる。誰でもできるケアワーク、例えば急病人の買い物の世話もあれば、より多くの時間、注意、責任を負うケアワーク、例えば重病人の日常の世話もある。さらに、例えば手術のように、高度な専門家による介入を必要とすることもある。

一般的に、これらの異なる活動は、**時間**（期間、頻度、柔軟性）、**スキル**（日常生活の通常の能力、特殊だが広範な知識、専門知識）、**責任**（非常に低い、低い、高い、非常に高い）といった一連のパラメーターによって特徴づけられる。したがって、ケアワークは、時間・スキル・責任のタイプのパラメーターを使って特徴づけ、マッピングする必要がある。異なる組み合わせは、ケアワークの異なるプロファイルに対応し、ひいてはそれらを実行できる様々な人びとに対応している。

現在、ケアワークには、医療従事者（専門職と職業人）、第三セクターと慈善団体（専門職と非専門職、職業人と非職業人）、伝統的なケアコミュニティ（家族、村落コミュニティ、都市の隣人）の3つの主要リソースが混在している。様々な理由で、これら3つの社会的リソースすべてが増大する需要に対処するのに苦労していることは知られている。したがって、サービスのシステムを再定義し、全般にケアのエコシステムを変革することで、新たなリソースの出現を促進する必要がある。

これらの新しいリソースはどこで見つけることができるのか？　前述のように大部分のケアワークは専門的なスキルを要さないため、ここで必要なのは、ケア活動により多くの人びとを巻き込むことだ。しかし、問題は、すべてのケアワークが時間と注意力を必要とすることである。そして時間と注意力は広範に存在するが限界がある。それは、各人が注意を払う能力と、そのために割くことができる時間には限度があるからである。それだけでなく、私たちは「時間がない」「注意力がない」と思わされるような社会に生きている。だからこそ、必要となるサービスシステムを再定義するにあたっては、時間や注意力が限られている人びとでもケアを提供できるようなやり方を見つけなければならない。同時に、それは新たな時間と注意力、ひいてはケアに関する新しい文化を生み出さなければならないことをも意味している。

3.3

ケアなき都市

かつて、子どもたちは自分たちだけで通りで遊ぶことができた。誰も彼らの活動をまとめたり、何をしているかをチェックしたりはしなかった。しかし、現実には、商店主、ベンチに座る三人の年金受給者、窓から見ている人など、多くの人びとがその役割を果たしていた。彼らは皆、その子どもたちを知っていた。なぜなら、彼らはそのあたりに住んでいたからだ。したがって、彼らは子どもたちを見守り、何かあれば、口や手を差し伸べた。

ここで描かれているのは、現在の経済的な意味でのサービスではない。つまり、はっきりとした形になった何かを受け取る人と提供する人がいるわけではない。**この情景はコストとして勘定されない、公共の場所、例えば通りとそこに住む人びとの信頼関係の相互作用というコモンズを利用している。**それは個々の人によって生み出されるのではなく、公共の場所、人びとの間の関係、共同作業の倫理、時間をかけて構築され共有された相互扶助という、異なる要素の集まりによって生み出される。その結果生まれるのが、コモンズ、つまり「ケアする近隣地域」である。

長い間、このコモンズは他のコモンズと同様に、その価値や重要性が認識されてこなかった。そして、他のすべてのコモンズと同様に、それは進歩のための犠牲になったのだ。そして今日、私たちはそのツケを払っている。何が起こったのだろうか？　なぜ起こったのだろうか？

通りで遊んでいた子どもたちという、象徴的な例に注目してみよう。現在では一部の例外を除いて、もはやそんな風景を見ることはできない。最初に目に飛び込んでくるのは、道や広場には子どもたちの代わりに通常車がいることだ。しかし、これがすべてではない。車がないところでも、道で遊ぶ子どもたちを見つけることは難しく、子どもたちを取り巻く近隣の安全網を支えていた、濃密な関係や信頼の織物が失われているのだ。そのためこのような状況では、子どもたちを路上に一人で遊ばせておくのは、危険であると考えられているし、それには確かに理由がある(10)。そして車でいっぱいの道路と、ビデオゲームやテレビに釘付けになって、家に閉じ込められた子どもたち。それが私たちの現状である。もっと運のよい子どもたちは、ストレスを抱えた親に連れられて、遊び場から語学講座、スポーツジムまで、子どものための関わり合いのサービスや活動が提供されている場所に行く。この例では、私たちはケアのある近所付き合いから、子どもたちに「ケア」のサービスを提供するサービス都市へ変貌してしまったのだ。しかし、この例は、より一般的な現実を象徴している。

実際一般化して言えば、過去から継承されてきたケアが行き渡った都市とは、長い時間をかけて蓄積された社会資本が表出したものだといえる。ところが、このケアが浸透する都市は、サービスの都市(正確にはサービス社会という解釈もあるが、これについては後述する)に取って代わられたのである。そして、そこからあらゆる心配事が派生している。

●サービス社会の批判

四半世紀前、ジョン・マックナイトはすでに警鐘を鳴らし、当時出現しつつあったサービス社会を批判し、**ケアなき社会**について述べていた(11)。彼の批判は、社会的および医療的なサービスや司法制度が、それらが介入すべきではない領域にも介入しているという質的な観察から始まった。マックナイトによれば、これが起こると、人びとを助けるはずだったものが人びとを制御するものになり、ケアのはずだったものが商業活動になってしまう。結果として、コミュニティの役割と市民間の相互ケアの能力が、ゼロになってしまう。**つまり、サービスの都市は、市民を顧客に変えてしまったのだ。**このような状況を踏まえ、マックナイトが提案したのは、一般的な規制緩和であった。人びとやコミュニティは、自由に行動し、自分たちで最適な解決策を見つけなければならない。

これらの結論とそれらの社会的・政治的な意味合いは議論されるべきであり、それについては後ほど述べることにする。しかし、25年経った今、マックナイトが分析したことは確かに正しかったし、今でも十二分に正しいと言える。マックナイトが指摘する市民を顧客に変えたサービス社会は、機能しないばかりか、そもそも機能できない。質的な観点から言えば、ケアなき社会を生み出すからだ。また量的な観点から言えば、それぞれの人のためのケアの要求が、仮にサービスによって満たされる要望に変換されるならば、必要となるすべてのサービスをすべての人に提供するなど無理な話だ。必要な資源を決して賄えないからだ。

このテーマについて一歩前進するために、主にイギリスの福祉に言及しながら、観察を通じてより広いテーマに光をあててきた研究者・デザイナー・社会起業家であるヒラリー・コッタムの手を借りよう。彼女は、これまで私たちが欧州で経験してきた福祉システムに危機をもたらしたやり方・考え方の、その根源に目を向けてきた。コッタムの批判は最新刊『Radical Help』(12)に掲載されている。**彼女の批判の要点は、福祉制度やそれを支えるサービス社会という考え方が危機に瀕しているのは、その構築の基盤となったモデルが現在提供すべき機能にそぐわなくなったためである。**今日、私たちが目にする福祉制度の危機は、様々な原因によってもたらされている。最も顕著なのは、民営化と公的支出の削減によって引き起こされた惨状と、社会的・ジェンダー的不平等の劇的な増大である。しかし、福祉制度の危機をもたらしたより深い理由で、コッタムが着目している点は、私たちが戦後期に定着したサービスの概念に基づいてなしえることの限界に達してしまった、という事実にある。**この戦後のサービスの概念においてサービスは、特定の個人の問題に対する、特定の個人の解決策としてとらえられてきた**が(13)、このような捉え方は、もはや存在しない社会のために構想され実現されてきたものなのだ。人びとの高齢化と、高齢化が抱える医療的・社会的な観点における意味合いのなかに、これまでのサービス概念の限界が最も明白にあらわれている。つまり、これまでのサービス概念を考えてみれば、高齢であるという事実は、単に一連の解決すべき問題や治療すべき病気としてのみとらえられることになる。しかしそうであるならば、サービスの需要増加はこれまで理解してきたように、それに対処できるような医療制度が存在しないような段階にまで達することになる。慢性病や食事障害の増加についても、類似の考察ができる。同様に、特定の困難な状態にある人びとに介入するために構想されたソーシャルサービスは、多くの人びとにとって不安定さが生存の正常な状態となりつつある状況に、適切に対処することはできない(14)。この状況は、個々人への影響と社会全体への影響を伴う。

この福祉モデルとそれに対応するサービスシステムへの批判には、すでに長い歴史がある。しかし多くの年月が経つにつれて問題は増え、それらを無視することがますます難しくなったにも関わらず、批判は少数派の立場に留まっていた。それが2020年になって、すべてが変わった。このテーマでも、コロナ禍は、これまで誰もが見ることを避けてきたものに、目を向けるよう強いたのである。ラースロー・ヘルツェグとレクシミー・パラメスワランが、彼らが設立した「ケアラボ」について書いていたように、「私たちのヘルスケア、高齢者ケア、ソーシャルケアのようなケアシステムが、脆弱で壊れやすいという兆候は、以前から出ていた。亀裂やひび割れは、長い年月をかけて着実に形成されていたのだ」。しかし今、コロナ禍はその亀裂やひび割れを、誰もが見える、手触りのあるものにしてしまった。こうして、「ケアを提供できないとき、システムが崩壊して何十万人もの人びとの命が危険にさらされるとき、私たちが、私たちすべての人ができることは、ただ立ち止まり、家に留まることだけだ」ということがわかったのである(15)。

このようにパンデミックの危機は、私たちすべてに対して、ケアシステムを再設計し、地域全体にわたる社会的、詳細かつ包括的な保護を提供する必要があるということを、明白に具体的に示した。私たちは共同的で近接を特徴とする福祉を思い描かないといけないのである。これは、サービス社会を再定義することを意味する。この**再定義された社会においては、サービスは、地域全体にわたって共同的かつ分散的なものになる。**またそのサービスは、直接の当事者から始まるもので、利用可能な社会資源を活性化し、活用できるようにする役割を持つ。**サービスは新たなコミュニティと新たな形の近接、つまりケアのコミュニティとケアする近接を支える。**

3.4

コラボレーションを支えるサービス

かつてのようなケアする都市は、戻ってこない。私たちが未来に向けて想定しようとしているケアを考えるためには、現在に至るまでの間に、どのように物事が進展してきたかを無視することはできない。つまり、私たちが生み出してきた技術や、それが良くも悪くも私たちをどのように変えたのかといったことを、無視することはできないのである。ここで提案したいのは、ケアする都市の考え方を復活させ、今日の世界の文脈にはめこませる、ということだ。そして、そのためにはサービスの考え方を更新しなければならない。より正確に言えば、ここで私たちに求められているのは、私たちの知るサービス社会からの転換である。向かわなくてはならないのは、人びとが受動的な顧客のように感じたり振る舞ったりさせられるサービスがある社会ではなく、**人**

びとが能動的になり、共同でき、コモンズを生み出したり、互いのため・地球のためのケアを生み出したりする能力を支える、そんなサービスがあるような社会である。この問題に取り組むためには、私たちはまず、サービスと、現在提起されている潜在的な異なるあり方について、少々脱線したところから話を始める必要がある。

●サービスの出会い

現在の言葉でサービスといえば、街角の店から郊外の大規模モールまで、タクシー組合から国営鉄道まで、介護士から国民保健サービスまで、多かれ少なかれ大規模で複雑な社会技術システムのことを指す(16)。一般的に見逃されがちなのは、これらすべての中心には常に1回以上の出会いがある、ということである。ここで出会った人びとは、何をすべきか、つまり結果を得るために、一緒に意図を持って取り組むことについて話し合う。このような出会い、つまりすぐ後に説明するサービスの出会いは、全体のサービスの質を特徴づける。サービスを社会技術的な組織として理解すると、サービスの出会いだけでなく、他の様々な活動も含むことができる。

つまり、**「サービスの出会いとは、与えられた一連の物理的・社会的資源を活用することで、参加者全員が価値を認める結果に至る人と人、人と物の間の相互作用である。それは問題を解決するか、新しい機会へのアクセスを提供する結果に至る相互作用を含む」**というのが、正式な定義になるであろう。

このように考えると、サービスの出会いとは、公や私的なサービスにおける公式の出会いだけでなく、家族やコミュニティの中で非公式的に行われる出会いも含まれることに留意し、強調しなければならない。つまり、銀行員やカフェの店員、非公式な駐車場の案内人、留守中に猫の世話をしてくれた近所の人などとの出会いがサービスの出会いなのである。今日、サービスの出会いは、コールセンターの従業員とのオンラインでのやりとりも含む。自動応答サービスやアマゾンの音声アシスタント「アレクサ」との接触がサービスの出会いなのか、どこまでがサービスの出会いなのかの線引きは難しいところだ。この点については、議論の余地があるとしても、今回提案された定義では、サービスは常に存在するが、その形態は様々であるという事実は明らかである。この「サービスの出会い」の定義は、隷属的な状況下で行われる出会いを含んでいないことを付け加えておくべきである(17)。隷属的という語は、一方の人びとが他方に対して絶対的な力を持ち、後者が命令に従わざるを得ない相互作用を示す。隷属的な状況下で行われる出会いは、達成すべき結果の価値の共有が存在しない相互作用である。一方、サービスの出会いの定義では、この価値の共有は、適切に考えたときのサービス相互作用の定義に含まれる(18)。もちろん、原理上はサービスと隷属的な状況との違いがどれだけ明確だったとしても、そしてその違いを明確にすることが、それを理解することと同じくらい重要だったとしても、実際には、両者の境界はそれほど明確ではない。そして、サービスの出会いの当事者同士の間の力の差が非常に強く、事実上、隷属的な状況となるようなサービスも存在しうる。

ここで、あらためて形式化されたサービスの出会いに注目すると、サービスの出会いは伝統的に、そして今もなお、**アクター間の強い非対称性**に基づいて構築されていることがわかる。つまり、サービスを提供する者と受け取る者には強い非対称性があり、後者、つまり受け取る側は、顧客の役割に位置づけられるのである。サービスの出会いを特徴づけるにあたって、この提供者／顧客という最初の軸に、専門家／非専門家と能動的／受動的という、2つの要素を加えることができる。このような相互作用に基づくサービスの進化は、時代とともに、3つの極性の中で様々な形の均衡を見出しながら行われてきた。20世紀には、ユーザーの利便性を追求するあまり、サービスは使いやすい方へ、使いやすい方へとデザインされてきた。このこと自体は、確かに批判されることではない。しかしもしここで視野を広げるとこうした種類のサービスは、非公式的なサービスを置き換えて、また自分自身で何かをする能力を侵食してきたということが見えてくる。こうした種類のサービスによって多くの人びとが顧客の立場に追いやられているという事実がある。**つまり顧客は、受動的で、スキルを持たない立場へと追いやられているのだ。**それは例えば、食事の準備から、ちょっとした不調への対応まで、日々の暮らしに関わる、最も基本的なスキルを失うほどである。つまり全体として、これらのサービスは、人びとから様々な面で社会的な能力を奪うプロセスの片棒を担いでいるとみなすことができる(19)。

●サービスの工業化

この一方で、効率性の名の下に、これらの類のサービスは標準化される傾向にあり、工業化されたケアについてすでに述べたように、それらはフォード型の生産方式と手順を20世紀半ばから採用してきた。また、マクドナルド化という言葉はサービスの工業化として理解することができるが、それは、**最大効率を追求する上で障害とみなされる関係性の次元を縮小することを目的とした、手順の標準化**を意味している。ユーザーの側では、このことがサービス体験の深刻な変容をもたらしている。これについては誰もが自分の判断を述べることができるだろう。同時に、サービスを提供する側では、工場の組み立てラインに非常に似た労働環境がつくられている。最後に、規模の経済を追求するあまり、これらのサービスは大規模なセンターにまとめられる傾向があり、事実上、こうしたサービスが、機能的・関係的な意味での、都市の砂漠化の担い手になっているのだ。ショッピングセンターが近隣地域の商店を市場から追い出し、公共空間を空っぽにしてしまうとき、そのショッピングセンターが担う砂漠化の作用について考えてみれば、このことは明らかだろう。

この種のサービスや、その結果として生じるサービス社会は、今も非常に広く普及しているにもかかわらず、もはや20世紀の化石と化している。過去20年間で、状況はより発展し、複雑化し、今日のサービス社会全体の視点から見ると、それは本質、動機、社会的意味合いがまったく異なるサービスの網の目のようである(20)。単純化のために、私たちはそれらの異なるサービスを、2つの新しいタイプに分類する。以下で説明するこれらの新しいタイプは、伝統的な前近代的サービスの名残や、20世紀の多くの準工業化されたサービスと併存する。

●オンラインケア

最初のタイプは、デジタルプラットフォーム上で活動するサービスである。新自由主義的な思想と実践によって広がったこれらのサービスは、**極度に個別化され、サービスの出会いの当事者たちを無力化した。**使いやすさの名の下に、ユーザーは家にいて、サービスを受けるように誘導された。そして、経済的な便利さの名の下に、あらゆる関係性の質が排除され、サービスを提供する人びとは新たな隷属的な状態、例えばプラットフォームの実装するアルゴリズムに縛られた隷属的な状態に追いやられた。この種のサービスはもちろん、すでに述べたような政治的・社会的意味合いを含めて、「家で/家からすべて」の都市およびオンラインケアのシナリオに集約されるものだ。

ただし、デジタルサービスとプラットフォームの利用がもたらす結果はこれだけに限定されるわけではないことを付け加えておく。後述するように(そしてイヴァナ・パイスが本書を締めくくるエッセイで詳しく論じているように)、デジタルプラットフォームとサービスの利用は逆方向へ導くことも可能だ。デジタルなプラットフォームやサービスは、冒頭に述べたもうひとつの新たなタイプのサービスを、デジタル的にサポートするものになりえるのだ[21]。

●コラボレーションサービス

２つ目のサービスは、ソーシャルイノベーションから生まれたもので、問題が個人的な範囲にとどまることは稀であり、常に他者との協力によって解決した方がよいという考えに基づいている[22]。このため、私たちがコラボレーションサービスと呼ぶこれらのサービスは、**従来のサービスモデルやそのベースとなっていた対立的な考え方を打破し、提供する人と使う人、能動的な人と受け身の人、専門家と非専門家という区別が消えてなくなるアーキテクチャを提示する**[23]。この区別をなくす特徴と関連して、私たちの目的にとって重要なもう一つの特徴がある。それは、**各人がスキルを持っているのであり、サービスはその人がそれを実行するのを助けるのだという暗黙の前提に基づいているということである。**これは、事実上、何年か前にアマルティア・センとマーサ・ヌスバウムによって提案されたケイパビリティと適正の考え方を、実践へと適用したものである。

コラム

3.3 ケイパビリティと実現を可能にするシステム

1990年代に、アマルティア・セン とマーサ・ヌスバウム(24)は、幸福に関する問題への新しいアプローチの基礎を築いた。それは、人びとを満たされるべきニーズの源泉としてではなく、結果を達成するためのスキルを持つ主体として見るという提案だった。そのスキルとは例えば、「十分な食事、住居、衣服が与えられていること、自由に動き回れること、友人と出会い関係を持てること、恥じることなく人前に出られること、コミュニケーションをとり参加できること、自分の創造的本能に従えること、等々」(25)。このアプローチを採用することで、人はそのケイパビリティを実践的に活用することで幸福を求める能動的な主体として描かれる。この視点から見ると、人びとをニーズの源泉だけではなく、ケイパビリティの源泉としても捉えることができる。つまり**人びとは、対処しなければならない問題の一部になるだけでなく、それを解決することのできる主体としても見ることができるのである。**この解釈モデルによって、個人と社会の両方のウェルビーイングについて、物質的な財が入手できるかどうかという観点から、それらを使って何を達成できるのか、という観点へと議論の焦点を移すことが可能になる。ここでの自由とは、「からの自由」(飢餓、気候の逆境、不確実性、孤独などからの自由)と「への自由」(どこで、誰といるか選ぶ自由、どの仕事をどれだけするか選ぶ自由、どのようなアイデアとどのようなイメージで自分自身を世界に提示するか選ぶ自由)のことである。つまりこのことは、人びとのウェルビーイングは、プロジェクトを追求する能力、すなわち、生き方をデザインする自由、そして、少なくとも部分的には、自分自身が自律的にデザインした人生を生きることに基づいているということを意味しているのである。センとヌスバウムが提唱した視点の変化は、様々な分野の多くの研究者に影響を与えている。デザイナーにとって、これは潜在的なユーザーを見る方法においてだけでなく、自らの役割を想像する上での根本的な変化を意味する。この根本的な変化とは、デザイナーは問題を特定し解決策を提案するだけの役割を担っているのではなく、何よりもまず、**潜在的な能力やリソースを特定し、製品やサービスのシステムを開発し、それらを推進しサポートする能力を身につける役割を担っているのだ**と想像するという変化のことである。

簡単でよく知られた例を挙げてみれば、コラボレーションサービスには例えば、**ケアサークル**や**共同生活**、**コミュニティガーデン**などが含まれる。ケアサークルとは、糖尿病、アレルギー、肥満、孤独など同じ問題を抱える市民が、医師、看護師、その他必要な専門家の指導のもと、互いを支え助け合うサークルである。共同生活とは、同じ建物の居住者が空間や設備を共有し、一緒に管理することである。またコミュニティガーデンとは、自治会が運営し、地域住民に開かれている庭のことである。これらの事例をはじめ、類似の事例を挙げればきりがないが、私たちが観察できるのは、これらの事例がその協力的な性質ゆえに、通常では対処が難しいような問題に対して解決策を提供しているということである。そしてそれに留まらず、これらのサービスは、そのサービスが置かれた地域の近接システムを再生する役割をも担っている。実際、これらのサービスが機能するためにはコラボレーションに基づいている必要がある。それゆえ、それらが提示する目標である具体的な結果を達成するために、**コラボレーションサービスは、信頼や共感、対話能力といった、あらゆる関わりあいの織物の横糸と縦糸を構成している社会的資源をも生み出す**ことになるのだ。

このような再生能力は先ほど紹介した例でも明らかで、一つひとつの出会いの質から到達しようとする結果に至るまで、あらゆるレベルで共同の性質がはっきりと表れている。しかし、コラボレーションサービスはこれに限定されるものではない。組織や社会技術システムなど、共同的な性格がそれほど明確でないものに対しても、共同的なアプローチが及ぶことがある。後で、ケアサービスのシステムに関連していくつかの事例について議論する。ここでは、サービスへの共同的アプローチを定義するための判断基準を強調して、本節の冒頭から続けてきた脱線を締めくくりたい。**コラボレーションサービスだと言えるのは、関与する多くのアクターが、時間、エネルギー、注意、知識、そして最終的にはケアを提供して結果の達成に貢献している場合である。**つまりすでに述べてきたように、コラボレーションサービスは、従来のサービスと、超個人化し、人びとを無効化するプラットフォームがベースとしている対立を乗り超えるものであるといえよう。このため、コラボレーションサービスを適用することは、あらゆる目的のためのソーシャルイノベーションとなる。最後に改めて、これと同じ理由でコラボレーションサービスは近接都市とケアする都市のシナリオの中心的な要素である。実際、近接とケアは、それらを奨励し支援することのできるコラボレーションサービスのシステムによってサポートされている場合にのみ存在しうるのである。

3.5

ケアのコミュニティ

ケアなき距離の都市から、ケアする近接の都市へ移行するためには、新世代のコラボレーションサービスを開発する必要がある。これは、様々な経路をたどって実現することができる。最も直接的な方法は、コミュニティ、特にケアのコミュニティの形成を促進し、支援するサービスをつくり出すことである。これを実現するために、再びヒラリー・コッタムの議論に戻ろう。研究者としてのコッタムは多くの事例を研究し、ソーシャルアントレプレナーとしては、特に重要ないくつかのサービスを自ら開発してきた。そこから得られるメッセージは、次のようなものである。それが貧困や社会的排除のループにはまった家族であれ、将来を見失った若者であれ、慢性病患者であれ、仕事が見つかると信じられない失業者であれ、孤独にさいなまれる高齢者であれ、**彼らに何よりもまず必要なのは、彼らが孤立を打破し、単一の問題に対応するだけでなく、どっぷり**

とつかっている日々の生活をより良く生きるための関係の網を織り成す手助けをすることである。言い換えれば、この視点で見てみると、人びとが人生で何ができるか、何ができないかの根底には、彼らが持つ**関係のネットワークの存在と、そしてその質**があることが分かる。このネットワークを構築できるようにすることこそが、人びとが困難から抜け出すために必要な支援である。この支援は、福祉に対する異なるアプローチに基づいた革新的な形の支援だといえる(26)。これは福祉が到達すべき目標に対してもまた同様に深い変化を要請するが、私はここで、構築すべきサービスの定義に対してもこの深い変化が求められるのだと追加しておきたい。

これらの主張をより具体的にするために、「サークル（Circle）」という社会実験を考えてみるとよいだろう。サークルはコッタムと彼女のチーム（当時はパーティシプル〈Participle〉と呼ばれていた）が10年以上前に構想し、共同デザインし、共同製作したものである。今や歴史があるので、検証すべきアイデアとしてだけでなく、その軌跡と結果を評価すべきソーシャルイノベーションの事例として観察し議論することができる。さらに、これは他の取り組みを始めるためのモデルや参照先となる可能性があるのだ(27)。

● ケアのコミュニティ：サークル

サークルは高齢者団体であり、社会的・文化的な活動を組織し、様々な実用的なニーズに対応することで、直接関わる人びと、そして彼らとサポートチームや近隣住民との間の社会的なつながりを構築し維持することを目指している。最初のプロトタイプは、２００７年にサザーク(Southwark)区と英国労働社会政策省の協力の下で開始された。

サークルの出発点は、２５０人以上の高齢者とその家族が関与した共同デザイン活動であった。初期の聞き取り調査の段階で明らかになったのは、参加者たちは主に以下の３つを望んでいたということである。

1. 独立して自分のことを自分で行いたいが、一人ではもうできなくなった小さなことには誰かに助けてもらう可能性を持ちたい
2. 年齢についてだけではない共通の関心ごとに基づいた活発な社会生活を送ることができる良好な人間関係のネットワークを持ちたい
3. それぞれの能力や知識を共有し、コミュニティのために役立つ活動を行いたい

サークルは、このような実践的で関係的なニーズを満たすように共同デザインされた。そして、関与する人びとの明確な要求に応えて、伝統的なサービスのように見えないように、そして何より、参加者が「欲しがりな人」だと思われたり、彼らが自分自身のことをそう感じたりすることのないように、サークルは開発された。

事例

3 コミュニティ構築のためのサークルモデル

サークルは、「予防」「個人の能力支援」「新しいケアコミュニティの構築」を基本とした高齢者向けサービスを提案している。

このサービスのモデルは、2007年にイギリスの社会的企業パーティシプルによって初めて提案された。パーティシプルは、官民パートナーシップ（サザーク区、英国労働社会政策省）を構築し、250人以上の高齢者とその家族が参加する共同デザインのプロセスを始動させた。最初のプロトタイプは2009年にサザークで立ち上げられた。2014年にはまだ経済的に持続可能なモデルを開発することができず、最初の実験は終了せざるを得なかった。しかし、この実験が残した教訓から、同じ方向性の活動を進めることが可能になった。現在、イギリスには様々なサークルがあり、5000人以上の会員を抱え、仲間同士のコラボレーションによる「水平」な相互扶助、専門家やボランティアとの「垂直」なコラボレーションを伴う革新的な経済・組織モデルになっている。サークルが組織化・調整する様々な活動は、専用のデジタルプラットフォームによって支えられている。サークルの成功は、すでに説明したケアのサークルのアイデアから出発し、それを基礎として、より高度な経済・組織モデルを構築した創設者の能力に支えられてきた。この結果は、プロジェクト型の連携によって支えられた共同デザインのプロセスから生まれたものだ。

このプロセスにおいて官民のアクター、地域団体、ボランティア、そして高齢者は、異なる動機から出発したにもかかわらず、共通のビジョンと、そのビジョン達成を実装するための戦略をまとめることに成功した。

サークルは、この経験を活かして国レベルの福祉文化や福祉政策に影響を与えることを意図して、再現可能なプロジェクトとして構想された。実際、サークルは、ケアというテーマを中心としたコミュニティの構築に基づく、高齢者向けサービスに対する、根本的に新たなアプローチが実現可能であることを示すことができたのである。このモデルは、従来の福祉が扱ってきた医療や社会の問題に、より効率的に対処することを可能にしただけでなく、他の目標をも達成してきた。つまり、社会的孤立を打破し、人びとができるだけ自立して生活できるように手助けし、そして最後には、医療サービスの不必要な利用を減らす、つまり、医療サービスの負担と関連コストを減らすことをも達成してきたのである。

そこで生まれたのが、一人ひとりの能力を引き出し、問題が起きたときに必要なサポートを保証し、様々な能力・スキルを持つアクターをネットワークに取り込むことができる、きめ細かいコラボレーションサービスである。実際、サークルでは、ある人の家でゲームをしたり、別の人の家の芝を刈ったり、病院から帰ってきた人をサポートしたり、脳卒中から回復した人と公園を散歩したり、遠足を企画したり、困っている人の話を聞いたりと、日々、様々な活動が行われている。もちろん、もっと深刻な問題もあり、そのような場合は、その問題を解決しなければならない。しかし、日々の活動や困難、相互の助け合いとケアの機会の連続性は、人生の横糸を構成している。そこに介入することはまた、より深刻な危機の瞬間に備えることでもある。

このコラボレーションのマイクロサービスの総体は、コミュニティの構築という、より深い社会的プロセスの最も顕著な側面である。実際には、サークルはコミュニティの構築のプロセスであった。この構築は、高齢者のグループと相互扶助ケアというテーマから始まったが、それをはるかに超えて、様々な貢献に対して開かれた場所のコミュニティとなり、メンバーは自分の興味のある活動を組織する能力と自主性を持ち、必要に応じて助け合ったり、必要な職業的なサポートを活性化させたりする。

だからこそ私たちはそれを、その構築方法ゆえにケアが可能なコミュニティ、つまり「ケアのコミュニティ」と定義できるのだと思われる。

サークルの場合、ケアのコミュニティのすべては参加者が自主的につくり上げた関係や友情のネットワークの構築を通して実現した。しかし、それはあくまでも、支援されて生まれた自主性であった。つまり、もしサークルチームによる、取り組みを刺激・維持し、必要に応じて日々起こりうる問題を解決するための、軽微だが不可欠なサポートがなかったら、彼らの行動はいずれも成り立たなかったことだろう。

この経験は一般化できるのだろうか。確かに、この事例は、コラボレーションサービスとそのアーキテクチャの可能性について多くのことを教えてくれる。それは、毎日、高齢者、ボランティア、チームメンバーの間で多くのサービスの出会いが行われるような、近接の社会技術システムがないといけないということである。さらにそれを実現させるためには、実現を可能にするシステムとして機能する一連の支援サービスが必要であることも示されている。また、それらのサービスの実現を可能にするシステムには、活動のためのカレンダー、調整、サポート(28)などの様々な機能を備えたデジタルプラットフォームが含まれていることが望ましいという。このプラットフォームのおかげで、少人数の専門家チームが活動を調整し、メンバーからの特定のリクエストに対応し、近隣の他のソーシャルアクターとの関係を構築することができる。すなわち、デジタルプラットフォームがあるからこそ、チームは他のすべての人ができるだけ独立できるよう支援することができるのである。

「ケアのコミュニティ」でもありえるようなコミュニティを、どうしたら構築できるのか？　コラボレーションサービスに基づく福祉を、関与する人びとや近隣地域とともに、どのように共同デザイン・共同製作していけばよいのか？　専任チームは、どのようにして相互援助と支援の活動の連なりを刺激し、共同でデザインし、維持することができ、そしてそこから、どうやってより多くの社会的資源を刺激し、巻き込んでいけるのか？　結局のところ、私たちがサークルの事例から得られるもの、そしてそれを他の文脈でも再現できるよう、「サークルモデル」へと展開できるものは、これらの問いに対する示唆である。

この最後のポイントこそが、これまでのケアサービスシステムの危機を解決するための方向性を示している。急性期の問題への対応を目的とした病院の専門的な医療活動に関するものなどのサービスに加えて、社会資源を活性化し、人びとが自助・共助できる状態にするための、新たな広範に起動できるサービスを提供することが必要なのだ。そのためには、より直接的に影響を受ける人、様々な理由で関わることができる人、特定の専門的な貢献をする人などで構成される十分な能力と、深い動機を持ったコミュニティをつくる必要がある。

このアプローチを採用するということは、人びとそのものを異なった面からとらえるのを意味し、ニーズだけではなく、人びとの能力を考慮しないといけない。しかし、それはまた、国家の新しい役割を意味し、その役割とは、決してマックナイトが提案したように規制緩和することではなく、異なる方法で介入することである。この点に関して、コッタムは次のように書いている。「国家は、公共投資のガイドラインを定め、すべての公的努力が新しい原則に奉仕することを保証する新しい枠組みの開発において、独自の強力な役割を果たすことが要求されている。現在、大量生産組織である国家は、自らの文化的、組織的な革命を遂げなければならないだろう」[(29)]。

3.6

ケアする近接

サークルモデルは、ケアする都市にアプローチする戦略の一例である。しかしすでに触れたように、この目標を達成するために、他の道筋を辿ることもできる。これから述べることは、コミュニティの直接的な構築からではなく、様々なコミュニティが花咲く文脈としての近接システムに対する働きかけから出発するものである。

長い間住んでいる地域に1人、あるいは2人で住んでいる高齢者を想像してみよう。街角には、見知った、そして彼らも彼を知っている店やカフェがあり、よく会う人や、挨拶すれば挨拶を返してくれる人がいる。自宅の近くには薬局や診療所があり、楽しいコミュニティセンターがある。緊急事態に陥ったときはもちろんのこと、困難なときに彼を助けてくれる、あるいは彼や彼の友人・

隣人だけではできないことがあれば手を差し伸べてくれる専門家のネットワークもある。このような人の日々の暮らしは、昔よく見られたような暮らしに似ているし、一部の地域や村では今でも見られるかもしれない。しかしこの暮らしは、現在の人びとの暮らしとは非常に異なる。一般的に言って、今日の状況は大きく違ったものになっている。しかし、どこにでもあるとは言い難いが、かと言って、この状況は達成不可能なユートピアでもない。それはプロジェクトベースのビジョンであり、今は存在していないが、もし適切に動けば実現できる可能性があるものであり、新たなケアする都市を創造するために求められる行動である。

●戦略的アプローチ：スーパーブロック

このことを議論するために、再びバルセロナに立ち返り、第2章で話したスーパーブロックプログラムを詳しく見てみよう。プログラムの発表およびそれへの論評において私たちが観察してきた通り、その第1段階は、街路の用途を交通および駐車という単機能から、公共空間としての多機能性へと転換することだった。つまりそれは街路を、多様な活動に開かれた公共空間へと転換することを意味していた。同時に、この最初の介入によって、ソーシャルサービスから住宅、環境と公共緑地のケア、労働、都市の民主的生活の再生に至るまで、様々な公共政策の地域的基盤を方向づけし直す条件が整ったことも確認された。これらはすべて、都市の新しいエコロジーに向けたスーパーブロックプログラムの進化の観点から観察されたものである。今、私たちは、どのような経過をたどったのか、そして、これらすべてがどのように「ケアする都市」につながっているのか、より詳細に見ることができる。

スーパーブロックプログラムの第1段階のステップは、本来、街路を多機能公共空間に変革することに基づいていたが、それに続く一連の介入は「ソーシャルスーパーブロック」（Superilles socials）と呼ばれ、第3のステップである「統合的スーパーブロック」（Superilles integrals）の導入が予定されている。

事例

4 ソーシャルスーパーブロックとサービスの地域化

ソーシャルスーパーブロックとは、バルセロナ市の社会権利局が2017年からバルセロナで導入した一連の革新的な実践に与えられた名称である。これはスーパーブロックプログラムの経験に基づく取り組みである。しかし、このプログラムは基本的に交通が制限されるスーパーブロックを設置することによる道路システムへの介入であったのに対し（そして例2で見たように、道路を多機能な公共空間に変える取り組みであったのに対し）、ソーシャルスーパーブロックはいくつかのソーシャルサービスに介入しており、そのうちでも何より関わったのが、高齢者向けのホームケアであった。

実は、その主な動機は、都市の人口の高齢化という巨大かつ増大する問題に対する新しいアプローチが必要だということにあった。160万人以上の人口を抱えるこの都市では、65歳以上の人が人口の21.3%（約35万人）、75歳以上の人は11.2%を占めているのだ。

2030年までに、人口の8.3%が80歳以上になると推計されている。さらに、バルセロナでは現在、65歳以上の一人暮らしの人が9万人以上おり、これは全家族の13.6%に相当する(30)。この状況に対処するため、在宅サービスを強化し、地域単位で再編成することが中心案となった。この案は基本的に2つのステップからなる。1つ目は、都市において、この種のサービスを必要とする適切な住民グループ（約40～60人）に対応するエリアを特定すること。2つ目は、特定の地域と結びついたソーシャルワーカーを地域密着型のチームに編成し、支援対象者との関係ができるだけ継続的なものとなるよう、チームが仕事を自分で調整できるようにすることであった。

このアイデアを実践するために、密度が高いというバルセロナの特徴が、大いに役立った。「私たちは都市を数百のソーシャルスーパーブロックに分けることができる」とバルセロナ市の社会権局の責任者であるリュイス・トーレンス氏は述べる。「サービスに関わる各個人や各家族から2

〜3分圏内に、中心的な場所（自律的な物流拠点でも、病院や老人ホームの緊急治療室でもよい）を持つ。このようにして、初期段階では40〜60人の利用者を含むソーシャルスーパーブロックが設立され、約12人のフルタイムの専門家チームが、利用者のための支援を計画し、可能な限り個別的で柔軟なサービスを提供している」[31]。

次いで、ソーシャルスーパーブロックの経験に基づき、もうひとつのより野心的なプログラムが立案され、「統合的スーパーブロック」と名づけられた。このアイデアは、在宅サービスから市民の生活に関連するすべてのサービスへと地域的アプローチを拡大することである[32]。このケースでは、トリエステという都市における、小規模地域での経験が参照されている。この小地域に関与する戦略は2006年に正式決定されたが、すでにそれ以前にフランコ・バザーリアとフランチェスコ・ロテッリの精神衛生に関する活動によって開始されたものだった[33]。

この複雑な地域化のプロセスは、次の4つの主要な方向性に分類される。

1. ソーシャルスーパーブロックの概念を、出発点である在宅サービスだけでなくすべてのケア活動に拡大する

2. ローカルコミュニティの構築を促進し、維持する

3. すべての人、特に子どもと高齢者にとって「優しい都市」を目指して公共空間で活動する

4. 既存の住居を、新たな人口構成と都市の新たなニーズに合うように変容させ、統合する

都市の社会的側面に様々な形で言及するこれらの行動指針に加え、より一般的な性格をもつ2つの行動指針がある。1つ目の行動指針は、都市のエコロジーという指針である。スーパーブロックが、持続可能でレジリエントな都市を構築する基盤となる「生態学的ユニット」となることである。また、2つ目の行動指針は、民主主義という指針である。スーパーブロックとそこに根ざすコミュニティが、新たな参加型民主主義の担い手となることである。

第2段階であるソーシャルスーパーブロックの核となるのは、ホームケアのサービスを地域内で組織化することである。つまり、近隣レベルにおいてそのサービスの運営事業者およびその仕事を再編成することを通じて、社会的な近接サービスを生み出すのだ。高齢者向けサービスの未来について語る際、リュイス・トーレンスは次のように書いている。「基本的な考え方は、私たちが分散型バーチャル住宅と呼ぶものだ。これは、ある人が自宅で、近所の養護施設の部屋にいるのと同じサービスを受ける状況を指す」(34)。この方向に進むためには、新しいサービスシステムを創造することが必要だ。それぞれの高齢者がまるで養護施設にいるかのように援助・支援を受

けるためには、分散型のアーキテクチャを採用してシステムを再編成し、それぞれがきちんと定義された地域を指定する必要がある。これらの地域は、同様によく定義されたケアを必要とする住民グループと、彼らに専念する社会的事業者に対応する。また、これらの事業者が、日々のニーズの変化に対応して素早く柔軟に組織化することができるようにすることも肝要だ。最後に、このエリアの中心には、事業者が日々の活動を行う上で頼りになる運営拠点が必須である。

この条件が整えば、ホームケアサービスがより効果的になり、労働条件も改善される。なぜならホームケアサービス事業者は、異なる都市を移動しなければならないというストレスと、時間の無駄がなくなるからだ。また、提供されるサービスの質の面でも、事業者とケアを受ける人とが関わる可能性や時間が増えるのでメリットがある。それだけでなく、活動する近隣地域に特化した安定したチームを結成し、その近隣地域自体に活動拠点を置くことで、サービスやそれを構成する事業者は、地域住民や組織からより認知される存在となるのである[35]。その結果、サービスを必要とする人びとにとっては、こうした事業者は特定の在宅サービスを提供する以上の存在となる。さらに彼らは他の住民とも接触し、これらの人びとと、地域にいる脆弱な、あるいは疎外された人びととの間に関係のネットワークをつくることで、新しいローカルコミュニティの構築に貢献することができる。

しかし、このような「ケアのコミュニティ」を目指すコミュニティは、いくらソーシャルサービスが分散し、人びとの身近にあったとしても、それだけで成り立つわけではない。ここで、プログラムの第3段階、統合的スーパーブロックへと進む。プログラムのこの段階における目標は、サービスの地域化を都市インフラ全体に広げること、つまりソーシャルハウスから緑地、エネルギー供給に至るまでのすべての近接システムを近接サービスとして再考することである。この目標を設定することで、統合的スーパーブロックプログラムは、市民が日常生活で必要とするものすべてを自宅の近くで見つけられるようにしようというものだ。バルセロナの場合、彼らがいる場所から10分以内である。

より正確には、統合的スーパーブロックは、医療サービスとソーシャルハウスに関するサービス、近隣の地区の組織やそこで活動する社会的企業の活動を調整することを目的としている。そうすることで、すでに提供されているサービスを調整・改善するだけでなく、新たな取り組みを可能にし、新たな出会いの場所やコワーキングスペース、共同生活のための共有サービスを生み出すことが可能になる(36)。リュイス・トーレンスは、次のように述べている。「社会援助のプログラムやサービスを正確に調整するには、地域の規模を考慮に入れておく必要がある。空間的な近接は、経済的・生態学的な点において、および、真に民主的なガバナンスの観点とコミュニティへのサービスの管理と質の観点から見て、必要不可欠なものだ」(37)。

このプログラムの背景には、ヒラリー・コッタムの提案と同様に、個人の能力から出発し、人びとを問題の担い手としてだけでなく、その解決策の一部として捉えるという考え方がある（コラム3.3で見てきたように）。しかし、この統合的スーパブロックとコッタムに共通するアプローチは、コッタムが提案した戦略を補完する別の戦略の出現につながる。サークルモデルは実際に、ケアを行うことができるコミュニティの構築に始まり、それが存在するためにはそれを支える近接システムが必要であることをもまた示唆した(38)。一方、バルセロナスーパーブロックの場合、そのプロセスは実質的に対照的である。つまり**スーパーブロックは、既存の近接システムを新しいサービスと統合することで、最も脆弱な対象者を含むすべての人が関係の網を再構築し、新しいコミュニティの構築に参加できるようにするとともに、それが起こる可能性を高めるのだ。**

このようなやり方の重要性は、何年も前から認識・強調されてきたはずだ。実際、起きたのはその通りのことだった。今、コロナ禍の悲劇がそれを裏付けている。つまりコロナ禍のおかげで、私たちは皆、地域に根を張り、広く行き渡るケアのエコシステムをもつこと、つまり、ケアする近接をもつことの必要性を認識しつつあるのである(39)。

3.7

ケア、コミュニティ、ハイブリッドな近接

私がここまで述べてきたことは、今日「ケアする都市」を生み出そうとする視点から、近接、コミュニティ、ケアの間にある関係性を、どのように考えることができるかについてのものであった。私はいくつかの例について議論しながら、これまでに起きてきたことは、サービスやデジタルプラットフォームによって維持されてきたという事実について言及した。これらのサービスやプラットフォームはすべて、あたかも誰もが電気や道路網を利用しているかのように、当たり前の条件として提案されたものである。しかし、デジタルサービスやデジタルプラットフォームの利用が一般的になったとはいえ、その斬新さと、それがもたらした、そして今後もたらすであろう変化の規模は、様々な理由から、その現状と起こりうる影響に焦点を当てることが有益になると示している。それにはいくつかの理由がある。

●物理的ハイブリッド

第1に、私たちがここで考えているのは、物理的な世界での相互作用に中心を置くケア活動を支援・促進するためのデジタル技術の利用についてである。しかし私たちは、ちょうど逆の方向へと、ある強力なトレンドが進行しているということも知っている。つまり、遠隔支援や家庭用ロボッ

トが、物理的な存在を伴う医療・社会活動を置き換えるものとして扱われ、ケアの関係性の深遠さを否定し、既述のように、支援を遠隔放棄の状態に変える、家で／家からすべてのディストピア的なシナリオの中心的な要素となる方向である。

しかし、今回取り上げた事例では、そうはなっていない。デジタルサービスやプラットフォームは、物理的な出会いを支援・促進するツールとして使われている。デジタルサービスやプラットフォームは、私たちがすでに生きているハイブリッドな物理・デジタル空間でよりよく生活するために、何ができ、何をすべきかを実験するために使われているのである。実際、**ハイブリッドとは物理的な次元とデジタルな次元を同時に持つものと定義**するならば、ここまで話してきたケア、コミュニティ、近接は、ハイブリッドであると言える。これらは、物理的な世界に根ざしているにも関わらず、デジタルコンポーネントなしでは存在できない。デジタルコンポーネントとは、インフラ、プラットフォーム、特殊なサービス、アプリケーションで構成されるものである。そして、このハイブリッドな次元の重要性は、パンデミックがもたらした移動の制限や物理的な距離を設けるような要請によって非常に明確になった。

章の冒頭（特にコラム3.1）で、日常生活の重心がデジタル世界へと移行することが、近接、そしてケアのシナリオにどのように、加えてどれだけ影響を及ぼすかについてすでに観察した。確かに、最も確率の高い結果として想定されるのは、遠隔放棄と呼ばれる「家で／家からすべて」

とオンラインケアのシナリオが強化されることである。しかし、距離を置くという義務によって、関係的・機能的な近接を保ちながら、直接接触することなくケアする方法を生み出した例もあることを見てきた(40)。つまり、お互いに触れることができなくても、近接しているという例である。これを可能にしているのは、デジタルの世界が与えてくれる物理的に非常に遠くにいる人たちだけでなく、近くにいる人たちとも接触できるという機会である。つまり、私たちはデジタルの世界において、音楽や写真を交換できるだけでなく、買い物に行ったり薬局で何かをもらったりといった実際のお願い事をすることができる人たちとも接触することができる。これは、デジタル世界の利用、ひいては発展のための興味深い戦略を示している。その戦略とは、**デジタル世界を通じて「隣人」、つまり物理的に近接した空間にいる、顔がはっきり見える対話者同士の関係を育む**というものである。この方向性を追求するということは、まさにこの目的のために考えられた新世代のプラットフォームを開発することを意味する。デジタル空間での出会いを刺激し、支援するためのツールであり、それが物理的な空間での出会いにつながるツール、つまり、新しいハイブリッドな近接のためのツールである(41)。

●機能的ハイブリッド

場所と近接の新しいハイブリッド性を論じるには、別の観察が有用である。これまでのところ、ハイブリッドとは物理的／デジタルを意味してきた。しかし、ハイブリッドには、もう一つの意味がある。それは、**従来はそれぞれ専用の場所で行われていた異なる活動が組み合わされた場所**、という意味である。例えば、町のサービスカウンターとしても機能する新聞販売店、ネットで仕事ができるコインランドリー、そしてコンシェルジュになるカフェなどだ。これらは、ハイブリッドな場所について話すときに最も頻繁に参照される例である。しかし、結局のところ、通りもまたハイブリッドである。例えばバルセロナでは、通りは交通に特化したインフラではなく、移動を含む様々な用途に開かれた公共の場所であると言われている。要するに、私たちが目指す多様化した近接もまたハイブリッドであり、それは異なる機能的な近接のハイブリッド化と見ることができる。

物理的・デジタルなハイブリッド化と機能的なハイブリッド化という2つの形態は、異なるストーリーや動機を持っている。そしてそれぞれ独立して起こることができる。しかし、それらの間には強い相関関係もある。特に、現在、機能的なハイブリッドという2つ目の意味の広まりは、物理的・デジタルなハイブリッドという1つ目の意味の広まりに強く結びついている。実際、それらが生み出しているシステムのデジタルな次元により、様々な活動が共存し、異なるサービスシステムと関連することができる分散型サービスのネットワークをつくり出すことが可能になっている。例えば、バルセロナに残る「レーダー（Radars）」プロジェクトは、先に述べた両方の意味でハイブリッドな空間をつくり出すことに貢献している。ソーシャルサービスにとっての問いは、孤独、病気、社会的排除といった容易には見えない実態をどのように詳細に特定するか、ということだった。見つかった答えは、地元に深く根ざした人びとのネットワークをつくり出すことで、彼らが地域のアンテナとして機能するようにすることだった。実際には、近所の住民の多くが一定の場所、例えば新聞売り場、カフェ、薬局などを頻繁に利用し、そこで働く人びとと親しみのある関係を築いているため、何か問題があるか、特定の人が現れなくなった、誰かが問題を抱えている、といったことに気づくことができる。そして、そのような事態が発生した場合、これらの人びとはソーシャルサービスにコンタクトして、問題状況を報告する。このように、このシステムは非常にシンプルであり、さらにデジタルコンポーネントがあれば、さらにシンプルになる。それでも、近所にもはや店や公共のスペースがなければ、このシステムは機能しないだろう。また、誰もが簡単に交流できるRadarsのプラットフォームがなかったら、このシステムは機能しなかっただろう。

事例

5 RADARS：人間のセンサーネットワーク

Radars（レーダー）は、孤立と排除のリスクにある人びとを特定するためのバルセロナ市が後援するプログラムである。２００８年に開始され、75歳以上で一人暮らし、または65歳以上の別の高齢者と一緒に生活している75歳以上の人びと、そして自立能力が限られていて一人暮らしだがサポートネットワークがない人びとを対象としている(42)。実際には、近隣住民だけでなく、店主や近隣の協会などを含む「レーダー」ネットワークが作成される。このネットワークには、近隣住民だけでなく、商店主や町内会なども含まれ、地域の高齢者と連絡を取り合い、危機的な状況を察知したらソーシャルサービスの事業者に報告することに同意する。このネットワークには、医療センターや近隣の薬局も参加しており、「専門レーダー」として必要な時に介入するよう求められる。

また、レーダーは、孤立と闘い、新たなコミュニティ形成を推進する目的で、高齢者と近隣住民とのつながりを促進するための近隣組織、ボランティア団体だけでなく、市民センターや図書館などと連携した活動も推進している。

●役割のハイブリッド

ミラノ市では、「WeMi」(ミラノ市福祉プログラム)を導入している。この場合、デジタルな次元は、プラットフォーム上で提供される一連のサービスによってもたらされる。その特徴は、物理的な世界に特定のルーツをもつことである。というのも、当初からデジタルプラットフォームと同時に、近隣住民がよく利用するカフェなどに設置された「WeMi スペース」と呼ばれる空間のネットワークを構築することが選択されたからだ。

プラットフォームは、「センサー」、「ブローカー」、「ファシリテーター」の3つのレベルで機能することを目的としている(43)。原則として誰もが自分のニーズを提示し、質問を投げかけられるオープンシステムであるため、従来の形態で組織されたサービスでは、引き出すことができなかったニーズに気づけるセンサーとして機能できる。一方、ソーシャルサービスの需要と供給が、明確かつ透明性をもって出会うことができる場としても機能する。市行政が認証・保証する提案は、大規模カタログのような形で提示される。最後に、プラットフォームと、市内に分散し、他の活動と連携されたWeMi スペースとの間の統合について触れよう。これは、地元の関係のネットワークの形成を促進し、市民、公共団体、ソーシャルワーカーが共に問題を提起し、協力的な形で解答を探す、新しい形態のコミュニティの基礎をつくり上げるのを助ける。

この最後のポイントは非常に重要で、WeMi スペースが近隣の地域との出会いや取り組みの拠点となったことを意味している。そこでは、市民がスペースに元々想定されていたもの(それぞれのニーズに最も適した福祉サービスを見つける方法をアドバイスする人材)を見出す。しかし、それ以外にも、市民が互いに連絡を取り合い、共に発展していくための取り組みを計画し、関係のネットワークを紡いでいくことを助ける人たちがいるのである。

したがって、このプログラムの特徴はその極めてハイブリッドな性質にある。デジタルな相互作用と「対面」の相互作用を組み合わせていること、既存の場所に設置され機能的にハイブリッドになっていることだけでなく、プロのケア活動とボランティア活動や隣人、友人、知人間の活動を混ぜ合わせ、役割をハイブリッドにしていることである。

要するに、これらのハイブリッド空間は、様々な意図せぬ結果を生む可能性をもつため、生成的となる。これまで見てきたように、ハイブリッド空間は、市民が、そうでなければ到達するのが困難なサービスの提供を受けるための方向づけを行うことを可能にする。また、サービスを提供する側が、新しい需要を観察し、それに応じて提案を方向づけたり、実際の需要に合わせて供給を調整することを可能にする。また、市民や他の社会アクターを共通の関心や共同活動の周りに地域レベルで集めることによって、コミュニティ構築のためのシステム、ハイブリッドでありながら同時に地域に強く根づいているコミュニティが実現される。

事例

6 WEMI：プラットフォームと多数のハイブリッドな場

WeMiプロジェクトは2015年にミラノ市によって始動された。そのアーキテクチャは、デジタルプラットフォーム（WeMiプラットフォーム）と物理的なスペースのネットワーク（WeMiスペース）の2つの柱に基づいている。

WeMiプラットフォームは、「個人の健康」「家族のサポート」「家庭活動の管理」「社会化と共有」「金融教育」という5つのカテゴリーのサービスを、市とパートナー企業が提供する。例えば、食事の宅配から介護支援、特殊車両による移動、介護者探し、家事支援、ベビーシッター、学習支援、障害者支援、家族の仲介、ペットケア、家のメンテナンス支援、ちょっとした用事、薬の購入・宅配など、家族をサポートする様々なサービスが提供されている。このような一連のサービスに加え、このプラットフォームは、市民が自由に自らの経験を語り合い、新しい活動を組織することができるデジタルな場所でもある。

WeMiスペース（現在16カ所）は、プラットフォームの物理的なインターフェースである。それらは、ミラノ市と取り決めた協会や協同組合によって管理されている。WeMiスペースは、WeMiとは独立しつつも両立できるそれぞれの稼業と動機を持った既存の場所にある。例えば、カフェ、コミュニティセンター、文化センターなどである。WeMiスペースは、時間の経過とともに定着し、市民同士の出会いや議論、相互扶助の中心ともなっている。

3.8

ケアワークの再分配

ここまで紹介してきた事例から、ケアと近接の関係が確認でき、ケアする都市へのアプローチの仕方が見えてきた。さて、これらを総合して考えると、一般的な性質としていくつかの示唆を得ることができる。第1は、時間、注意力、エネルギー、必要なスキルとして捉えられるケア、つまり、行うべき仕事としてのケアである（再び、コラム3.2参照）。この観点から見ると、**これまで提案されてきたすべてのプロジェクトは、ケアワークを複数の人、それもまずは直接関係する人たちに分配する方法でもある。**

●ケアワークの削減と分散

まず前提となるのは、誰もが自主的でありたい、つまり自分のことは自分でやりたいという願望をもっており、その可能性があれば、他の人、つまり困難を抱えている人をケアすることを喜んで行うだろうということである。しかし、この第2の願望は、一人では困難な現実とぶつかる。誰かの、あるいは何かの世話をするためには、責任、注意力、スキル、投下する時間が必要であり、一人の人間に負わせるにはあまりにも大きすぎる、あるいはそう見えるのである。このような現実に対して、提案された事例に共通する考え方は2つある。1つは、ケアを必要とする可能性のある人をできるだけ自立させることで、ケア全体の仕事を減らす対応である。もう1つは、残ったケアワークを複数の人に分散させることで、それぞれのスキルや使える時間などの可能性に応じて、協力・協調しながら仕事の一部を担ってもらう対応である。

例えば、サークルの高齢者がお互いにケアし合える状態にし、残ったケアワークをボランティアや専門家に分担させる。このように、お互いを思いやることで仕事量を減らし、分散させる作用が、すべてのコラボレーションサービスの核心である。これは、サークルやその他すべてのケアサークルのように、**仲間同士の対等な交換**として起こることがある。また、異なるが補完的な要素間の共生的な交換、例えば、若者と高齢者の出会いを可能にする団体が、共同生活の形を組織することによって、**世代間の交換**となることもある(44)。また、深刻な問題を抱えた誰かをケアする必要がある場合は、その人を中心に**ケアネットワーク**をつくり、家族、友人、近隣の人びとの間で責任と仕事量を分配し、専用のプラットフォームで調整することができる(45)。バルセロナのソーシャルスーパーブロックの場合にも同様のロジックが見られる。ここでは、高齢者が一部の専門家のサポートを受けつつ、自立して生活できる近接システムが実現している。しかし、近隣で提供されるものにも依存する。つまり、近隣住民、商店主、地域協会が広く責任を負うということである。

一般化すると、ソーシャルイノベーションは、一人ひとりが持っているケアの能力をうまく活用することができることを教えてくれる。それを実現するためには、様々なケアの寄与を触媒として、それらを調整し、連続性と一貫性を持たせることが可能な適切なサービスが利用可能である必要がある。

このことをふまえると、**ケアする都市とは、ケアワークが分散された様々なコミュニティのエコシステムであり、高度に専門化した専門家から、特別な知識もなく時間もないが多くの善意をもつ家族、友人、隣人まで、様々なスキルや責任を持つ多くの人びと、グループ、組織が関わっていると考えられる。**ケアと身体的接触との間に本質的な関係があることを考えると、これらのケアコミュニティは場所のコミュニティでもあり、メンバーが近くにいて同じ近接システムの中で活動しているコミュニティでもある。

このように、ケアする都市を、ケアできるコミュニティ、すなわち、ケアが可能なコミュニティの集合体として説明することは、過去にも可能だった。しかし、そのときのコミュニティは、都市形態と社会形態のゆっくりとした共進化の結果だった。今日、これらのコミュニティが存在し、ケアワークの再分配を実現するためには、選択を行い、いくつかのルールを定義し、プラットフォームとコラボレーションサービスを可能にするシステムを構築する必要がある。

これが実現し、私たちがここで調査したようなソーシャルイノベーションの事例を超えて拡大するためには、社会的、技術的、制度的なイノベーション間でのよい循環を活性化し、多くのケアのコミュニティを生み出す道筋を見つけないといけない。しかし、それだけでは十分ではない。深い文化的な変化が求められる。その中心には、時間の異なる概念がある。ケアワークを多くの人びとに分配することは、同時に**ケアの時間、つまり時間そのものの価値**を新たに評価しなければ、新たな常識とはなり得ない。

ソーシャルイノベーションは、この分野でも私たちに何かを教えてくれる。

3.9

新たな時間のエコロジー

これまで議論してきた事例から導き出される一般的な性質の2つ目の示唆は、時間、および時間の様々な性質の認識に関するものである。

例えば、バルセロナや他の都市で実施された家庭内でのソーシャルサービスの地域化は、ケアワーカーの移動時間を短縮するものである。同様に、デジタルプラットフォームが存在することで、管理活動に必要な時間が短縮され、サークルチームは多くの会員と交流できるようになった。一方、サークルの理念は、それぞれの出会いと推進する取り組みにより多くの時間を割くことを意味する。

●機能的近接と関係的近接の非対称性

一般論として、近接の都市は、時間との間に矛盾した関係をもつ。一方では、時間の節約を意味し、他方では、時間を必要とする。つまり、機能的近接は、不要な移動を節約することで時間を与えるが、関係的近接は、ケア関係の確立と維持のために時間を必要とするのである。しかし、これら2つの間のバランスを評価することは、私たちが話している時間が常に同じであるかのように、ありきたりな方法で行うことはできない。節約された不要な移動時間は、質のない時間であり、ケアを提供するために必要な時間とは正反対である。したがって、この2種類の時間は比較できないので、一般論として、ケアする近接の都市が、距離の都市、つまりケアなき都市よりも時間を必要とするかどうかを言うことはできない。確かに言えることは、**新しい時間のビジョンを開発する必要がある**ということだ。**現代の一元的で加速した時間は、ケアする都市の複数の時間に変わるべきである。これは多元的な時間である。なぜなら、それは速い時間を排除するわけではなく、ゆっくりとした時間も認識し、おそらく何よりもそれを評価するからである。**

●ケア時間の評価

この枠組みの中で、ゆっくりとした時間を評価することには、実用的な理由がある。ケア、そしてケアとともに行われたすべてのものの質は、時間を要する。ケアを提供する人びとと、単にそれを評価する人びとの両方に時間を必要とする。事実、私たちが言及するあらゆる実態を伴うもの、例えば製品、イベント、または私たちの場合は相互作用にとって、「ケアをもって行われる」という質は、行われる行為やそれが行われる文脈の固有の複雑さとユニークさに応えるプロセスから生まれるものである。それは必然的に、時間を要する。ケアワークの場合、生み出される相互作用とそれが行われる**文脈は、必然的に複雑でユニークなものとなる。したがって、真の意味でのケアワークは時間を必要とし、ケアの時間はゆっくりとした時間なのだ。**

したがって、ゆっくりとした時間と「ケアを込めて行われた」質に価値を認めることは、純粋に美学的な選択、つまり私たちがゆっくりとしたものが好きなのでゆっくりとすることを求めるという、したがって、ゆっくりとした時間や「手をかけてつくられたもの」に価値を置くのは、純粋に美学的な選択、つまり私たちがゆっくりとしたものが好きなので、ゆっくりとする、というある種の逆の未来派のようなものに基づいているわけではない。むしろ、私たちは時間をかけてこそ、つまり、ゆっくりするからこそ生み出され、評価される質を求める。私たちがゆっくりした時間を求めるのは、このことを認識した結果なのである[46]。だから、スローダウンしたらどうか、がテーマになる。ヒラリー・コッタムは彼女の著作で何度も、彼女が新しいサービスのアイデアを開発しようとする人びとと、どれだけ多くの時間を過ごしたかを強調している。同じことを、ケアの活動に関わり、それを義務ではなく、自分がやりたいからという理由で行う人びとからも聞く。物事をうまくやるには、時間がかかるのだ。リチャード・セネットがその著書『クラフツマン』[47]の中で、職人とは、それをうまく、水準に達するように行うことを主目的として何かを行う人である、と書いているように、ケアには本質的に職人的な性質があると言うことができる。したがって、私たちが付け加えるならば、ケアを込めて行うことは、必要な時間を費やすことである。

これはすべて、私たちの議論のための中心的な問いにつながる。プイグ・デ・ラ・ベラカサが私たちに教えてくれたように、ケアには触覚や近接だけが必要なのではない。その性質上、ケアには時間が必要なのだ。したがって、ケアは、デジタル技術や人工知能を用いたフォード型の自動化モデルに従って、決して「機械でつくられる」ことはない。ケアの活動の中心、交換が行われる出会いは、必要な注意と時間をかけて「手づくり」されなければならない。これは技術を拒否するという意味ではない。セネットが語る職人はそれを拒否せず、過去のモデルに戻ろうとはしない。しかし、今日私たちが持つ技術的な装置は、物事を質の高いものにし、したがってケアをもって行うためのサポートシステムとして捉えるべきである。私たちの場合、これは、人びとが互いに、そして彼らを取り巻くすべてのものに近づくために必要な時間を与えることを意味する。

3.10

密度と近接の経済

ケアワークとそれに必要な時間の問題が絡み合って、ケアする都市の経済が浮かび上がってくる。このテーマは非常に広範で、私たちはソーシャルイノベーションの経験や提案された事例から導き出されたいくつかのメモにとどめることにする。キーワードは、密度、多様性、そして近接の経済である。

●密度の高い近接の都市

近接の都市は密度の高い都市でなければならない。私たちはすでに第2章でこれについて議論しており、それを水平方向の密度として定義した。これには、通り、広場、カフェ、店、公共の公園が含まれ、人びとが出会い、その出会いがおそらく対話へと発展し、それによって共同プロジェクトやケア活動へとつながる可能性がある場所である。先に考察した事例もこれを示している。サークルは、近接に関心を持つ十分な数の人びとがいなければ、実施で困難に直面しただろう。ボランティア、専門家、商業活動など、プロジェクトに喜んで参加する人たちがいなければ、サークルの実施は難しかっただろう。一方、WeMiは、単なるデジタルプラットフォームとなることを避けることができたが、それは、近接した公共の場という肥沃な土壌を見つけ、そこにスペースを設置することができたからである。最後に、バルセロナの場合、ソーシャルスーパーブロックで実施されたソーシャルサービスの地域への適合化は、既存の都市密度を利用し、強化することで成功した。実際、訪問介護の担当者は、都市密度が高いため、比較的限られた地域でサービスを正当化するために必要な利用者の受け皿が存在し、近接したサービスとして地域レベルで活動を組織化することができた。

よって私たちが語ってきた綿密な観察から、サービス経済について、一般化可能な示唆が得られる。それは、**ケア活動やその基盤となるコラボレーションサービスの地域的な組織化は、十分**

に密な近接システムに準拠すれば、より効果的である、ということだ(48)。したがって、十分に密な近接システムを促進することは、「ケアする都市」に向かうために必要なステップである。

●多様化された近接システム

この最初の、基礎的な観察に続いて、もっと複雑な2つ目の観察を行おう。**ケア活動を支援するサービスは、多様化された近接システムの中で運営されれば、より存在しやすく、長続きしやすい**のである。このようにして初めて、**近接の経済**、すなわち、互いに近接して活動し、互いに支え合う様々な活動に基づく経済が実現されるのである。近接の経済というテーマは、まだ発展させる必要がある。しかし、提供された事例や一般的なソーシャルイノベーションが、実験するための一定の道筋を示している。

●機能的・役割・デジタルのハイブリッド

そのうちの1つが、すでに述べたようにしばしば新しい提案を特徴づける機能的なハイブリッド化である。カフェに設置された市民サービスは、人びとの日常生活に近づけるという関係的な動機付けを持つだけでない。カフェと市民サービスという2つの活動が一緒になってお互いに支え合う共生に基づく範囲の経済を生み出す。この具体的な例は、より一般的な価値を持つ可能性があることを教えてくれる。機能的なハイブリッド化と役割のハイブリッド化を組み合わせ、デジタルハイブリッド化によって持続させることが、新しい近接の経済を実現するために進むべき道となり得るのである。確かなことは、この新しい経済を想像するためには、その可能性のある状況の中で考える必要があるということである。近接の経済は、その機能を過去に求めてはならないだけでなく、現在までの進化の直線的な延長として想像することも避けなければならないのだ。**近接の経済は、出現しつつある世界のなかに自らを位置づけることができなければならない。**その世界というのは、私たちが経験している様々な危機が、生態学的変遷の緊急性に見られるように優先順位の認識を変え、また国家の新たな役割に見られるように役割の認識を変える世界、そしてテクノロジーが物事の進め方を変革しているような世界のことである。イヴァナ・パイスは、本書の最後を飾るエッセイで、「コラボレーションのための地域のコモンズ」として構想された新世代のデジタルプラットフォームが出現する可能性があると説いている。おそらくこれがまさに必要とされるものなのだろう。

● 近接の経済に向けて：ケアの価値

最後に、これが最もデリケートな点だが、金銭的な価値をもたない、あるいはもつことができない、もつべきでない場合に、生み出された価値をどのように認識するかということを、議論する必要がある。例えば、今日では、近所の商店が、ケアを提供する都市の一部として基本的な社会的役割を果たしていることが、完全に明らかになっている。したがって、その存在を正当化する理由に、この社会的役割が加えられるべきである。しかしこの貢献をどのように評価するのだろうか？　それに対してどのように補償を提供するのだろうか？

同様に、私たちは繰り返し述べてきたが、ケアする都市にはケアの専門家だけでなく、すべての人びとに広くケアの態度が必要である。それをどのように評価し、それに対してどのように補償を提供するのだろうか？　この場合、多くの人にとって金銭的な報酬ではないとして、私たちはどのようにそれを評価し、報酬を与えることができるのだろうか？　もっと一般的に言えば、仕事、この場合はケアワークがあるべき姿で行われるとき、その仕事にはどれだけの価値があるのか。

リチャード・セネットが提案した職人的な仕事という考え方に戻れば(49)、ケアワークの価値は、主に、物事をうまくやった、つまり、ケアワークをした人の満足感にある、あるいはあるはずだ、と言えるかもしれない。しかし、これはよい出発点にはなり得るが、私たちの疑問に対する満足のいく回答にはまだなっていない。

注　記

1　この美しい表現は、トリエステの精神保健局長であるフランコ・ロテッリが、1970 年代にフランコ・バザーリアが開始した革新的な方法で都市の精神保健問題に言及した際に使用した。参照：Franco Basaglia, *L'utopia della realtà,* Turin, Einaudi, 2005; Franco Rotelli, "Servizi che intrecciano storie," in *L'arte della cura nella medicina di comunità a Trieste: storie e racconti di malattia,* edited by Giovanna Gallio, Trieste, ENAIP, 2013.

2　Berenice Fisher, Joan C. Tronto, "Toward a Feminist Theory of Caring," in E. Abel, M. Nelson (eds.), *Circles of Care,* Albany, SUNY Press, 1990, p. 40; Joan C. Tronto, *Moral Boundaries. A Political Argument for an Ethic of Care,* New York, Routledge, 1993.

3　Puig de la Bellacasa, *Matters of Care,* cit.

4　マリア・プイグ・デ・ラ・ベラカサは、ジョアン・トロントとベレニス・フィッシャーによって開発されたケアの定義を変更し、それを生命の網の一部であるすべてのもの同士の相互作用に拡大することを提案している。「ケア」とは、プイグ・デ・ラ・ベラカサがトロントの与えた定義を変更して書いているように、『「私たち」が行う全てのことではなく、「世界」を維持し、継続し、修復するために行われる全てのことで、「私たち」ではなく全てのものができるだけよい形でそれに生きることができるようにする』(Puig de la Bellacasa, *Matters of care,* cit., p. 161) とする。これにより、プイグ・デ・ラ・ベラカサはケアの考え方を伝統的な人間中心主義から脱却し、それを人間を超えた関係性のモードとして捉える。私たちが周りのものをケアするとき、相互依存性を認識するとき、私たちは実際に、地上のエコシステムのより深い構造、その関係的存在論に参加し始める。Manzini, Tassinari, "Designing Down to Earth," cit.

5　Puig de la Bellacasa, *Matters of Care,* cit.

6　Júlia Benini, Ezio Manzini, Lekshmy Parameswaran, "Care Up, Close and Digital. A Designers' Outloook on the Pandemic in Barcelona," *Design and Culture,* 13(1), 2021, pp. 91-102. DOI: 10.1080/17547075.2021.1880694.

7　Ibid.

8　"Cura," *Treccani Vocabolario on line,* www.treccani.it.

9　ケアというテーマは、ケアワークやジェンダー不平等と関連して、膨大な文献がある。その中には、すでに引用したベレニス・フィッシャー、ジョアン・トロント、マリア・プイグ・デ・ラ・ベラカサといった著者も含まれている。最近、イタリアでもケア・コレクティヴと呼ばれるイギリスのワーキンググループがこのテーマについて考察し、示唆を与える本が出版された。The Care Collective, *The Care Manifesto. The Politics of Interdependence,* London, Verso, 2020 (Italian trans. *Manifesto per la cura. Per una politica dell'interdipendenza,* Rome, Alegre, 2021; 邦訳：ケア・コレクティヴ『ケア宣言：相互依存の政治へ』岡野八代、冨岡薫、武田宏子訳、大月書店、2021).

10　この動機付けは、他の様々なタイプの理由とも関連しているが、ここでは客観的な理由を 1 つだけ挙げる。子どもの数が減少し、家の近くでグループ形成することも減少していることから、親が子どもたちを様々な社会化活動を行う場所に連れて行く必要が出てきている。

11　John McKnight, *The Careless Society. Community and Its Counterfeits,* New York, Basic Books, 1995.

12　Hilary Cottam, *Radical Help. How We Can Remake the Relationships Between Us and Revolutionise the Welfare State,* London, Virago, 2018.

13　これらの問題を考慮に入れると、提案される解決策は効率性の基準の適用 (いわゆる「新しい公共管理」) に基づいている。コッタムによれば、この視点は問題を解決するどころか悪化させ、すべての問題に対してサービスが必要であるという基本的な考えを維持する。全体的な問題は、最も安価な方法でサービスをどのように提供するか、に帰結される。しかし、コスト削減のアイデアを解決策として受け入れたとしても、サービスを必要とする人々の数が、これほどまでに広範囲かつ継続的に増加することを許容できる経済性は実現できない。

14　この不可能性は、民営化されたサービスの新自由主義社会や、今までのヨーロッパで知られている福祉社会でも生じることに注意すべきである。というのも、結局のところ、両方のモデルが同じサービスの考え方を採用しているからである。

15　The Care Lab, "Today's Care Emergency reveals tomorrow's System of Care," https://medium.com/, April 7, 2020.

16　サービスとそのデザインの紹介については、以下を参照：Lara Penin, *An Introduction to Service Design. Designing the Invisible,* London-New York-Oxford-Delhi-Sydney, Bloomsbury, 2018; Anna Meroni, Daniela Sangiorgi, *Design for Services,* London, Grower, 2011.

17　"(fig.) Object, event, or situation that forces a certain behavior or that strongly limits freedom of action" ("servitù" in the *Treccani Vocabolario on line,* www.treccani.it).

18　サービスと隷属の区別は、ジョルジョ・デ・ミケリスによって非常に明確に提起されている。Giorgio De Michelis, "La Pubblica Amministrazione dalla servitù al servizio," *Queste Istituzioni,* 99, 1994.

19　マックナイトによる批判を参照。また、特にイヴァン・イリイチによる批判も参照。McKnight, The Careless Society, cit.; Ivan Illich, Deschooling society, New York, Harper & Row, 1971 (邦訳：イヴァン・イリッチ『脱学校の社会』東洋、小澤周三訳、東京創元社、1977); Ivan Illich, Tools for Conviviality, London, Calder and Boyars, 1973 (邦訳：イヴァン・イリイチ『コンヴィヴィアリティのための道具』渡辺京二、渡辺梨佐訳、筑摩書房、2015).

20　Manzini, *Design When Everybody Designs,* cit.

21　Ezio Manzini, Massimo Menichinelli, "Platforms for Re-localization. Communities and Places in the Postpandemic Hybrid Spaces," *Strategic Design Research Journal,* 14(1), January-April 2021.

22　Richard Sennett, *Together. The Rituals, Pleasures, and Politics of Cooperation,* New Haven, Yale University Press, 2012.

23　François Jegou, Ezio Manzini, *Collaborative Services. Social Innovation and Design for Sustainability,* Polidesign, Milan, 2008. 共同サービスの関係性の次元についての詳細な議論については、以下を参照：Carla

注 記

Cipolla, “Solutions for Relational Services,” in S. Miettnen, A. Valtonen, (eds.), *Service Design with Theory. Discussions on Change, Value and Methods,* Lapland, Lapland University Press (LUP), 2011. DOI: 10.13140/RG.2.1.3013.7201; Ead., “Designing for Vulnerability: Interpersonal Relations and Design, She Ji,” *The Journal of Design, Economics, and Innovation,* 4(1), 2018, pp. 111-122, DOI: https://doi.org/10.1016/j.sheji.2018.03.001; Carla Cipolla, Ezio Manzini, “Relational Services,” *Knowledge, Technology and Policy,* 22, 2009.

24 Amartya Sen, Martha Nussbaum (eds.), *The Quality of Life,* New York, Oxford University Press, 1993.

25 Ibid. (序文から)

26 Cottam, *Radical Help,* cit.

27 Hilary Cottam, Cath Dillon, *The Learning from London Circle,* July 2014, pdf available at http://www.participle.net/ (訳注 : リンク切れ).

28 すべての活動を調整するツールとしてプラットフォームを活用することもまた、プラットフォームによって、すべての活動を邪魔することなく記録し、その結果を評価するために必要な情報を収集することができるという重要な意味をもっている。

29 Hilary Cottam, *Revolution 5.0. A Social Manifesto,* December 10, 2019, pdf available at https://www.hilarycottam.com/

30 BCNEcologia – Barcelona Urban Ecology Agency, *Planificació d'una nova divisió territorial del Servei d'Assistència Domiciliària (SAD),* report not published, Àrea de Drets Socials, Ajuntament de Barcelona, 2019.

31 Lluis Torrens, *Ageing and Improving Public Management. The Case of Barcelona and the Social Superblocks,* Transjus, Institut de Recerca, Facultat de Dret, Univesitat de Barcelona, 2018, pdf available at http://diposit.ub.edu/dspace/

32 Lluis Torrens, Sebastià Riutort, Marta Juan, “Towards a New Social Model of the City: Barcelona's Integral Superblocks,” in Oliver Heckmann (ed.), *Future Urban Habitation,* New York, John Wiley & Sons, in the course of publication.

33 Rotelli, “Servizi che intrecciano storie,” cit.; Francesco Salvini, *Le ecologie che curano,* April 2019, pdf available at https://transversal.at/

34 Torrens, *Ageing and Improving Public Management,* cit.

35 これらの地元の拠点は、様々な観点から重要であり、広がっている。一例として、シンガポールの Enabling Village がある。これは、「障害を持つ人々の訓練と雇用に特化し、ケア提供者が相互支援セッションを組織し、継続的な支援と研修プログラムを受けるとともに、休息と休憩を楽しむことができる統合的な包括的コミュニティ空間」と説明されている。(参照 : https:// enablingvillage.sg/, 引用元 : Parameswaran Herczeg, Dordas Perpinyà, Garcia i Mateu, “Social Design: Principles & Practices to Foster Caring Urban Communities,” in Heckmann (ed.), *Future Urban Habitation,* cit.)

36 Torrens, Retort, Juan, “Towards a New Social Model of the City,” cit.

37 Torrens, *Ageing and Improving Public Management,* cit.

38 そのシステムが存在しないか、十分でない場合、構築中のコミュニティ自体が成功して、必要な空間と機能を活性化し、既存のものを適応させる必要がある。

39 地域に共存する方法は、それを制御するだけでなく、それを行動のプラットフォームにする能力を意味する。コロナ禍の場合、これは、テストやワクチン接種を広範に行い、必要に応じて地域を分離し、人々を必要な行動に誘導し、支援する能力を意味する。The Care Lab, “Today's Care Emergency reveals tomorrow's System of Care,” cit.

40 Benini, Manzini, Parameswaran, “Care Up, Close and Digital,” cit.

41 Manzini, Menichinelli, “Platforms for Re-localization,” cit.

42 バルセロナ市のサイトで「Projecte Radars」のページを参照。https://www.barcelona.cat/ca/

43 参照 : https://wemi.comune.milano.it; Fondazione Cariplo, “A Milano il welfare è di tutti,” http://welfareinazione.fondazionecariplo.it/it/, January 2, 2020.

44 このタイプの例として、ミラノの *Prendi a casa uno studente* がある (参照 : https://www.meglio.milano.it/prendi-in-casa/)。

45 このタイプの例として、カナダの *Tyze* がある (参照 : http://tyze.com)。

46 ここで提案する考え方は、スローフードが当初から提案していたものを発展させたものである (参照 : Carlo Petrini, *Buono, pulito e giusto. Principi di nuova gastronomia,* Turin, Einaudi, 2005; 邦訳 : カルロ・ペトリーニ『スローフードの奇跡 : おいしい、きれい、ただしい』石田雅芳訳、三修社、2009)。特に、時間と品質の関係についての考察は、シンツィア・スキャフィディが何年も前にミラノで開催した国際スロー + デザインセミナーでの会議に触発されている。Cinzia Scaffidi at the International Slow + Design Seminar, Milan, October 6, 2006.

47 Richard Sennett, *The Craftsman,* New Haven, Yale University Press, 2008 (邦訳 : リチャード・セネット『クラフツマン : 作ることは考えることである』高橋勇夫訳、筑摩書房、2016).

48 この経済基準は、どのようなタイプのサービスにも有効であり、より協調的なサービスや、市場経済からかけ離れたサービスにも有効である。実際、それぞれのサービス、それぞれのサービスの出会いは、独自の経済性を持っている。得られるものと費やさなければならないものとの関係が扱いやすければ、それは実行され、時間的に持続することができる。これは、金銭的なものだけでなく、時間、注意力、エネルギーが費やされ、非商業的な方法で行われる経済においても同様である。

49 Sennett, *The Craftsman,* cit.

第4章

近づけるためのデザイン

3 包摂

2 社会化

4 多様化

1 地域化

5 調整

刺激

アトラクター

ダンスパーティで、音楽が始まった。ある男がテーブルから立ち上がり、フロアを横切り、別のテーブルの女性に踊らないかと誘う。すると彼女はうなずく。初対面ではあっても、二人とも何をすべきかを知っていた。踊りが始まる。二人はいくつか言葉を交わし、おそらくそこから、会話が始まるのかもしれない。踊りが終わってからも、その会話は続くのかもしれない。

このシーンは、これまでの懐かしいあり方、やり方、踊り方のように思えるかもしれない。しかし、このシーンは、人びとがどのように近づいて、どのように出会いを促し、そのために何をデザインすればよいかについて、多くのことを教えてくれる。

前述したこのシーンは明らかに、決して意識的に統一を狙ってデザインされたものではない。むしろ、このシーンは、その近接システムを構成する様々な要素がお互いに影響しあって進化してきた結果である。ここでの近接システムを構成する要素は、ダンスホール、音楽、踊る能力、そして出会いを求める二人などである。近接システムを構成する要素のすべてが、実際に何が起こるかをあらかじめ決定するわけではない。例えば、二人の会話が楽しいものであるかどうか、最初の出会いの後にそれが続くかどうか、どのように続くかはわからない。ダンスフロア、音楽、ダンスのルールに関する共有知識は、あくまでも出会いの可能性を高めるものでしかない。

ダンスフロアとそこで踊る人びとの例では、現代の都市から失われたものはなにか、現代の都市がどうなりうるかを教えてくれる。現在の距離の都市は、出会い、会話、共有プロジェクト、コミュニティなどへと発展する可能性を阻む傾向にある。

これまでの章で私たちは、近代の方向性を変えてこれまでと反対の方向へ進む必要性と、その可能性を見てきた。すなわち私たちが向かう方向とは、近接の都市であり、それは、ケアする都市でもある。

この章では、方向性を変えるために何ができるかを見ていく。実際に、近さを生み出すために、どのように、何をデザインすれば、近さを生み出すことができるのかを見ていく。そこで、最初のダンスパーティのイメージに戻ろう。人びとを迎え入れるダンスフロア、刺激的な音楽、そしてみんなが上手に踊れる状態をそこに生み出すためには、どうしたらよいのだろうか。人びとが互いに近づき、出会うような近接システムをつくるために、何ができるか？　そして、その出会いを会話や新しいコミュニティへと発展させるために何ができるだろうか。

手短な答えは、以下のようなものだ。出会い、会話、そしてコミュニティは、その関係的な性質上、直接的にデザインすることはできない。しかし、**出会いの場であるエコシステムをよりよいものにすることで、出会いの可能性を高められる。**そのためには、**それらを現実的に可能にする物質的・デジタル的な人工物，すなわち技術的・社会的インフラ**（例えば、ダンスホールの特性や人びとが踊り方を知っているということ）と、**出会いを誘発し方向付けるもの、すなわち刺激があるこ****とや魅力的なこと**（例えば、ダンスホールの音楽）**をデザインする必要がある。**

4.1 機会のプラットフォームとしての技術的インフラと社会的インフラ

私たちが貢献したいと考える近接の都市は、プロジェクトベースのシナリオであり、ユートピアの提案ではない。これはなぜかといえば、すべてのデザイン中心のシナリオにあてはまることだが(1)、シナリオは単なるビジョンではなく、それを実践するために何をすべきかというガイドラインでもあるからだ。具体的に、現在地（距離の都市）から出発して、目指すべき場所（近接の都市）に向かって一歩踏み出すには、どうすればよいのだろうか？　このステップを可能にする基本は、「住みやすい近接」の考え方に合致したインフラのデザインと、それを生み出すためのプロセスである。

インフラの最も一般的な意味は、様々な生産・再生産活動（エネルギー、水、モビリティ、デジタルネットワークの供給）を維持できる社会技術システムのことを指す。そして、この**技術的**

インフラには、社会的性質を持つ多様なサービス（学校、大学、病院、ヘルスケア施設、公共住宅、裁判所、刑務所）を提供するための**社会的インフラ**(2)が伴わなければならない。また、**インフラだけでなく、それを構築するためのプロセス**も指すことが多い。この意味で、インフラストラクチャリング（以下、「インフラ化」と記す）という単語が使われる(3)。

●インフラ化のプロセス

従来、インフラといえば、中央集権的な大規模プロジェクトによるものを指すことが多かったが、注意深く考えてみると、それとは別のものがあることに気づく。それは、**マイクロインフラ化と、自己インフラ化のプロセスが存在する**ことである。

第2章では、大災害の後、場所や製品が平常時に使われた目的とは異なる目的で使用されることがあることを指摘した(4)。また、平常時にも、特定の目的のためにつくった人工物（公共スペースやデジタルプラットフォーム）が、時間とともに、他の新しい、予見されなかった活動を支援するようになることを指摘した(5)。ここで付け加えたいのは、ソーシャルイノベーションとその進化の軌跡を考えると、自分たちに相応しいインフラが構築される前に、自己インフラ化の段階が観察されるということである。自己インフラ化というのは、創造的で進歩的な人びとのグループ（ソーシャルイノベーター）が、見つけたこれまでのものの意味と使い方を修正し、それを自分たちが実現しようとするもののためにインフラを変化させていく段階である。

このようにして、放置された空き地は庭に、交通量の多い道路は自転車道に、駐車場はテーブルを囲んで座れるスペースに、住宅は共同住宅プロジェクトに、といった具合に生まれ変わる。そして創造的で進歩的な人びとのグループが自己インフラ化を行うのは、行政などが統合したインフラに変えるために必要な決定を下す前に起こるのである。

その結果、インフラ化のプロセスは、上から中央集権的にデザインされた大きなシステムだけでなく、もともと異なる目的でデザインされた製品やサービスによって構成される**ボトムアップ的なインフラによって成り立つ**こともある。この後に、距離の都市から近接の都市になるためには、この両方のプロセスが必要であることを解説する。

とはいえ、インフラとそのデザインについて言えば、それを用いて何ができ、何ができないのか、そして、それがどのように、どの程度、私たちの行動を方向づけするのかを注意深く考える必要がある。

このことは当たり前のように思われるかもしれないが、そうではない。インフラの特異性は、可能な限り目に見えないようにしながら運用されることである。これはなぜなら、人びとの注意は、インフラを使って何ができるのか、ということに向けられるからである。しかし、いずれにせよ、インフラはすべてを可能にするわけではないし、インフラは等しく使いやすいわけではないのである。

実は、インフラには、どのように構築されたか、つまりどのようにデザインされたかによって、デザインした人が意識的であろうとなかろうと、導入した人の知識や価値観が組み込まれている。インフラは私たちにそれを自由に使うことを促すが、実際は私たちはインフラに設定された様式や手順に対応しながら行動するのである。

●アフォーダンス

このようなことを語るのに「アフォーダンス(6)」という言葉を使うことができる。アフォーダンスという言葉は、もともとある物体の物理的な特徴が、その物体をどのように使うべきかを使用者に示唆することを示すものであった(7)。その後、アフォーダンスは、インフラが何をどのように可能にするかを示すものへと、意味を拡大させた。**ここでのアフォーダンスとは、人びとが互いに出会い、協力し、新しい関わりあいの形を構築することを促すものなのである。**

アフォーダンスの元の意味と拡張された意味の両方において、この概念は強い関係性の質を指していることに留意すべきである。アフォーダンスにおける〝誘い〟というものは、誘う人と、それを受ける人の両方によって意味が決まるものだ。つまり、インフラでのアフォーダンスにおける〝誘い〟とは、インフラが誘う側で、インフラのおかげで互いに出会い、コミュニティを維持・構築しえる人びとが誘いを受ける側である。この両者によってインフラの意味が決まるのである。

●社会的インフラの事例

これらの考えをより具体的にするために、社会的インフラの事例を紹介する。この社会的インフラとは、まさに社会に広く存在する取り組みと事業を支援し方向づけを行い、そのことによって、場所のコミュニティ形成を始動させ近接の問題を解決するように考えられたものだ。

イタリアの**「市民と行政の協力に関する条例」**(8)がその例である。これは地方行政が使っていない場所や建物のリストを作成し、それに対して連帯した市民がそれらの使いかたのアイデアを提案したうえで、その実行を約束するものである。連携した市民とは、個人の集まりだけでなく、市民団体、社会的企業、民間企業などをも指している。

これは、ローカルなソーシャルイノベーションを支援するために生み出されたインフラの明確な例のひとつである。また同時に、これまでこうしたソーシャルイノベーションが自発的に生み出してきた自己インフラ化に、多少の秩序を与えた事例でもあった。というのもソーシャルイノベーションはこれまで、その時代の公式な規制の枠外で空間や建物を活用する方法を見つけるものだったからである。

さらに、これらの協力の条例は、プロジェクトを提案する人への方向づけと、行政が負うべきコミットメントを含むように策定されている。**この条例は明らかにこの特定の社会インフラのアフォーダンスである。**提案の受け入れ基準や参加方法を示すことで、条例は市民の創造性や何かをやりたいとの意欲を刺激し、励まし、都市コモンズの活用に向かわせるのである。

言い換えれば、このインフラは、他の類似のインフラと同様に、積極的な市民活動やコモンズの価値を組み込んでおり、解決策を押し付けているわけではないにも関わらず、それを利用する人びとが同じ価値観を持ちながら自由に活動できるように促しているのである。ディミトリス・パパドプロスの言葉を借りれば、この種の社会インフラは透明な空間であり、気づかれることはないが、常に政治的な実践を自らの機能に取り込んでいるのである(9)。

4.2

距離の都市から近接の都市へ

近づけるためのデザインに必要なのは、既存の技術的・社会的インフラを変化させることと、全体としての都市のエコシステムと都市を構成する様々な近接システムを変化させることである。近づけるためのデザインは簡単なことではないが、この場合にもソーシャルイノベーションが役立つのである。

前の章で提案された例を注意深く観察すると、私たちが今いる場所（距離の都市）から、行きたい場所（近接の都市）に行くために必要なことは、5つの行動であることがわかる。

1. **地域化**：サービスや活動を市民の身近なものにすること
2. **社会化**：コミュニティの構築を促進すること
3. **包摂**：関係する参加者のネットワークを広げること
4. **多様化**：当初は予期していなかった参加者を巻き込むこと
5. **調整**：異なる介入領域を水平につなげること

この5つの行動は成熟した都市のソーシャルイノベーションのすべてのケースに見られる。5

つの行動は、プロセスの連続した段階としてではなく、必要な構成要素として考えるべきであり、必ずしも各プロジェクトに同じ方法と順序で存在するわけではない。それでは5つの行動を詳しく見ていこう。

1. 地域化：サービスや活動を市民の身近なものにすること

この行動は、サービス、行政、生産システムを再編成し、垂直・階層型モデルから分散型モデルへ移行し、その接点を市民の近接システムに持ち込むことからなる。実際には、すでに述べたように、目標は、各市民が日常的に必要とするサービスや仕事の機会を、自宅から徒歩数分で見つけられるような機能的な近接状態をつくり出すことである。この考え方は、それ自体新しいものではない。過去には、同様の分散型組織が逆の型（しかも支配的な）の組織と衝突した。逆のパターンの組織とは、効率性の名の下に、垂直システムで活動を大規模に集中させた組織のことである。しかし、現在、状況は変化している。接続性、デジタルプラットフォーム、小型化により、分散型システムの構築が容易になり、より効果的でレジリエントな、そして潜在的には民主的なシステムを生み出している（コラム 1.3 参照）。

つまり、**地域化のためのデザインとは、分散型モデルを採用し、生産活動やサービスをユーザーに向けてシフトさせることを意味する。**第2章でとりあげたバルセロナの近隣地域の事例や第3

章のミラノのWeMiプログラムの事例では、高齢者へのケア活動が地域化され、そのことがサービスを受ける側、提供する側、さらには都市全体にとってもメリットをもたらしていることを見てきた。もちろん、活動の種類や状況に応じて、進むべき道はケースバイケースで、多かれ少なかれ実用的なものである。例えば、社会福祉活動を地域化することは、専門的な医療サービスを地域化することよりも実行しやすい場合がある。また、オフィス活動を近接させることは、生産活動を近接させることより簡単な場合もある。さらに、場合によっては、地域化ではなく、近所の商店など、長く地域の拠点となっていたが今や危機に瀕している近接の活動を維持・再生することが重要であることもある。すべての事例において、新しい近接の経済が構築されつつあり、バルセロナやミラノの例のように、近接システムが十分に豊かで多様である場合は成功の可能性が高くなる。

このような事例は、進むべき道筋を示すものとして重要なものではある。しかし**「住みやすい近接」**という課題、およびそれを持続させる活動やサービスの地域化という課題は、すでに述べた都市の質が存在しない、または非常に低いすべての地域にあるのである。

2. 社会化：コミュニティの構築を支援する

この行動は、地域に適合したサービスをテーマとしたコミュニティの構築を促進・支援することである。コミュニティには、ケアのコミュニティ、教育のコミュニティ、仕事のコミュニティ、文化のコミュニティなどがある。コミュニティの構築を促進・支援する動機は、近接の関係的側面の重要性を認識することにある。この重要性への認識が欠けていると、これまで述べてきた地域化は、提供者と顧客の関係に基づいた分散されたサービス都市になりさがってしまう可能性がある。この都市は、第3章で見てきたように、私たちが直面しなければならない問題の次元と多様性に対応できないケアのない社会のことである。

一方、以前の章で述べたように、コミュニティの創造とみなされる社会化は、直接的にデザインすることができない。できること、そしてしなければならないことは、関わりあいやコミュニティが生まれ、長く続くような好ましい環境をつくることである。

社会化のためのデザインとは、この好ましい環境をつくることに貢献することである。実際には、社会化のためのデザインは、サービスの性質を変え、共創的な形に再編成し、私たちが望む新しいコミュニティの出現を可能にするシステムとして構想することだ。

イギリスのケアのサークルの提案、バルセロナの在宅サービスの地域的再編成、ミラノのカフェや集会所でのWeMiスペースは、すべて同じ方向性を持っている。これらの事例では、伝統的な医療や社会サービスだったはずのものを新しいケアの共同体を可能にする活動へと変えていく。似たような発想は他の分野にも適用でき、学校周辺に教育コミュニティを構築することも可能である。また、近隣の市場や商店を中心とした食のコミュニティもあり得るし、図書館を中心とした読書コミュニティなども考えられる。後で詳しく説明するが、このような意味での社会化は、他の４つを可能にするための基盤となる行動である。

3. 包摂：関係する人びとのネットワークを広げる

この行動は、役割や年齢、社会階層が大きく異なる人たちを含め、多くの人たちが興味をいだき、さらに多くの人を受け入れるようなコミュニティに広げることである(10)。しかし、この行動は簡単ではない。新しいコミュニティを構築するためには、時間とエネルギーと注意が必要である。このような活動に専念する人びとは、しばしば**「ソーシャルヒーロー／ヒロイン」**と呼ばれるのは偶然ではない。しかしながら、このような英雄的な性格をもつ人がいる場合、潜在的に興味をもっていても、様々な理由で同じような時間やエネルギー、動機をもてない他の人たちが、活動に参加しづらいと感じてしまうこともある。

「包摂」をデザインすることは、このような困難な状況を考慮しながら、２つの重点をおいて活動することだ。**１つ目の重点とは、オープンであることや参加者の多様性に寄与する目標とルールを、最初から導入することだ。**例えば、ケアのコミュニティでは、社会から疎外された人びとを含めることを目標とし、共同住宅の取り組みでは、年齢、社会的地位、民族にばらつきがある異質なグループを形成することをルールとして設定することである。

2つ目の重点は、コミュニティの活動に参加するために必要な時間、エネルギー、配慮を軽減することで、コミュニティへの参加の敷居を低くし、コミュニティがより多くの参加者にとって参加しやすいものにするためのプラットフォームを開発することである。参加者にとって参加しやすいものにすることは、主にプラットフォームの機能的な側面で実行されるが、もうひとつ重要なこととして、コミュニティの意味と動機に切り込むことである。より広く多様な人びとにコミュニティの意味を明示するのである。

4. 多様化：当初は予期していなかった参加者を巻き込む

この行動は、当初は予想していなかった新しい参加者を巻き込むことを意味する。これらの人びとの存在は、コミュニティづくりと活動に、段階的に必要となるエネルギーとスキルをもたらすのである。コミュニティの新しい参加者には、様々なプロフィールがありえる。例えば、専門家、地元の何らかの機関の人、地域団体の代表者、社会的企業や商業に携わる企業などが、コミュニティが取り組むべきテーマに様々な形で関わることができる。このように新しい参加者を内に取り込むことの興味深い点は、コミュニティ、すなわちあるテーマに取り組むグループに、これまでにない人的・物的資源がもたらされることである。このことは、ビジョンがイノベーティブでない場合、起こりえない話だろう。

つまり、**多様性をデザインするということは、もともとのシステム（福祉、医療、地方行政など）を再定義し、元来は入っていなかった人びとや機関と統合することだ。**例えば、第3章で見てきたように、カフェは、ソーシャルサービスとの出会いの場となることで、事実上は社会サービスの一部になるように、コインランドリーはワークスペースを提供することで、事実上はコワーキングスペースになる。キオスクのような新聞・雑誌の売り場は、市の行政サービスを提供することで、事実上は行政サービスの延長にもなる。

このような活動には創造性と戦略的なビジョンが求められるのは明らかである。しかしそれらに加えて、このような活動は、豊かで多様な近接システムによる多様化するコミュニティによって可能になっている。つまり、近所にお店がもはやなければ、社会サービスの拠点となる店舗は生まれないのである。

5. 調整：異なる介入領域を水平につなぐ

これまでに述べたコミュニティは、特定のテーマに基づいて構築され、そのテーマは異なる別々のサービスシステム（健康、社会サービス、学校、緑地、移動など）に関連している。重要なのは、同じ場所でこれまでにつくられてきた他のテーマのコミュニティと水平につながることである。そうすることで、互いのコミュニティが交差し織り成しながら同じ地域で活動するようになり、それぞれのコミュニティは活動をより効果的で生活の質を向上させるように調整することができる。同時に、これらの交差は、より交差しあう近接システムの出現につながる。また、これらの交差は、多様なプロジェクトを内包し調整することで、それら全体の質と有用性を高める場所のコミュニティの出現につながる。

調整のデザインとは、プロジェクトベースのコミュニティとサービスシステムをつなぎ、特定の場所で両者を統合させることである。このローカルな調整は、様々な方法で行うことができる。しかし、これまでに解説した４つの行動のステップが実施されていれば、どれも成功する可能性が高い。つまり、サービスシステムを地域化し、コミュニティの形成に貢献するよう社会化を行い、形成されたコミュニティが包摂的で多様性に富んでいる場合である。これが実現すれば、地域での調整はもはや上からの行政行為とみなされることはなく、同じ地域に住み、活動している人びと（市民、専門家、行政の人）の実践から生まれ、その気になれば、たとえカフェで予約なしでも容易に出会うことができるのである。

4.3

社会的会話の刺激とアトラクター

今述べた5つの行動のステップは、ガイドラインとしてとらえることができる。この5つのステップは、「場所のコミュニティが根ざす近接のシステム」をつくるためのガイドラインといえる。おわかりのように、その順序と重みは文脈に依存する。つまり、既存の近接システムとコミュニティの状態に依存する。ここで、コミュニティの構築を促進することを目的とした第2の行動、つまり社会化がきわめて重要であることを付け加えるべきだろう。実際、次の段階、つまり、包摂と多様化を実現するためには、コミュニティが存在するか、少なくともコミュニティを構築中であることが前提となる。しかし、それだけではない。最初のステップである活動やサービスの地域化は、担当する組織の自律的な意思決定の結果として達成できるものだ。けれども、この取り組みに関わっているローカルコミュニティがあれば、地域化をさらに促進し、効果的にすることもできるのだ。

一方、何かをデザインしそれを稼働させることを自らがとるべき行動として考えた場合、コミュニティづくりのための社会化は、5つの行動のなかで最も扱いづらく難しい。すでにわかっているように、実は、私たちが手に入れたいものは、直接デザインすることができないのである。生まれてほしいコミュニティの基礎となる人間関係は、行政からの法令によってできるものではない。しかし、**私たちは、新しい出会いを可能にし、その可能性を高めるための状況をデザインすることはできる。そしてこの出会いが、会話、コラボレーション、そしてコミュニティへと発展しえるのである。**

最後に、この5つのステップをひとつのセットとしてみると、人びとが踊れるようになるために必要なすべてが揃っていることがわかる。しかし、実際に踊り始めるためには、音楽が必要である。メタファーを使わずに言えば、出会いや会話を刺激し方向づける何かが必要なのだ。

●刺激

これまでの章で提案されたプロジェクトを観察すると、多くのプロジェクトでは、手に触れて感じられるような何かをつくることによって、それが出会いや会話を刺激して、ひいては共感や相互信頼、協力する能力、ビジョンの共有を刺激してきたことがわかる。手短に述べると、これらのプロジェクトの成果物は、社会的資源を活性化し、媒介する酵素のように機能してきたが、それには2つの方法がある(11)。**第1の方法は会話を盛り上げること、第2の方法はその会話をある点に絞り込んでいくことだ。**

第1の方法は、出会いや会話の機会を提供する製品やイベントをつくりだすことである。それらは、芸術的なパフォーマンスや隣人のパーティであったり、テキスト、画像、映画であったりする。また、議論が沸き起こるような製品であってもよい。これらの製品やイベントは、ある目的を果たすために構想されたものも含め、いずれも語るべき物語を持ち、それゆえ、関係を生み出すための能力をもちうる。つくられたものの例では、バルセロナのランブラス通りの真ん中に置かれた椅子は、観光客の流れを断ち切り、観光客を住民との会話に誘うことができる。近隣で開催されるパーティの飾りつけの話題が、その地区のアイデンティティに関する議論となる。高齢者施設が美しいかどうかというネタでさえ、老いの尊厳について語るきっかけになる。

このようなことが起こり、会話が行われるとき、これは会話のきっかけとなった人工物が**関係的オブジェクト**としても機能していることを意味し[(12)]、人工物はこの観点からも評価されなければならない。もちろん、プロジェクトの結果が、いつ、どのように、このような役割を果たすことができるかを示す公式は存在しない。このようなことが起こる可能性は、デザイナーの感性に依存するのは確かだが、同時に、想定される対話者に参加の余裕があるかどうか、反応のよいタイプかどうかも関係してくる。

第2の方法は、前述の役割を補完するもので、それぞれに異なる角度から社会に関わる人たちが共通のビジョンを構築し、その方向に行動を向けることを支援することである。このような結果をもたらすプロセスは多くの場合、非組織的な形で起こる。それは、参加者が同じ方向にまとまるよう導いていける、豊かで社会的な会話のおかげである。しかし、この社会的な会話を刺激し、収束を促進するのは、いくつかの人工物である。この人工物とは、現実的なビジョンに向けて注意をひき、会話を促進するような、コミュニケーションに役立つ人工物のことだ[13]。このことが示すのは、ある条件が整えば、物事がどのようになりうるか、つまり、ビジョンをどのように実践に移せるかについて、実践可能なビジョンが提案される、ということである。

関係的オブジェクトという意味では、芸術的なパフォーマンス、近隣のフェスティバル、テキスト、ビデオ、静止画といったものが、この実践可能なビジョンを提供することができる。このケースでも前述と同様に、ことをどのように進めるかのアイデアをつくるのに貢献する[14]。この目標は、この目的のために考案されたツールである「**機能的なプロトタイプ**」と「**デザイン中心のシナリオ**」を使用することによっても達成することができる。

機能的なプロトタイプは、全体的なビジョンの特定の側面が実際にどのように機能するかを示し、それによってビジョンの全体像をより具体的に浮き彫りにする[15]。機能的なプロトタイプは、臨機応変にデザインされることもあるが、それだけに留まらない。つまり、誰かが自分自身の動機に基づいてつくり出した取り組みも、一度実現すれば、「人びとがどうするべきか」の具体的で有効な例として機能するのである。このように、これまで取り上げてきたソーシャルイノベーションは、支配的な都市像や社会像に対抗する機能的なプロトタイプとなるものである。実際それらは、具体的な問題に対する的確な解決策を提示し、あるべき姿をはっきりと示しただけでなく、「何をすべきか」という次につながる会話のネタにもなっている。そして、これらのソーシャルイノベーションは、他のプロジェクトを同じ方向に収束させることに貢献した。そうすることでこれらのソーシャルイノベーションは、持続可能な都市という新たなシナリオを構成するコンテンツとして、同じように考えられるようになったのである。

●アトラクター

この最後の観察から、アトラクターという、2つ目の仲間が見えてくる。「デザイン中心のシナリオ」である。この用語の正式な定義は次のとおりである。**デザイン中心のシナリオとは、会話を活性化することで、様々なアクターやプロジェクトの収束を促す、コミュニケーションに役立つ人工物**である。運用面では、デザイン中心のシナリオは特定の目標に分割された全体的なビジョンと、それらの目標を達成するために使用されるツールで構成される(16)。私たちの場合、近接の都市の提案は本質的に「シナリオ」である。なぜなら、この提案は長年にわたる都市のソーシャルイノベーションの中で構築されてきたビジョンに基づくものであり、この同じイノベーションが生み出した**機能的なプロトタイプ**の存在によってこそ、具体的な形を獲得するものだからである。そしてこの提案は、すでに述べてきた通り、近接の都市において日常生活のいくつかの側面がどのようにあり得るかについて、具体的なアイデアを提供してきた。

一方、このシナリオは、「意味の枠組み」を提供する。この枠組みのなかでは、様々なソーシャルイノベーション（このシナリオの構築に貢献したものと、その後に登場するもの）が、全体としてより大きなスケールのイメージを生み出すモザイクの断片として、その場所を見出すことができる。これこそが、今日、これまで以上に必要とされていることなのである。

4.4

プロジェクトの織り成すコミュニティ

これまでの章では、距離の都市から近接の都市へと移行するためのステップと開発すべきツールを定義してきた。さて、同じ方向にもう一歩進むためには、視点を変えて、実際にやっている事例を内側から、そして近くからじっくりと見ることが必要である。

そのために、この節ではミラノの2つの事例を取り上げ、その推進者である2人の友人に協力してもらう。彼らの協力のおかげで、「近づけるデザイン」とはどういうものかを議論できる。特に、場所のコミュニティをつくることが何を意味するのか（ここでは、近隣地域の場所のコミュニティが参考になる）。また、コミュニティはどのように進化し、初期の品質を失うことなく長期にわたって変化するのか（ここでは事例は協働的ソーシャルハウジングが参考になる）といったことを議論することができる。

これまでの章（特に第1章と第3章）において、現代の場所のコミュニティを特徴づけるものを定義した。この特徴とは、コミュニティに参加している人びとが、自分たちの住む場所に対して共通の関心を持ち、様々な方法で協力してその場所をケアしていることである。ここでは、これらのコミュニティの性格と、コミュニティが活用する近接システムとの関係について、もう少し深く議論をする。このことを具体的に話すために、ミラノのノロ（NoLo）と呼ばれる地域の経験と、その主人公の一人による物語を説明する。

事例 7

ノロの事例、プロジェクトベースのインキュベータとしての近隣地区

著者 ダヴィデ・ファッシ（ミラノ工科大学デザイン学部准教授）

ロレートの北にあるノロ（NoLo：North of Loreto）は、ミラノ市内にある人口約2万5千人の地区の名称である。この地区は、地理的な位置もさることながら、生活の質やその地区が抱え

る空間との問題から、長年にわたり周辺部と考えられてきた。この地区は、歴史的に国内外からの移住の拠点となってきた。20世紀の数十年間、ノロはその社会構造を強く特徴づける文化、伝統、行動、習慣を取り込んだ[17]。そして、この地区は、危険、困難、貧困、困窮な場所であると思われるようになった[18]。今日、外国人人口は全体の34％を超え、市全体の平均が19％であるのに比べて、その割合は高い。このような異質性は、社会的な異物の混入の豊かな可能性があるが、他方ではそれぞれの出身地域などに紐づくコミュニティへのアイデンティティが強いことがうかがえ、ゆっくりながら進む社会統合の障害になっている。

数年前から、この地区は都市と社会変革の中心となっている。市民のための新しいサービス活動、ギャラリー、クリエイティブスタジオの開設だけでなく、住民の自発的な参加による集まりが、様々にオンラインとオフラインで活動している。住民間での協力や出会いから生まれる熱心な活動は、ミラノに根強いアソシエーション文化を基調とする歴史あるフォーマルな形態と合致する。それだけでなく1万人以上の会員を数える拡大ソーシャルストリート「ノロ・ソーシャルディストリクト」[19]のように新しいインフォーマルなオンラインコミュニティなども生まれている。ここでは、隣人間の日常生活の小さな問題に関する知識や助けを促進したりしている。また、多くの場合、関係を強めたり、プロジェクトのアイデアを生むオフラインでの活動につながっている[20]。

ノロと呼ばれる前、ノロはごく一部の地区に紐づくアイデンティティを持っていた。アイデンティティは特有のアソシエーション文化が生んだ形態を特色とした。そして、この一部の地区には、ケア、歴史的資産の保存、場所とその特徴の改善といった事柄にきっちりと関わることを目標とする集団が参加していた(21)。一方、現在のノロのコミュニティを私たちなりに解釈すると、相互に関連した取り組みが星座のように居並んでいる。このコミュニティは、近隣の社会システムをつくり地域を改善することを目的とするプロジェクトに集中する人びとのグループによって特徴づけられる。このコミュニティが活性化したのはごく最近のことである。このコミュニティを形成するプロジェクトを通じてユニークな特徴を見ることができる。

これらのプロジェクトには、ミラノ工科大学デザイン学部のソーシャルイノベーションのためのデザイン研究グループであるDESIＳラボが近隣住民と行った活動も含まれている。2016年以降、DESIＳラボは地域の空間やサービスに関するプロジェクトにおいて、地元コミュニティの積極的な性格を活かし、研究や教育の一連の活動を展開している。DESIＳラボは、地域の創造的なアイデンティティを強化し、職人的伝統や通りに沿って立ち並ぶ商店の価値を向上するために、いくつかの解決策を実験的に試みた。これには、地域のアーティストやクリエイター、新しく来た人、地元の店主、市民、そして彼らが所属する公式または非公式のグループなどの人びとが関与している。また、具体的な場所は、通りや公営屋内市場、広場などが使われた。これらのプロジェクトの特徴は、取り組みそのものから見えてくる。8つのプロジェクトから説明する。

1. 関わるためのデジタルツールを活用する「ノロ・ソーシャルディストリクト（2016年）」

近隣住民との関係づくりや、日常の小さな問題の解決のために、フェイスブックの近隣グループを活用した。年齢に幅がありメンバー数が多いので、近所に住みながらもお互いに知らない人たちが最初に知り合うには、デジタルツールを利用する傾向が強いことがうかがえる。

2. 公共空間を利用する「近所の人との朝食（2016年）」

これは、ノロ・ソーシャルディストリクトで生まれた最初の社交的な活動で、近所の女性2人が歩道の一角にテーブルと椅子を設置し、通行人にコーヒーとクッキーをシェアした。まもなくこの活動は3年以上、定期的に続く活動になり、近所の多くの住民がオンラインからオフラインの関係となり、直接会うことができるようになった。

3. 公共空間を変える「モビプロジェクト（2017年）とオープンストリート（2020年）」

モビプロジェクトは、ノロ・ソーシャルディストリクトで公共空間の一部を改善する案を作成することを目的につくられた。これは2018年のミラノ市の参加型予算において、市行政が用意した資金の活用法を考えるプロジェクトでもあった。3つのアソシエーションから集まった約50人の住民が、ゆっくりと安全に移動できる道をつくるプロジェクトを発表した。このアイデアは資金調達のためのコンペティションでは勝てなかったものの、市は近隣のモビリティの戦略プランとして採用し、2019年4月から2年間で3つの場所を開設し、その有効性を検証する実験に着手した。オープンストリートは、このプロジェクトのひとつでミラノ工科大DESISラボが2020年に実施した応用研究プロジェクトである。このプロジェクトは駐車場や路上駐車スペースといった、路上で車に振り当てる空間の割合を減らし、地区の商店主と連携してストリートファニチャーを設置し、人に振り当てる割合を増やした。

4. 近隣のことを伝え、話す「ラジオノロとジラノロ(2017年)」

これは、ラジオノロとジラノロの2つのプロジェクトを通じて、地域の新たなアイデンティティを伝える方法を見出したプロジェクトである。ラジオノロは、近隣地域のウェブラジオで、約80人のボランティアスタッフがいて、現在16のプログラムを制作して地域について話している。週刊ニュース番組や調査報道、エンターテイメントが進行中の変化を記録にとどめている。ラジオ放送はオンラインだが、それをオフラインにもたらす存在としてジラノロがある。ノロのソーシャルディストリクトで生まれたこのグループは、ボランティアで構成され、建築物や歴史、そこに住んでいた人びとを紹介する無料ツアーを開催している。

5. 福祉ソリューションの実現と主催する「WeMiプロジェクトとQubiネットワーク（2019年）」

ミラノ市では、「WeMi」（ミラノ市福祉プログラム）というプログラムを導入している。また、近隣住民がよく利用するカフェなどに「WeMiスペース」と呼ばれる空間を設置している。WeMiスペースは、専門の事業者によって、困難な状況にある人びとに最も適した福祉ソリューションを提供する、出会いとこれからの方向を教示するための場所である。WeMiプロジェクトはミラノ市によってつくられたが、住民グループが近年になって再生した場所のひとつに拠点を確保した。そこは、かつて職人の工房だったところで、今は文化的なアソシエーションが入居している。

「Qubiネットワーク」は、銀行の財団（カリプロ財団）からの資金提供により、協会やボランティア活動で活躍する15のグループを集め、未成年者の教育、食料支援、健康・福祉のソリューションを実施することを目的としている。教育には、放課後の教育、研修コース、集団活動の教育を含んでいる。また、健康・福祉には介護、医療訪問、食糧相談、健康管理に向けた出会いの機会をつくっている。

６．食料貧困と闘う「スペーザ・ソスペザ（２０２０年）」

２０２０年２月のコロナ禍の緊急事態による最初のロックダウンをきっかけに、近隣住民２人が開発した活動が、経済的に困難な人びとを支援するスペーザ・ソスペザ・プロジェクトにつながった。このプロジェクトにおいては、近隣住民はデジタルプラットフォームに登録すれば食料品の購入代金を寄付することができ、ボランティアグループが購入した物資が、サイトに登録された困窮過程に届けられる。短期間のうちに連帯するシステムが稼働し、それにより3万ユーロが集まり、６００以上の世帯に役立った。このアイデアは、２０２０年11月の第2回目のロックダウンの際に復活し、近隣の商店で商品を購入することで、小さな商店主や地域経済にも貢献した。

７．文化活動を強化する「アルノールド。アートとデザイン（２０１７年）」

ノロには、現在に至るまで、歴史的に数多くのアーティストのアトリエや職人工房、クリエイティブな企業が存在する。数が多いにもかかわらず、それらはノロの住民によく知られている場所や職業ではなかった。この地域の文化的な豊かさを高めるために、２０１７年、ミラノ工科大学DESISラボは、まずこれらの活動を地図に表現して、それから地域の人たちと共同デザインを実施した。具体的には、近隣の24の店舗での作品展示やアーティストによるトークを開催する一連のイベントを実施したのである[22]。

8．既存コミュニティのプロジェクトを価値づける「オフキャンパス・ノロ（2018年）」

屋内マーケットに、ミラノ工科大学DESＩSラボよる3年間の教育が行われた結果として、様々な利用シナリオが生み出された。その後、ミラノ市は、「オフキャンパス・ノロ」研究室の創設のために空いている空間を提供した。これは、ミラノ工科大学がミラノ市内での存在感を強化し、既存の地域活動とプロジェクトの活性化と促進を通じて、社会課題に対してより責任感と注意深さを持ち、地域やコミュニティに開かれた身近な大学という理念を強化するためのさきがけである。ノロでは、近隣地域の再生と再活性化に関連した問題に関する観察場所、教育研究室やワークショップ、近隣住民に開かれたセミナーや授業、ショーや展示、公開イベント、公開された近隣アーカイブに取り組んでいる(23)。

近年、ノロでは複雑な社会的な動きが生まれた。そこでは、新しい場所のコミュニティがつくられると同時に、新たな活動や機能の提供が進んでいる。つまり近接システムの多様化が進んでいるのである。

●場所のコミュニティの特徴① 複雑性

場所のコミュニティの第1の特徴はその複雑性にある。つまり、それぞれのプロジェクトに取り組む様々なグループが織りなされることで、場所のコミュニティが創発するということである。これらのグループは、関心や利害が共通するテーマを絞り込み、近隣にある問題や機会を特定しながら、何かを実現するために活動するのである。このようなプロジェクトベースのコミュニティは、それぞれが自律性を持っている。また、コミュニティがつくるプロジェクトも自律性を持っている。同時に、様々なプロジェクトやコミュニティは、様々な形で互いに結びついている。まさに、これらのプロジェクトとその相互関係の総和が、複雑でありながらも全体として首尾一貫している「場所のコミュニティ」を生み出しているのである。

●場所のコミュニティの特徴② プロジェクトベースのコミュニティ

場所のコミュニティの第2の特徴は、コミュニティが構築されるプロジェクトの種類、ひいては**プロジェクトベースのコミュニティ**の種類と関わるものである。プロジェクトは、明確に定義された結果を得ようとするものがある（例えば、子どもたちが遊べるように広場を変えたり、近隣の地区を探索するツアーを計画する。速度の遅いモビリティのためのレーンをつくる）。他にも、人びとをつなぐことを目的とし、活動やプロジェクトを支援するためのプラットフォームとして機能するものがある（例えば、事例7で示したノロ・ソーシャルディストリクトやラジオノロ）。

このように、プロジェクトの、結果を得ることと、人びとをつなぐことという二重の性質は、プロジェクトがおこる周辺コミュニティにも影響を及ぼす。したがって、それは特定の結果を意図する「**ターゲット型のコミュニティ**」か、様々な可能性を提供することを目指す「**接続型のコミュニティ**」のいずれかとなる。その結果生まれる場所のコミュニティもまた、プロジェクトベースのコミュニティである。しかしこの場合、場所のコミュニティは、全体として近隣地域の改善およびそれを特徴づける近接システムの向上を目指す、多くの異なる小さなプロジェクトが交差することで生まれたプロジェクトである。これを目指して、様々な活動や機能で近接システムを豊かにする複数のプロジェクトに基づいているため、このプロジェクトベースのコミュニティは、多様化した近接を再生する主体でもある。

●場所のコミュニティの特徴③ 多様性

場所のコミュニティの第3の特徴は、参加者の多様性、つまり誰がどのように関与しているかを重視するということである。ここでも、すべてはプロジェクトの多様性に左右される。それぞれのプロジェクトが異なるテーマを扱い、異なるグループの人びとを巻き込むことができるため、よく明確化され多様性に富んだ場所のコミュニティがつくられるのである。それだけでなく、各プロジェクトでのテーマが具体的かつ実践的であるということは、参加者があるプロジェクトには同意していても、他のテーマについては異なる意見を持っていたり、あるいは、このプロジェクトがなかったら互いに結びつきにくい社会的・民族的グループを代表していたりすることを意味する。もちろん、これらの要素があったからといって、参加者の社会的な同質性を回避できると保証できるわけではないが、先に述べた理由から、この同質性を回避できる可能性は高い。

●場所のコミュニティの特徴④ 調整

前述のテーマと関連するもう1つの特徴として、異なるプロジェクトがどのように交差し、つながり、必要に応じて調整するかという点が挙げられる。これらの調整によって生じるお互いのやりとりは、様々な形態をとることになる。初歩的なつながりは、同じ地域に住む人びと自身が複数のプロジェクトに参加することであり、彼らは事実上、プロジェクトとプロジェクトをつなぐ役割を果たす。もう1つ別のつながりは、独立したプロジェクト同士の交差や重複によって、同じ地域で活動するプロジェクト間を調整する。具体的には、つながりによっては対話と調整が必要となる場合がある。例えば、ノロの場合、安全や子どもの遊びに関連するプロジェクトでは、緑地に関連するプロジェクトやビジネス、公共スペースの利用、車両の交通制限に関連する対話や調整が必要である。最後に、前述のような個別のケースを対象にしたつながりだけでなく、構造に組み込まれたつながりもある。こうした特定の目的のために設置された関係機関（近隣のアソシエーションなど）を通じて、何らかの調整がなされることもある。例えば、ノロの場合では、ノロ・ソーシャルディストリクトのような共通のプラットフォームや、地域のラジオ局であるラジオノロに情報と対話のツールのように、構造に組みこまれたつながりがある。

●場所のコミュニティの特徴⑤ 持続すること

最後に、場所のコミュニティが自己再生し、ひいては持続することを保証する、最も重要な側面がある。それは、場所のコミュニティが受け入れる「**参加形態の多様性**」と、状況に応じた「**参加形態の変更可能性**」である。コミュニティが担うべき努力や果たす責任は、プロジェクトの種類によって異なる。すでに述べたように、プロジェクトには、異なる関心事のための異なるテーマや、その性質上、より要求の厳しいプロジェクトと、そうでないものがある。しかし、ひとつの同じプロジェクトにおいてさえ、求められる関与の度合と内容は大きく異なる。より積極的な人びと（プロジェクト連携として活動し、プロジェクトの責任と管理を担当する人びと）のための場がある一方で、特定の共同デザインや共同制作活動にのみ参加する人びとのための場もある。

また、単にいくつかのイベントに参加し、プロジェクトの価値を支持し、その結果、自分もコミュニティの一員であるかのように感じる人びともいる。さらに、複数のプロジェクトがあり、それらが異なる時間帯で行われるため、各個人のコミュニティへの参加は時間とともに変化することもある。場所のコミュニティは開放的で柔軟であり、誰もが、自分が最も関心を寄せるテーマで、自分にとって最も好ましい瞬間に、好みの役割を見つけることができる。

参加のテーマ、つまり時間や注意、熱意のレベルは、参加、ひいては参加に伴う時間、注意力、熱意のレベルというテーマは、参加を通じて個々人やコミュニティ全体におのずと生じる消耗感や倦怠感とも当然関係してくる。したがって、これらの新しいコミュニティについては、これまでよりも**長い時間的視点**から検討する必要がある。具体的には、写真のように同期的な視点から通時的視点へ移行する必要がある。すなわり、長い年月にわたって起きたことを収めた映画を見るような視点である。

私たちが参加にまつわるテーマを扱い始めた際、2つ目の視点、つまり長い時間軸で見るという視点はなかった。それはほぼすべての事例が新しいものだったからである。だが、いまや事例は新しいものばかりではない。こうした事例がまだそこまで一般的なものではないにせよ、時間の経過にあわせた物事の進化を見ることが可能になったし、これはとても重要なことでもある。ここで見られるのは、一貫した熱心な市民グループによって推進された取り組みが、最初の「英雄的段階」から、どのようにして平常の、あるいは疲労の段階へと至るかという進化の過程である。この「平常の段階」とは、このコミュニティを再生成するために日々行わなければならない、あらゆることを管理する段階だ。この段階はまた、時を経ても本来の価値を維持し、その価値の基盤となる近接システムの複雑さと多様性を再生産しようとするものでもある。

4.5

構築と再生

今示した方向に一歩踏み出すために、もう1つの事例を紹介する。2013年、ロンバルディア不動産ファンドとソーシャルハウジング財団（ＦＨＳ）によってミラノのチェンニ通りで実現したプロジェクト「チェンニ・ディ・カンビアメント」である。この事例は、プロジェクトベースのコミュニティがどのようにつくられていくかだけでなく、時間とともにどのように発展していくかを間近で見るのに役立つ。この事例を選んだ理由は2つある。1つは、すでに十分に長い歴史を持つプロジェクトであり、したがって、立ち上げ段階からその後の運営段階までを必然的に通過してきたということである。さらに重要なのは、ＦＨＳが実施する継続的なモニタリングと支援活動によって、近年実際に何が起こったかを知ることができるということである。

事例
8

ヴィア・チェンニの事例、ソーシャルハウジングでの成熟した協働生活

●ソーシャルハウジングの事例

ソーシャル・ハウジング財団が推進する共同ソーシャルハウジングへの介入(25)は、主に賃貸契約を通じて価格制御された住居を提供するものである。また、居住者は空間やサービスを隣人と共有する機会をもち、それにより日々の生活に関わるすべての活動ができる。それらの活動に要するすべてが家の中に用意されておらず、手段がなくても、可能なのだ。例えば、子どもの遊び場を共有したり、文化的なイベントを開催したり、共同購入を推進したり、冬のトマトピューレをつくったり、物を修理したり、多くの人びとのために料理をつくるための場所を提供することなどである。

ソーシャルハウジング財団は2004年に設立された。この財団の目標は、カリプロ財団のソーシャルハウジングプロジェクト(26)を発展させ、社会的イニシアチブを実施し、建築的、経済的、社会的内容を統合したデザインを通じて介入することである。つまり、共同住宅を通じて、ソーシャルハウジング開発のために採用すべきモデルを特定しようとしたのである。この活動の核心は、人びとや入居者グループ、さらには将来の入居者が自分たちの住む近隣をつくり、自分たち自身が

プラットフォームを利用できるようにすることである。

プラットフォームを提供するということは、組織化やコミュニケーションを促進するツール、住居に限らないスペース、構造化されたプロセス、グループ形成やサービス提供のプロセスを加速させるリソースや知識へのアクセスを提供するということである。住民と仕事をするのに採用される方法論は、共同デザインと密接に結びついている。財団は、住民に活動の企画と運営を依頼し、住民が短期間で最小限の労力でプロジェクトを実施できるよう支援する。

そのために財団は活動をデザインし、プロトタイプを作成するための専用のツールを考案した。また、入居者間のコミュニケーションを円滑にしプロジェクトを管理するプラットフォームや、承認された企画案を効果的かつ効率的に実施しその管理を構築するためのチュートリアルも考案した。財団によって実施されるすべての共同住宅のテナントが利用できるアプリケーションが提供され、テナント関係者が共用空間を管理し、プロジェクトをシェアできる。

財団が介入する一般的な目的は、入居者が提案した共用スペースでのサービスや暮らし方を実現することである。具体的には、最初の入居者が来る約6ヶ月前から開始し、入居者がほぼ入居してからの1年後に終了する。最終的な目標は、入居者が自由に共用スペースの利用を計画し、それを管理するルールを定められるようにすることである。その過程で、入居者たちは活動を決め、それを発展させはじめ、管理方法を確立し、組織をつくり、空間を設定し、パーティーや出会い、その他の共有の機会を通じてお互いを知るようになる。

最終的には、入居者は組織化に要する大変な活動をすべて実行し、共有スペースの引き渡しを受けるわけだが、彼らの熱量は最初の段階に比べると低下していることがままある。これは、いわば新しい日常の入口に立っているのだ。はじめに〝動き出す〟ために必要な特別な状況から、日々の管理の状況への移行である。この時点で、プロジェクトは再適応を必要としており、誰もが通常レベルで継続できるようにしないといけない。

ここでは、2つの問題がある。1つ目の問題は、プロジェクトを実施するために必要な人的資源の維持である。参加を促した初期の必要性が時間の経過とともに変化するため、やめる人が多くなる場合がある。2つ目の問題は組織の最適化である。プロジェクトの内容をつくっていくタイミングと比べ、組織はできるだけ小さくおさえることが求められる。

●ヴィア・チェンニの事例

暮らしの投資ファンド（FIA:Fondo Investimenti per l'Abitare）の資金によって実施された協働生活を普及させる動きのひとつに、チェンニ・ディ・カンビアメント（ヴィア・チェンニ）(27)がある。レド資産運用会社が管理するロンバルディア不動産ファンドが実施して、かつ所有している。これは2013年に実施された住宅の助成で、122戸の住居からなり、社会的に受け入れられやすい価格で賃貸され、将来の売却条項付きで賃貸されている。住宅に加え、複合施設には皆が利用できるサービスと場所、この場所に根付いた店舗やこの場所を対象にした都市サービスが含まれている。

2016年春以降、ヴィア・チェンニは、マーレ・クルトゥラーレ・ウルバーナ（都市の文化的海の意）と名づけられたプロジェクト(28)をはじめ、アート、教育、仕事、自由時間のための空間を通じて、イノベーション、都市再生、社会参加をテーマの中心に置いている。

また、2014年9月28日には住民アソシエーション「オフィチーナー・ガベッティ15」も設立された。この組織は、活動、イベント、イニシアチブ、さらには皆が集まることや、アイデア・手段・経験をシェアすることを促進するのを目的としている。2015年10月、同協会は無償使用契約に基づき、チェンニプロジェクトの共用スペースの使用を開始した。

それから4年後、入居者たちは、この参加のありかたについて自問自答するようになった。往々にして時間やもろもろに余裕のある人たちに責務が偏りがちで、プロジェクトが危機にさらされてきた。どうやったら、これらの組織的な問題を乗り越えられるのだろうか、と考えた。入居者たちは、ハイブリッドでウィンウィンの解決策を見出した。それは、プロジェクトを中心に活動するいくつかの非営利団体に、バックオフィス的業務へ参加させることである。その代わりに、これらの団体は、通常スペースが空いている時間帯（例えば午前中）に、自分たちの活動のために無料で場所を使用することができる。

この例は、初期の準備段階から長期的な機能への移行、つまり英雄的段階から比較的普通の段階への移行における共同住宅の実践の進化の道筋を示している。

ヴィア・チェンニの経験から浮かび上がった根本的な示唆は、住民のコミュニティを近隣住民に開放することが必要だということであり、それは、このプロジェクトが長期にわたって生き残るための必須条件だということである。開放することでコミュニティの参加者に入れ替わりが生じ、長期にわたって熱意を持って貢献しようとする人びとが常に存在することになるのである。この側面は、ボランティアが主体となるコラボレーションプロジェクトでは基本的なものだが、居住に関わるプロジェクトでは、それほど明らかではない。実際、共同住宅のコミュニティは、その居住空間と自らを強く結びつけている。この区域を限る線引きは、共同住宅プロジェクトの基本的な要素のひとつであると同時に、プロジェクトの成長にとって最大の障害となりうる。

●ヴィア・チェンニの事例のまとめ

まとめると、新しい活力と資源を自然かつ循環的に注入することによって、グループの存続を保証することはどのように可能なのか？　どのようにすれば、共同住宅プロジェクトが建物の規模だけに限定されないようにできるのか？　上記で示唆したように、私たちはできるだけ多くの人に門戸を開くことで、これらの問いに答えることができる。

共同住宅は介入を通じ、営利・非営利を問わずすべての組織にとって、近隣地域のハブにも、共有スペースにも、ツールにもなりえるものだ。そうすることで共同住宅は、バックオフィス業務や組織運営を担う人びとへの報酬として経済的資源を得ることができる。または、空間とサービスの物々交換することもできる。

これは、空間や共同活動が、ひとつの建物だけでなく、少なくとも近隣地域とも運命をともにしているのだ、と想像することを意味する。

そうすると、自主管理機能をもつ近隣においては、共同住宅のような家の拡張との姿を思い描けるが、地理的な範囲をベースにしたグループの人びとも視野に入る。しかも、物理的な近さだけでなく、随意の、すなわち選択のなかから選んだ人びとも含まれるのである。これはすでに自然発生的に起こっていることだ。共通の活動に基づいて近隣を構築したいという願望を中心に結束を生み出すソーシャルストリートやソーシャル地区のことを考えてみればよいのである。こうした活動は、すでに営利や収益を低く抑えた活動で使われている場所や手段を利用することができる。例えば、構造化された自発的なコワーキング、多くの人が一緒に使える機能によって活性化された店舗、共同利用の可能な店舗などである。

当然ながら、ここで紹介する起業家的活動は、どの組織にもあてはまるわけではない。その多くは、新たな要求への堅実な対応としてシェアリングを鍵と見ており、例として挙げるプロジェクトは、就業に関すること、住居にまつわること、サービスに関わることである。これらの活動が行われる場所は、通常、場所やサービスを（この場合は有償で）共有するという側面が強く、複合的な利用が特徴となっている。

これが実現すると、ウィンウィンの状況が生まれる。営利団体にとっては、地域グループと一緒になることは都市部での存在感をもつことになり、生活圏に深く根差す潜在力がある。そして、協働をキーとする活動家たちにとっては、ランニングコストなしでプロジェクトに利用できるスペースをもつ機会を得ることができる。そして、どちらのタイプも、人びとが住む地域を選んだり、該当の地域が発展するにあたり多大な影響を及ぼす。

これらの仕組みは、都市において感度が高い重要な拠点となることができる。なぜなら、それらは意識的で受容力にとみ、対話に積極的なコミュニティのなかで生きているからだ。これらは都市の生成と社会的な織り目をつくっていくプロセスを起動させるエンジンになることができる。

これは、部分的にはすでに存在する現象の観察に基づき、部分的にはそこから示唆を得るために進行中のプロジェクトに基づく考察の始まりである。確かに、共同プロジェクトは、他のすべてのプロジェクトと同様に、その都度変化し、新たな解決策を見出すことを可能にする、強い順応性と建設的な精神によって、今日特徴づけられなければならない。

現在、ヴィア・チェンニ・プロジェクトは場所であり、コミュニティである。その場所はソーシャルハウジングの複合施設である。コミュニティは居住者だけでなく、後述するように、徐々に活性化し発展してきたプロジェクトに関連する興味やスキル、能力をもつ外部の人びとでも構成されている。

この物語が始まってから8年後のヴィア・チェンニの全体像を見ると、住居（122戸）に加えて、入居者同士の共有スペース（リビングルーム、キッチン、遊び場、庭、4つの共有テラス）や、7つの事業活動が行われる場所、団体や文化的・社会的企業のオフィスがある。さらに、パンデミック直前の年の２０１９年には、入居者の活動と近隣住民に公開された活動の両方を加えると、１５４の活動がヴィア・チェンニで開催された。

この場所の様子を見ただけではわからないのは、これらすべてを生かし続けているダイナミックな関係のネットワーク、つまりヴィア・チェンニのコミュニティである。これを知るためには、それに近づく必要がある。実際には、コミュニティ自体の内部とその原動力を知る必要がある。

●コミュニティの役割

ヴィア・チェンニのようなコミュニティは、偶然に生まれるのではなく、あるアイデアが、それを生み出すためのツールとともに提案されたから生まれたのだ。協働生活の様式というアイデアが、刺激とアトラクターとして機能することで、参加する動機が生まれ、共有するビジョンに向かって収束することができた。同時に、人びとが出会うこと、経験をシェアすること、協働を学ぶことを実際に可能にする方法とそれを支援するプラットフォームが提供された。そして、それによってコミュニティとなったのである。

このコミュニティは、空間、サービス、行動様式を共同デザインすることによって形成された。共同デザインすることで、どのような協働生活を創造するのか、その意味を共有することができた。

入居者だけでなく、ＦＨＳの専門家チームもこのプロセスに参加した。これらの専門家はコミュニティそのものの活動的メンバーとしてみなされ、この点は非常に大切で、追って触れることにする。今のところは、私たちが言うコミュニティとは、様々な役割やスキルをもちながら、プロジェクトの定義と実現に協力的に参加するすべての人びとを含むということを思い出せば十分である。この場合、形成されたのは専門家のコミュニティである。ヴィア・チェンニの入居者と、彼らとともに到達すべき結果を生み出すために参画した人たちだ。共同デザインと共同製作は、プロセスの様々な段階で異なるスキルを必要とする。それゆえ出現するコミュニティは、ニーズや機会に応じて、時間とともに変化するということを強調しておく必要がある。

このコミュニティの可変性、形を変えるという特徴は対処しなければならない問題だと思われるかもしれないが、実はそうではない。むしろ今日、社会全体の流動的な性格を考えれば、まさにこの開放性と柔軟性こそが、コミュニティを現代的なものにしているのである。

●ハイパーローカル

ヴィア・チェンニ・コミュニティが形成された協働生活の共有ビジョンは、既存のモデルをつくり直したものではなく、独自の共同デザイン活動の結果である。最初のアイデアから、何をどのようにすべきかという異なる視点やアイデアの相互作用によって、その場所や関係者に特化した、共有可能で実践可能なビジョンが導き出された。

初期の刺激（この場合、ＦＨＳチームによって提供されたもの）と形成中のグループ内での会話との相互作用が、プロジェクトに対する「共同のオーナーシップ」の感覚を生み出した。そして、全員がグループの一員であることと、協働生活に関するアイデアを共有していることを認識したのである。このようにして生み出されたビジョンによって、グループが行えるすべてに一貫性をもたせることが可能になった。

全体的に、これらすべては**ハイパーローカル**された近接システムの構築と見ることができる。その「ハイパー」の接頭辞には2つの意味がある。1つは、基盤となるアイデアや実践が特定の明確な場所と行為者のグループに特有であるという意味で、ハイパーローカルということである。もう1つは、ハイパーオープンである。人びとは、現在取り組んでいることに環境的・社会的価値があると気づいている。つまり、自分の自分自身の行動が他の人びとの類似の行動と共鳴し、それらが一体となって、都市や社会に対する共通のアイデアを生み出していると認識しているのだ。こうした普遍的な質を持つアイデアや感受性に関わって生まれ、発展したものであるがゆえ、このローカリゼーションは非常にオープンなものなのである。

●コモンズとコミュニティ

さらに、共有されるサービスや空間を定義し、その利用ルールや管理業務の分担について合意することで、コミュニティはこれらの空間やサービスをコモンズへと変える。このとき、共有される資源だけでなく、コミュニティが定める利用ルールもコモンズに含まれる。この利用ルールとは、コモンズの主な受益者であるコミュニティが、その持続性と共有における公正性を保証するためのものである。

したがって、このような場合、コモンズのセットも含む近接システムが構築されたと言うことができる。そして、これらのコモンズは、他のコモンズと同様に、貴重であると同時に繊細であり、長期にわたって配慮を払う必要がある。つまり、ヴィア・チェンニの事例は、コミュニティ、コラボレーション、ケア、コモンズの好循環を活性化させるための条件を、この場合はハイパーローカルな形でつくり出すことが可能であることを教えてくれる。

4.6

英雄的段階から変容する通常性へ

私たちがヴィア・チェンニを通して説明したことは、何年も前に起こったことで、もはやアーカイブした写真のようである。ここでは、その後に起こったことを映画のように見る必要がある。

●コミュニティの二重の奇跡

ヴィア・チェンニのコミュニティは、他の類似したコミュニティと同様、長期にわたって存続するために、自らの存在条件を継続的につくり直さなければならなかった。この再生に再生を重ねる活動には、創造性、デザイン思考、事業性、ひいては時間、注意力、ケアが必要であり続けてきた。そして、極端な個人化が普通となった社会、使い捨てが当たり前で孤独な人同士がつながりあう都市という中で、これは時代の流れに逆行することを意味する。当然、容易なことではない。しかし、この場合、彼らは成功した。ヴィア・チェンニのコミュニティは二重の奇跡と見ることができる。**1つ目の奇跡は、ここまで述べてきたことであるが、互いに面識のなかった人びとや家族が、そうなりたいと決意し、その通り、入居者のコミュニティとなることができたことである。単なるマンションとはわけが違う。2つ目の奇跡は、このコミュニティが時を超えて存続し、現在も続いていることである。**

この二重の奇跡は、ＦＨＳの支援チームと入居者の間に生まれた生成的な相互作用を観察することで説明できる。この両者の相互作用は、人びとが入居する前、これから入居者になろうと考えている段階からすでに始まっている。ここではその一部始終を振り返ることはしないが、これについては様々なＦＨＳの出版物に詳細に記載されている(29)。

それよりも、近接性についての私たちの考察のために、私たちが引き出せる教訓のいくつかを切り出すことにする。ヴィア・チェンニを題材にした映画のようなものが私たちに教えてくれるのは、コミュニティ、共有されたビジョン、物事の進め方の、現代的な構築方法である。さらにはそれらが、連続的な再生活動としての管理業務へと途切れることなく進化する過程についてもまた、ヴィア・チェンニは教えてくれる。

したがって、最初の段階がどのように発展していったのか、そして、最初の活力と熱意が枯渇し、継続的に管理する必要性が生じたときに何が行われたのかを確認する必要がある。

事例８の説明に戻り、一般化すると、立ち上げ段階から連続的な管理段階への移行には、徐々に発生する問題に対処することを目的としたプロジェクトが必要であった。つまり、既存のコミュニティを活性化し、あらたな人に開放するためのプロジェクトである。要するに、コミュニティを構造化し、改革し、開放するためのプロジェクトである。

より具体的に言うと、入居者の負担を軽減するために、手続きが簡素化され、デジタル管理システムが導入され、ソーシャルマネージャーという職種がつくられた。ソーシャルマネージャーは、不動産の管理やオーナーとの関係を円滑にするだけでなく、住民が空間やサービスを共有し、住民が提供する共通の活動を組織することもサポートする。

通常化をはかる各プロセスと一貫したこれらの取り組みに加えて、それらと絡みあう、重要な取り組みがあった。それは、コミュニティの再創造を続ける必要性から生じた他の取り組みである。これらは前述の取り組みと結びついていたが、新しいプロジェクトを想像し創造することが求められていたのである。

これらのプロジェクトは、様々な種類があり、様々な目標を持っていた。例えば、新しいサービスの提供や文化・スポーツの活動の展開などである。しかし、どれも共同で考案・実施されたものであり、人間関係を再生させることになり、実用的には新しいエネルギーを生み出した。そして、新しい積極的な住民が元のグループに参加し、または自然な入れ替わりを可能にしたのである。

●開放と多様化の取り組み

これらの再生の取り組みに加えて、もう一つ根幹に触れる取り組みがある。それは「**開放と多**

様化の取り組み」である。つまり、コミュニティを共通の関心を持つ活動に関わる団体や、コミュニティに関わる可能性のある他の団体に開放することである。ヴィア・チェンニの場合、これは2つのステップで行われた。1つ目のステップは、人が少ない時間帯に非営利団体に共有スペースの使用を許可し、管理への参加を求めたことである。そうすることで、入居者の負担を軽減した。この最初のステップは、別のステップを踏み出す可能性を示した。2つ目のステップは、非営利団体だけでなく、近接経済という観点からビジネスしている企業など、近隣の他の団体にもコミュニティに参加させることである。

この方向で進むことで、様々な団体が、新たなコミュニティと新たな近接システムを想像することができた。つまり、多様な能力、スキル、経験を持ち寄る多様な団体で構成されるコミュニティであり、活動的な市民のボランティア活動が、社会的事業者の有償の活動や、参加する非営利団体や商業的な企業との間で行われる様々なタイプの交流と結びつく複雑な経済に基づいた近接システムである。

●ヴィア・チェンニの行動指針

ヴィア・チェンニで採用されたこの行動指針が、その後の他のソーシャルハウジングへの介入で成熟していくことになることは、私たちにとって、実践的なレベルと社会政治的なレベルの2

つで特に価値がある。

実践的なレベルでは、コミュニティに新たな社会的資源、場合によっては経済的資源をもたらすからである。例えば、近接したショップやコワーキングなどである。社会政治的なレベルでは、コミュニティの近隣への開放を具体的かつ実行可能なものにするからである。

さらにこの行動指針のおかげで、ヴィア・チェンニのコミュニティはより広いスケールでの都市再生のためのエージェントに、ヴィア・チェンニのスペースはそのためのハブになる。つまり、このコミュニティやスペースは、機能的なレベルではより多様化した近接システムを、関係のレベルではより豊かな近接システムを育む促進者になるのである。

●変容する通常性

いましがた述べた取り組みこそ、初期段階から管理段階への移行過程について、ヴィア・チェンニの事例から学ぶべきものである。この段階を経験した人びとにとって、この協働的な行動様式は日常生活の一部となる。これが起こるのはなぜかといえば、機能的近接と関係的近接という観点で協働的な行動様式が日常生活に寄与するからであり、また、その行動様式が、注意、参加、ケアという点で、日常的な実践を必要とするからでもある。現実には、この方法が提案するものは、支配的な傾向に逆行する生き方であり続けているにもかかわらず、このことは真実である。

ヴィア・チェンニと他の類似のプロジェクトの進め方は、**「変容する通常性」**の実験として解釈することができる。変容する通常性とは、ある場所の人びとにとっては普通となった方法や考え方(つまり、それを採用する人びとにとっては普通である)でも、別の状況の別の人びとにとってはまったく普通ではないやり方や考え方を示すために使う表現である(30)。

別の言い方をすると、変容する通常性は、ソーシャルイノベーションの成熟によって生じたものであり、時間の経過とともに自己再生し、その社会的および環境的価値を失わずに、近接性のシステムを変容させたものなのである。この本の事例でいえば、FHSがヴィア・チェンニでつくり出したものと、それに続く介入は、通常性の状態として見ることができる。なぜなら、それが必要とするもの(場所やサービスの共有、運営への協力、そしてコミュニティの一員としての気持ち)は、住民の日常的な通常性の一部である。ここでの住民には、様々な理由で時間やエネルギーをあまり投資できない住民も含まれている。同時に、それは変容する通常性でもある。なぜなら、それが支配的な考え方や実践と相反しながらも、より広範なシステム変革を助けているからである。

同様のことは他の多くの成功したソーシャルイノベーションにも言える。シェアガーデンやコミュニティガーデンは、より持続可能な都市の創造に貢献する。これらの事例は、地域機関との協定（「市民と行政の協力に関する条例」など(31)）の枠組みで生まれ、ソーシャルヒーローを育てる必要がなかったとしても、ガーデニングや都市農業の愛好家をより多く巻き込むことができる。同様にファーマーズマーケットについても、たとえそれが農家が運営しやすく、市民がアクセスしやすいところまで進化していたとしても、それは依然として都市と田舎の関係の再編に貢献しているのである。

これらの通常性の形態は、ソーシャルイノベーションが成熟し、新しい社会的インフラを生み出したことの具体的で日常的な状態である。この新しい社会的インフラによって、ややもするとモチベーション、時間、エネルギーに余裕のある人びとの輪の中に閉じこもってしまうような実践が身近で持続可能なものになるのである。

ただし、このような形の通常性は、依然として敵対的な環境に浸かっている近接システムの、ローカルで部分的な変化である。そのため、この通常性は脆弱であり、他のすべてのものと戦う閉鎖的な小集団になっていくリスクを常にはらんでいる。また、より頻繁に、変容的ではなくなった通常化へと向かっていく危険性がある。すなわち、最初は持続可能な生活の先駆者として持っていた価値観や行動が徐々に見失われてしまう状態である。そのため、ある取り組みが変容する通常性の状況を生み出すことができた場合、その提案は、住民や関連する近隣地域にとって、それ以上の価値をもつことになる。それは新しい都市の生き方やあり方の機能的なプロトタイプとなり、近接の都市のシナリオの要素となるのである。

4.7 近接のデザインと近接のためのデザイン

まとめると、ノロの事例は、私たちに場所のコミュニティの本質を語りかけてくれる。場所のコミュニティは、その周囲に形成される様々なプロジェクトやコミュニティから生まれるものである。それによって場所のコミュニティが位置する近接システムが構築され、サービスや活動が豊かになり、その近接システムは多様で関係性豊かなシステムに変わる。その近接システムは、生き生きとしたダイナミックな場所のコミュニティがケアするシステムとなるのである。

ヴィア・チェンニのコミュニティは、すべてのプロジェクト、ひいてはすべてのプロジェクトベースのコミュニティは、より小さなサイズの取り組みの結果であり、参加者一人ひとりのライフプロジェクトのレベルにまで踏み込んだ。したがって、プロジェクト全体を長続きさせるためには、すでに参加している人たち（この場合は入居者）が関心を新たにできるような再生の形を開発する必要がある。そして仮にすでに参加している人たちが望むなら、あるいはそう望んだ時、他の人びとが参加する機会を提供するために、自らの責任を減らすことができるようにすることが重要である。

●近接の中での行動と近接のための行動

これに加えて、この2つの事例は、どちらにも当てはまり、一般化できそうな結論をいくつか提示することができる。1つ目は、他の例のフレームワークとして機能するもので、**「近接の中での行動」と「近接のための行動」との間の二重のつながり**に関するものである。「近接の中での行動」とは、私たちが考えている近接システムの中で起こる行動のことである。「近接のための行動」とは、より大きなスケールを考えた行動である。

「近接の中での行動」とは、近接システムの一部であり、機能的な意味でも関係的な意味でも、互いに近くにいる行為者の行動である。「近接の中での行動」の事例では、ノロの場合は、構想され開発されたすべてのプロジェクトは、このケースにあてはまる。そして、ヴィア・チェンニの場合は、コミュニティが形成され再生してきた姿も、まったく同様である。

一方、**「近接のための行動」**とは、これまで検討を重ねてきた近接システムを含む、さらに広範なシステムに介入することである。言い換えれば、これらの行動は近接システムの環境に対して効果を生む行動である。「近接のための行動」の事例として、ノロの場合では、技術的・社会的インフラに関するすべてのプロジェクトが対象になり、道路網と速度の遅いモビリティのためのレーンの再編成が、これにあたる。この例はミラノ市全体に影響を与え、またWeMiスペースの創設にもつながるケアサービスも、ノロが最初の発信地だ。ヴィア・チェンニの場合は、財団の創設が、協働をベースとした生活を組み立て、そこに適用する規則と手続きを設定することで、他の様々な介入に影響を与えてきた。

どちらの事例も、**長期的に見れば、「近接における行動」と「近接のための行動」には二重の関係があることを示している。**すなわち、もう一方がなければ一方はありえないという意味である。しかし、両者の間には完全な対称性があるわけではないことも教えてくれる。実際、たとえ現代的な介入の枠組み（すなわち、外の世界からの近接のための行動）がなくても、近接における取り組みは起こせるし、成功もできる。その逆は無理だ。「近接における介入」がなければ、「近接のための介入」はありえないのである。あるいは、次のように表現するのが正解かもしれない。近接のための介入は存在し得るが、それだけでは失敗する運命にある、と[32]。

● 自己インフラ化

ソーシャルイノベーションの歴史全体がこれを明確に示している。新しいアイデアは近接の内で生まれ、それらがソーシャルイノベーションであれば、内部から作用してそれらが参照するシステムを再編成する。これが、インフラについて言えば、**自己インフラ化**と定義されるものである。こうすることで、ソーシャルイノベーションはゲームのルールを変えることになる。そして、そのため、ルールの変更を申し立てる人びとは、以前から続く慣例を基とした世界の境界線ぎりぎりのところか、または外側に立っていることになる。そして、しばしば、慣例だけでなく、現行の法律の外にも、立つ場合もある。

例えば、放置された都市の空間をコミュニティガーデンに変え始めた人たちは、許可を求めることなく活動した。自転車の集会である「クリティカルマス」に参加した人びとは、その数の力を頼りに道路を占拠し、交通を減速させることで、自動車ではなく人間のための都市をつくる可能性を先取りし、抗議活動として行動した。ノロでは、最初に歩道にテーブルを置いて近所の人たちと朝食を楽しんだ人たちは、規制を待たずにこのような取り組みを実施した。規則ができたのは後で、この類の取り組みに道路を利用することが規則上問題ではなくなった。

他方、ボトムアップで生まれたすべての取り組みは、当然のことながら、自己組織化されており、それらを長続きさせるには、ある通常性の形にたどり着かせないといけない。このことが殊に示唆するのは、こうしたボトムアップからスタートした取り組みには、大きなスケールで活動している先見の明がある社会的アクターとの出会いが必須で、その組織がそれらの取り組みのための好ましい環境をつくるのを援助してくれるということだ。

この**社会的アクター**は通常は公的機関であるが、第三セクターの組織や企業の場合もあり、社会的経済や近接の考え方に合ったアプローチを採用してきている機関である。この社会的アクターが、ソーシャルイノベーションを進めるグループが果たしてきたことの社会的・環境的・経済的な価値を認めるのである。そして、この社会的アクターは困難な状況にも関わらずソーシャルイノベーションを前進させ、その際、持っている能力・リソース・権限を活用して、似たような取り組みが容易に生まれ、それが繰り返され、長く持続できるようにする。

私たちは、ソーシャルイノベーションが、あるコミュニティの近接における活動から始まり、近接のための介入へと進み、そしてそれを形成するコミュニティに影響を与える最初で最も明白な軌道を持っていることがわかる。

しかし、逆のプロセスは成功しないのである。つまり、公的機関、第三セクターの組織、または近接の経済でビジネスをする企業が近接のために介入することは、その取り組みを自らのプロジェクトとして認識して参加する場所のコミュニティが同時に存在しないならば、無理な話なのである。

しかし、この困難を克服する方法は存在する。その方法とは、近接のためにともに行動し、支援されるべき取り組みに適した状況をつくり出し、近接において、その場にあわせたコミュニティをつくり協働する方法である。例えば、ＦＨＳによって定義され、実施された行動様式は、この可能性のありかをはっきりと示す例である。ＦＨＳは、共同生活に基づくソーシャルハウジングの建築計画を立ち上げるため、建物が施工される現場を準備するのとともに、入居者のコミュニティが生まれ、それが生活そのものとして定着するためにサポートした。

同様に、近接の都市が実現可能なプログラムとなるためには、それを都市全体のスケールで推進する者（つまり行政）が近隣地域ごとに近接の中で活動し、地域レベルで主役となるコミュニティの成長に有利な条件を創造することが必要である。

まさしくこの理由から、**都市規模のプログラムと近接プログラムは並行して進められる必要があり、その実施は近隣地域ごとに行われなければならないし、またその後の実験も、それぞれ固有の特徴を持つものでなければならないのだ。**例えば、事例２で見たバルセロナのスーパーブロックがある。

4.8

コミュニティ、近接、プロジェクト

もうひとつの結論は、形成されるコミュニティの特徴についてである。ノロの事例では、プロジェクトの網の目の結果として、場所のコミュニティが示された。ヴィア・チェンニの事例では、コミュニティが継続的に再適応できるようにする一連のプロジェクトのおかげで、コミュニティが長期的に存在しているということがわかった。どちらの事例でも、〝準フラクタルな特性〟を持ち、〝変化可能な形状〟によって特徴づけられる、**オープンで受け入れ能力のある**コミュニティが創発している。

これらのコミュニティにオープンで受け入れ能力があるのは、プロジェクトに有益な貢献をもたらすすべての人びとを歓迎しなければならないからである。専門家からデザイナー(ここでは「デザイン専門家」のことである)まで、公的機関の代表から近接の社会経済の創造に貢献する意欲のある非営利団体や民間企業の代表者まで、多様なバックグラウンドを持つ参加者がプロジェクトに関わるのである。

●変化可能な形状

これらのコミュニティが**変化可能な形状**によって特徴づけられるのは次の理由による。まず1つ目は、プロジェクトの時期や段階に応じて、コミュニティが異なる類の貢献を必要とするためである。もう1つは、参加者はその時々ごとに提供できるエネルギーや資源、活動への関心が増えたり減ったりするため、それに伴う参加者の入れ替わりに、コミュニティが柔軟に対応する必要があるためだ。

●準フラクタルの特性

これらは、他のプロジェクト(ひいては他のコミュニティ)を内側に含むプロジェクトを構築するため、**準フラクタル**(33)のコミュニティである。そして、他の類似するコミュニティと結びつくことで、より大規模なコミュニティやプロジェクトを生み出す。

これらのコミュニティの特性が「準フラクタル」である理由は、フラクタル的にあらゆる規模でプロジェクトベースのコミュニティに基づいたアプローチが求められる一方、それぞれの規模ごとにプロジェクト(ひいてはプロジェクトにつながるコミュニティ)の特性は大きく異なるからである。言い換えれば、すべての規模において、プロジェクトベースのアプローチが必要とされるが、それぞれの規模において、このプロジェクトベースのアプローチは異なる意味をもち、異なる手法やツールを採用することによって達成されるためである。

したがって、これらのコミュニティの基盤となるプロジェクトは、これまでのものとは非常に異なるものである。それらは単一の合理性に基づくものではなく、すべてを知り、すべての決定をくだす唯一の司令塔に依存してはいない。だが、かといって完全に自立しているわけでもない。

いくつかの共有されたアイデアがアトラクターとして機能し、サポートを提供する社会的インフラが存在し、それを特徴づけるアフォーダンスによって、収束が促進される。

●複雑性の中でデザインする

最後に、３つ目の結論として、複雑性の中でデザインすることの本質を考察する。

これまで取り上げてきた事例やソーシャルイノベーション分野におけるあらゆる経験は、複雑性の文化がかつて語っていたことの多くを私たちに伝えてくれている(34)。つまり、複雑性を認識し、複雑性を軽減することなく、しかも複雑性に凌駕されることなく、複雑性の中で活動するためには、内省的かつ対話的な方法でプロジェクトベースの能力を育成することが必要なのである。

私たちが取り組んできたことは、決定的なものではないにせよ、意義深いものになりえるということを私たちは知っておくべきだ。私たちが行うことは、絡み合った網と社会的なアクターを巻き込んで常に共に生成していくことだ、とも知るべきだ。私たちはアイデアをもち、それを提案する必要がある。しかし、他人の話に耳を傾け、時には自分の考えを変えることも必要である。すなわち、私たちは他人と一緒に協力する能力をもてばもつほど、私たちの行動は効果を発揮するのだ、と肝に銘じるべきだ。

コラム

4.1 複雑性の中でのデザイン

近代においては、あるプロジェクト（都市、地域、サービス、製品）が与えられれば、個人、デザイナー、プロジェクトチームはそれを好きなように変えることができると考えられていた。これは、デザイナーが必要なすべての情報と権限を持ち、正確に何を得るか、どのように得るかを定義することができると考えられていたからである。しかし、現代の社会をよく見ていると、それが実態を表せなくなりつつあるのは明らかだ（実際のところ、かつてもそれは実態ではなかったのだが）。都市、地域、ソーシャルサービス、または企業は避けがたいほど複雑なシステムである。それぞれが迷路のような相互作用の結果であり、これらを完全に把握し制御することはできない。したがって、近代主義的な意味で言うと、これらは設計可能なシステムではないのである。

一方、現実を注意深く観察すれば、「近代主義的な意味でのこの設計不可能な性質」は、社会のあらゆるレベルや規模で見られるプロジェクトベースの活動の広さに対応していることがわかる。つまり、専門家も非専門家も参加するプロジェクトベースのアプローチが広まり、そこから新しい社会技術システムや新しい社会形態が生まれるのである。

これらのシステムや社会形態が、様々な主体（人間主体や、非人間主体）の共同行動（対立す

る場合も協力する場合もある）の結果であることを認識することは、私たちは、自分たちが行うことの最終的な結果を知ることも、コントロールすることもできないことを認識することを意味する。なぜなら、私たちが行っていることは、より広範囲に及ぶ生成プロセス、つまり複数の相互作用する要素が参加する実質的な共同デザインへの、ほんのわずかな貢献にすぎないからだ(35)。

これを認識することにより、私たちのプロジェクトの限界、私たちが中心にいるわけではないこと、そして私たちは全知全能ではないこと、これらすべてを受け入れるのである。これは複雑性の中で運用することができる非人間中心のプロジェクトベースのアプローチへの第一歩である。

複雑性を扱う上で、もうひとつ必要な更新は、何をデザインするかということである。今日、私たちは、**関心の中心が物質的な人工物から相互作用に移っている**ことに気づいている。相互作用の性質が、私たちが立ち向かいたいと考えるシステムの質とアーキテクチャを定義するのである。

このような興味の中心の変化は、参加や調整に絡むあらゆる領域で見られる。しかし、このことは、私たちが望んでいるのが社会的側面を特に重要視する社会技術システムの変化である場合、あるいは本書で論じられる事例のように、相互作用の網として、出会い、会話、コミュニティとして私たちに現れるものである場合は、非常に明確である。

もしプロジェクトを航海に例えるなら、モーターボートではなくセーリングボートでの航海を考えるべきである。モーターボートには自分で操作できるエンジンがあり、私たちが決めた目的地へ真っすぐに向かうルートをたどると思い込んでいるが、これは私たちの幻想なのである。モーターが壊れたり、ガスが切れたり、大きすぎる波で沈むまでの幻想なのである。一方、セーリングボートは明らかに共同生成の結果である。セーリングは私たち、ボート、風、そして海流に導かれる。私たちはボートをよく知り、風や潮の流れに耳を傾け、必要に応じてルートを変更し、それらに適応する必要がある。

セーリングは複雑さを継続的に認識する訓練である。これは複雑性に打ち負かされることを意味しない。セーリングとは、漂流することを意味するのではなく、目的地を定め、予想される潮流や風を考慮してルートを想像し、それに基づいて現地の状況に適応することを意味する。

どんな規模のどんなプロジェクトでも、今日このような特徴を持っている。しかしながら近接における近接のためのプロジェクト、およびコミュニティにおけるコミュニティのためのプロジェクトに関して言えば、帆船のメタファーは、他のものに対してよりも、はるかに重要な意味をもっていると思われる。

注　記

1 Manzini, Design, *When Everybody Designs,* cit.

2 Eric Klinenberg, *Palaces for the People: How Social Infrastructure Can Help Fight Inequality, Polarization, and the Decline of Civic Life,* New York, Crown, 2018 (邦訳：エリック・クリネンバーグ『集まる場所が必要だ：孤立を防ぎ、暮らしを守る「開かれた場」の社会学』藤原朝子訳、英治出版、2021).

3 「インフラストラクチャリング (*infrastructuring*)」という言葉は、何年も前にリー・スターによって導入され、その後ペレ・エーンとマルメ大学のエーンのグループによって復活させられた。Susan L. Star, Karen Ruhleder, "Steps toward an Ecology of Infrastructure: Design and Access for Large Information Spaces," *Information System Research,* 7, 1996, pp. 111-134; Susan L. Star, Geoffrey C. Bowker, "How to Infrastructure," in L.A. Lievrouw, S.L. Livingstone (eds.), *The Handbook of New Media,* London, Sage, 2006, pp. 151-162; Ehn Pelle, "Participation in Design Things," Participatory Design Conference Proceedings, September 30 – October 4, 2008, Bloomington, Indiana.

4 Greenfield, "Practices of the Minimum Viable Utopia," cit.

5 Manzini, Thorpe, "Weaving People and Places," cit.

6 James Jerome Gibson, *The Ecological Approach to Visual Perception,* Boston, Houghton Mifflin, 1979 (邦訳：J.J. ギブソン『生態学的視覚論：ヒトの知覚世界を探る』古崎敬、古崎愛子、辻敬一郎、村瀬旻訳、サイエンス社、1986).

7 Donald A. Norman, *The Psychology of Everyday Things,* New York, Basic Books, 1988 (邦訳：D.A. ノーマン『誰のためのデザイン？：認知科学者のデザイン原論 (増補・改訂版)』岡本明、安村通晃、伊賀聡一郎、野島久雄訳、新曜社、2015).

8 Arena, Iaione, *L'età della condivisione,* cit. ボローニャで実施された最初の「条例」については、以下を参照：*Regolamento di collaborazione tra cittadini e amministrazione per la cura e la rigenerazione dei beni comuni urbani,* available online on the site of the City of Bologna, www.comune.bologna.it.

9 Dimitris Papadopoulos, *Experimental Practice. Technoscience, Alterontologies, and More-than-Social Movements,* Durham, Duke University Press, 2018 (引用元：Salvini, "Le ecologie che curano," cit.).

10 コミュニティが広がらない場合、こうしたプロジェクトベースのコミュニティは、閉鎖的で同一主義的な集団になりがちであり、その結果、脆さと退行的なリスクを伴うことになる。

11 これらのプロジェクトの成果物は、その生成能力から、より大きなスケールのプロセスを活性化させる可能性をもつ微小な実体である酵素とみなすことができる。したがって、これらの酵素的なプロジェクトの評価は、物理的な次元ではなく、変容する能力、すなわち、それらが導入されたシステムにもたらす効果を考慮して行われるべきである。

12 「関係的オブジェクト」という概念は、リー・スターとグリースマーによって導入された「境界的オブジェクト」にとても似ているが、一致するものではない。境界的オブジェクトについては以下を参照：Susan Leigh Star and James R. Griesemer, "Institutional Ecology, 'Translations' and Boundary Objects: Amateurs and Professionals in Berkeley's Museum of Vertebrate Zoology, 1907-1939," *Social Studies of Science,* 19(3), 1989, pp. 387-420.

13 明らかなことではあるが、私たちが言う社会的な会話は、共同住宅プロジェクトを立ち上げようとする数十人の人びとの間で行われ、共同生活や、共通スペースやサービスの共同デザインについてのアイデアの共有に到達しなければならない場合と、数百万人が共有し、規模や性質の異なる複数のプロジェクトを方向づける都市というアイデアの創発がテーマの場合では、大きく異なる。

14 関係的オブジェクトの場合、実用性は不可欠ではない。そのねらいは実際、会話を始めることであって、方向性を見出させることではない。

15 Manzini, *Design, When Everybody Designs,* cit.

16 Ezio Manzini, "The Scenario of the Multi-Local Society," in J. Chapman, N. Gant, *Designers, Visionaries and Other Stories,* London, Earthscan, 2007.

17 Daniele Cologna, "Abitare a ridosso di una storica via d'accesso a Milan," in *Esperienze e paesaggi dell'abitare. Itinerari nella regione urbana milanese,* a cura di AIM (Associazione Interessi Metropolitani), Milan, Abitare Segesta, 2006.

18 Pietro L. Verga, "Rhetoric in the Representation of a Multi-Ethnic Neighbourhood: The Case of Via Padova, Milan," *Antipode,* 48(4), 2016, pp. 1080-1101.

19 https://it-it.facebook.com/groups/NoLoDistrict/

20 Cristina Pasqualini, *Vicini e connessi. Rapporto sulle Social Street a Milano,* Milan, Fondazione Giangiacomo Feltrinelli, 2018; Cristina Pasqualini, Fabio Introini, "Per un buon vicinato: la presenza "attiva" e "rigenerativa" delle social street nei quartieri di Milan," in *Costellazione Milano,* Milan, Fondazione Giangiacomo Feltrinelli, 2020; Maria Gerosa, Alessandro Tartari, "Il quartiere NoLo, un caso di rebranding dal basso: tra creatività, innovazione sociale e criticità," ivi; Erika Lazzarini, "La periferia nella città che cambia. Tra identità in definizione spinte a trasformarsi," in Francesca Cognetti, Daniela Gambino, Jacopo Lareno Faccini, *Periferie del cambiamento. Traiettorie di rigenerazione tra marginalità e innovazione a Milan*, Macerata, Quodlibet, 2020.

注　記

21 Carolina Pacchi, *Iniziative dal basso e trasformazioni urbane. L'attivismo civico di fronte alle dinamiche di governance locale*, Milan, Bruno Mondadori, 2020.

22 Davide Fassi, "Events and the City: When Arnold Meets NoLo," *in In the Neighbourhood*, edited by Davide Fassi and Barbara Camocini, Milan, Franco Angeli, 2017.

23 Davide Fassi, "Quartieri come incubatori di progettualità di spazi e servizi: il caso NoLo," in Davide Crippa, *#regeneration*, Santarcangelo di Romagna, Maggioli Editore, 2020.

24 Ezio Manzini, "Designing Coalitions: Design for Social Forms in a Fluid World," *Strategic Design Research Journal*, 10(2), pp. 187-193, May-August 2017.

25 2008 年、イタリアでは FIA（Fondo Investimenti per l'Abitare）と名づけられた重要なソーシャルハウジング基金が設立された。基金額は 20 億 2,800 万ユーロで、そのうち 10 億ユーロを地方自治体のための国立銀行である *Cassa Depositi e Prestiti* が、1 億 4,000 万ユーロをインフラ・交通省が、8 億 8,800 万ユーロを民間銀行、保険グループおよび年金基金が引き受けた。このソーシャルハウジングプログラムは、主として価格統制されたリースを通じて、住居、サービス、ツールを提供することを目的としている。イタリア全土で 27 の地方基金が承認され、合計で約 220 のプロジェクト、14,800 戸の住宅、6,500 床の仮設住宅および学生寮が建設される。

26 https://www.fondazionecariplo.it/it/progetti/servizi/housing-sociale/housing-sociale.html

27 http://www.fhs.it/progetti/residenze/cenni-di-cambiamento/

28 https://maremilano.org/

29 Giordana Ferri, *Starting up communities. Un design-kit per l'abitare collettivo. Strumenti per l'housing sociale*, Milan, Bruno Mondadori, 2016; Ead., "I valori dell'housing collaborativo nel social housing: scalare l'impatto," in L. Rogel, M. Corubolo, C. Gambarana, E. Omegna, *Cohousing l'arte di vivere insieme*, Milan, Altreconomie, 2018; G. Ferri, L. Pacucci, *Progettare housing sociale: promemoria per chi progetta*, Milan, Bruno Mondadori, 2015; G. Ferri, L. Pogliani, C. Rizzica, "Towards a Sociable Way of Living. Innovating Affordable Housing in Italy," in G. Van Bortel, V. Gruis, J. Nieuwenhuijzen, B. Pluijmers, *Affordable Housing Governance and Finance in Europe: Innovations, New Partnerships and Comparative Perspectives*, London, Routledge, 2019, pp. 59-86; http://www.fhs.it/

30 Manzini, *Politiche del quotidiano*, cit.

31 Arena, Iaione, *L'età della condivisione*, cit.

32 ここで私は、紹介した事例のように、ソーシャルイノベーションが、それが生まれたときの社会的価値・環境的価値の本質を維持したまま発展してきたものを、成功の軌跡とみなしている。この成功したソーシャルイノベーションのカテゴリーには、これらの価値を失い、あるいは価値と公然と対立するようになることで成功を収めたイノベーションは、それがどんなに大きな成功だとしても明らかに含まれない。現在の「プラットフォーム経済」の多くは、社会的価値・環境的価値を失った事例となっている。イヴァナ・パイスによる付録 1 を参照。

33 フラクタルとは、内部に相似形を持つ幾何学的物体である。その形は異なるスケールで同じように繰り返されるため、どの部分を拡大しても元の図形に似たものが得られる。

34 Morin, *The Method*, cit.; Kagan, *Art and Sustainability*, cit.; Manzini, Tassinari, "Designing Down to Earth," cit.

35 Latour, *The Politics of Nature*, cit.; Idem, *Down to Earth*, cit.; Manzini, Tassinari, "Designing Down to Earth," cit.

付録 *1*

目の前に近づいている未来、近接の都市とデジタルプラットフォーム

イヴァナ・パイス 著

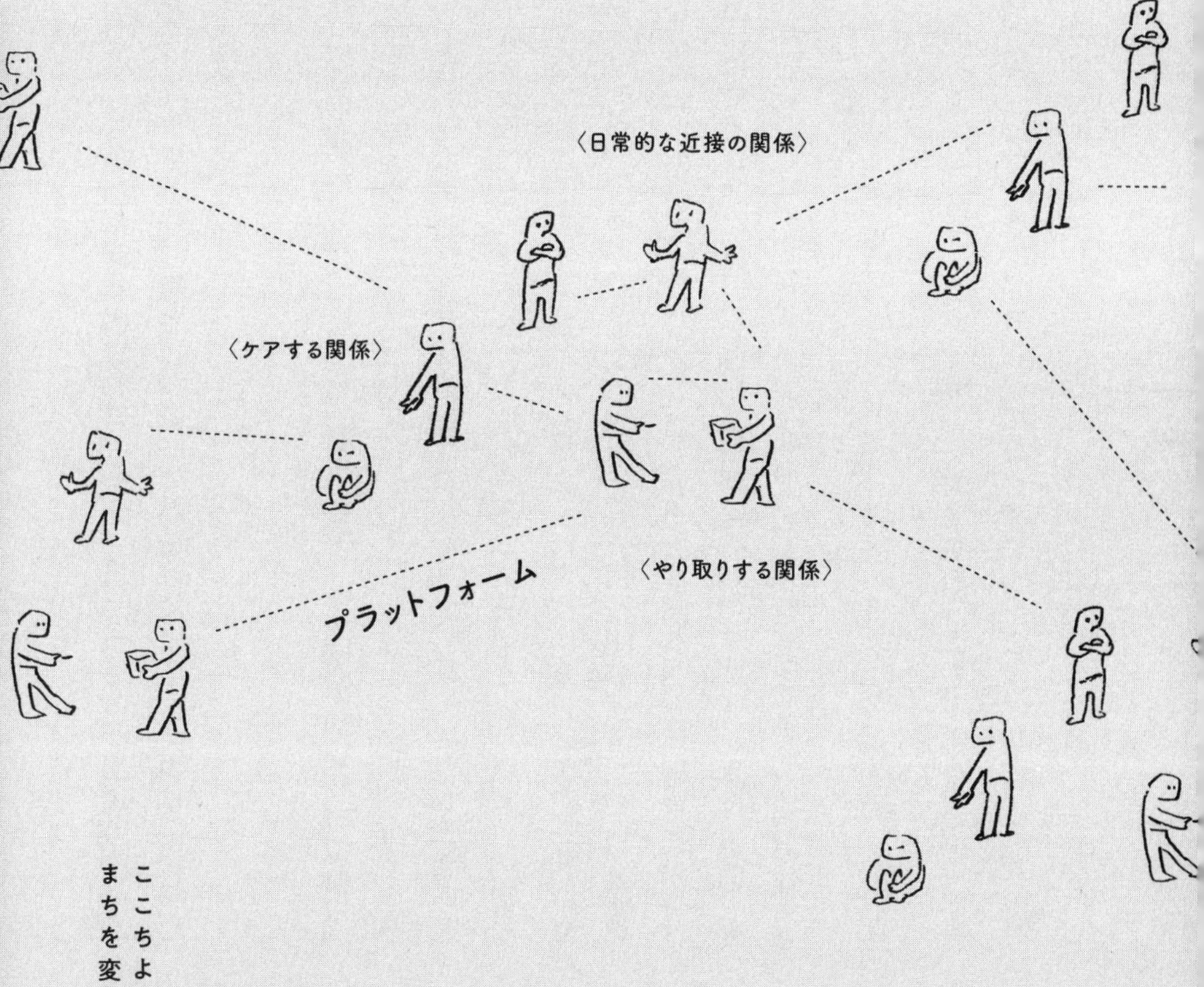

ちょうどよいときに現れる、あるいは**ふたたび見出される**アイデアというものがある。複雑なコンセプトを要約し、行為を促すキーワードや、時として曖昧であるけれども、それゆえに様々な人の心に響くスローガンが、それである。

他でもない「15分都市」というアイデアのもとに、個人、組織、そして機関が結集しつつある。このアイデアは、パンデミックに陥った社会が望ましい未来を共に描くビジョンである。ロックダウンやリモートワークによって、私たちは隣人や近接のサービスの大切さをあらためて認識するようになっている。この15分都市というコンセプトは、うまい表現である。というのも、空間と時間を組み合わせ、市民一人ひとりが動き出すというところから、都市というアイデアを組み立てているからである。しかし、スローガンの場合にはよくあることだが、「15分都市」という表現にしても、コミュニケーションする上では便利だけれども、コンセプトそのものが明確かというと、そうではない。コンセプトを明確にするためには、提案から解釈、そしてデザインまで実際に展開していけるような分析が求められる。これが、なぜ「15分都市」から「住みやすい近接の都市」という表現へと転換していくべきなのかを象徴的に示す本書の目的である。

前の章までのマンズィーニの説明では、近接について様々な角度から分析してきた。この近接の1つである「ハイブリッドな近接」では、物理的な世界での出会いがデジタル世界での相互作用によって支えられている。この近接は、テクノロジーによって可能になったものであるが、テクノロジーだけでは維持することはできない。

この章の目的は、私が近年取り組んでいる、私たちの日常生活に深く関連性が増してきた「デジタルプラットフォーム」から出発して、「ハイブリッドな近接」との対話を始めることである。本書では、エコシステムを生成するものとして、プラットフォームが広い意味でとらえられているが、ここではデジタルプラットフォームについて詳しく見ていくことにする。本章はデジタルプラットフォームの定義から始まり、近接を実現するプラットフォームを紹介し、本書で提起された次の2つの問いに立ち返るという段階を踏んでいく。

(i)近接のプラットフォームの関係の特性とは何か?
(ii)都市型プラットフォームとローカルガバナンスの関係とは?

本章で報告する事例やケースは、主に私が近年行ってきた実証的な研究から生まれたもので、主にイタリアを対象としている。ただ、異なる国でも同様の事例を確認することができるので、イタリア固有のものではなく、一般的な価値をもつといってよいだろう。

付録 *1.1*

デジタルプラットフォームの概念を定義する

●プラットフォームの4つの意味領域

15分都市について見てきたように、あるアイデアが成功するかどうかは、しばしば用語の選択に依存することがある。タルトン・ギレスピー(1)がうまく説明しているように、プラットフォームという言葉は、何かを意味するのに十分なほど明示的なのに、同時に、多岐にわたる文脈や異なる読み手に適応できるほどには幅がある。この概念は、次の4つの意味領域からたどることができる。

1. 演算的な意味：これは、アプリケーションのデザインと利用をサポートするインフラという考え方に直接つながっている。なお、このサポートは第三者によってなされる

2. 建築的な意味：人や物を乗せることのできる〝盛り上がった床〟(鉄道プラットフォーム、石油プラットフォームなど)という意味で、フランス語の plate-forme の語源と直接結びついている

3. 比喩的な意味：新しい行為、機会、獲得を構築するといった意味で用いる

4. 政治的な意味：候補者が自分の立場を示すステージからヒントを得ている

デジタルプラットフォームは、これらの意味をどれか特定して採用することなく、すべてを呼び起こすものとして登場する。ただ、共通しているのは、それを使う人のやりたいことを可能にし、そのための能力を向上させるという考え方を持っている点である。

●デジタルプラットフォームはメタファーであり、インフラである

デジタルプラットフォームは**メタファー**であり、行為を遂行する力を持つ**シンボル**である。というのも、想像力を生み出し、特に将来のイメージを構築するのに貢献するからである。プラットフォームを中心とした文化プロセスの再編は、2つの方向に進む。すなわち、プラットフォームは想像力を転換し、同時に、文化的実践はプラットフォームの制度的次元に形を与える。未来についてのストーリーは、資源を動員し（訳注：資源動員とは、ヒト・モノ・カネなどの資源をプロジェクトなどに巻き込んでいくことを指す）、プロジェクトを調整するのに役立つ。したがって、デジタルプラットフォームが重要なのは、期待されるシナリオを実現する能力のためというよりもむしろ、未来のコンセプトを形づくることが現在における社会的アクターの行為を方向づけるからである。

プラットフォームは**インフラ**でもあり、過去数世紀における鉄道、電話、発電と配送電のためのサービスの現代版といえる。プラットフォームは**デジタル**インフラであり、したがって（再）プ

ログラム可能であり、異なるシステムやプロトコル、ネットワークの集合からなり、データの体系的収集、アルゴリズム処理、流通、販売を通じて組織化された、異なる社会アクター間の相互作用を可能にするものである。プラットフォームは、潜在的にすべての人の相互作用をデータ化できる。そのため、これまで数量化のロジックからは考慮の対象にされてこなかった個人の生活領域が商品化されてしまうリスクもはらんでいる。

●プラットフォームはアクターを規制する

プラットフォームは、**制度**やプラットフォームに参加するアクターを規制する構造としても分析することができる。というのも、プラットフォームは、オンライン上の相互作用を調整する公的に認められたわけではない民間の規制者として機能するからである。プラットフォームは、その最も極端な形態として、プラットフォーム自体から接続を解除するという形でユーザーを排除してしまうような独自の「インフラ的な力」、あるいは、過去の行動に基づいてユーザーを評価する（これはしばしば評判のメカニズムを通じて行われる）「アルゴリズム的な力」によって、プラットフォームのユーザーの行為を支配することができる。このように、プラットフォームは集権的な力を手にし、それを手放していないにもかかわらず、コントロールを分散させる「評価的なインフラ」でもあるのだ。この役割において、伝統的に国家や専門家、コミュニティに帰属していたガバナンス能力をプラットフォームが担うようになっている。

●プラットフォームは社会組織である

最後に、プラットフォームは、市場、階層、ネットワークといったこれまでの形態とは異なる**社会組織の形態**である(2)。経済学の文献では、プラットフォームは二国間または多国間**市場**と定義されている。

現実には、プラットフォームは、事業者とユーザーが財やサービスを交換する市場を創出することができるが、単純なマッチングを超えた付加的な機能を発揮する。プラットフォームは独占を構築しようとするため、反市場であるという意見すらあるのだ。いわば、市場でもなければ、階層でもない。確かにプラットフォームが企業である以上(法的見地からも)階層の核を持ち、階層に基づいて機能する(それがフラットであっても)のだが、機能の大半はその枠の外で、企業の従業員ではないアクターによって行使される。プラットフォームに特徴的な点は、まさに階層外のメンバー(生産者や消費者)を取り込むことを可能にし、伝統的にマネージャーが担っていた役割(評価など)を遂行させることが可能になるところである。つまり、プラットフォームはネットワークでもないのである。ネットワークは長い時間をかけて築かれた信頼や協働の関係性を基盤としているが、プラットフォームは生産者と消費者の間で時宜に応じて行われるような取引を可能にするものである。プラットフォームが維持しようとする関係性は、ただただひとえに消費者との関係性である。これは独占を目指す戦略に依存している。そのため、消費者は代替手段をもたないことがしばしばある。このように、プラットフォームは独自の、他と異なる特徴をもっている。それは、伝統的な3つの形態（市場、組織、コミュニティ）を結びつけたものではなく、ある意味でそれらを転換させていくものである。プラットフォームは、21世紀の新しい形の社会組織なのである。

●デジタルプラットフォームの形態

デジタルプラットフォームは、様々な分野で運用され、様々な形態をとることができる(3)。例えば、産業用プラットフォーム（ジーメンスのマインドスフェアやゼネラルエレクトリックのプレディックスなど）、クラウド・プラットフォーム（アマゾンウェブサービスやセールスフォース）、製品・サービス・プラットフォーム（スポティファイ、ジップカー、ズーム）、広告プラットフォーム（フェイスブックやグーグル）、ユーザーが保有する資本に基づくリーン・プラットフォーム（エアビーアンドビーやブラブラカーなど）や、仕事の供給と需要の間の出会いに基づくリーン・プラットフォーム（アップワークやアマゾンメカニカルタークなど）といったものがある。プラットフォーム企業は主に米国で生まれたが、世界的に広がっている。最も重要な例外は中国で、近年、国内市場に限定されるにも関わらず、かなりの量に達する多数のプラットフォームが出現している。中国のＢＡＴ（バイドゥ、アリババ、テンセント）は今日、米国のＧＡＦＡＭ（グーグル、アマゾン、フェイスブック、アップル、マイクロソフト）と直接競合している。２０２０年末現在で、世界において最大の企業価値を有していたのはアップル、アマゾン、アルファベット、アリババ・グループ、フェイスブック、テンセントといったプラットフォーム企業であった。ほんの10年前は、石油会社（エクソンモービル、ペトロチャイナ）が上位を占めていた。この枠組では、ヨーロッパは技術的な主導権を得るための競争から排除され、多くの分野でヨーロッパの産業の地位が危機にさらされている。このことは、旧大陸、つまりヨーロッパ諸国が経済的にも文化的にも、技術的な主導権を握るプラットフォーム企業に依存するという状況を生み出してしまう危険性がある。この問題に取り組む際、私たちはしばしばヨーロッパがアメリカや中国の大規模なプラットフォーム間の競争に参入し、すでに規定のものとしてルールが決まっているゲームに適応していかなければならないと考えてしまう。しかし、ここでは、新しいプラットフォームのモデルを提案する可能性を探るほうが、より魅力的だろう。そのモデルとは、これらの**プラットフォームとローカルな地域との関係において、より細やかな配慮がある論理とメカニズムに基づいて機能する**ようなモデルである。

私たちにとっては、対象としてのプラットフォームよりも、**プラットフォーム化**について考えてみることのほうに関心がある。つまり、プラットフォームをめぐるインフラや経済プロセス、規制の枠組が、様々な経済分野や生活領域に浸透するという点である。このプロセスは、**プラットフォーム経済**、**プラットフォーム資本主義**、さらに一般的なレベルでは**プラットフォーム社会**がどのようなものであるのかを見定めることにつながっている。工業化社会やウェブ社会と同様に、プラットフォーム社会という言葉が用いられているのも、それがプラットフォームの量的な拡張という単純な認識に基づいて定義されるからではなく、その普及が公私両方の生活に影響を与えるからである。次の節では、**プラットフォーム都市**という文脈で、近接のプラットフォームがどのような役割を演じうるのかについて見ていくことにしよう。

付録 *1.2*

住みよい近接のプラットフォームとガバナンスへの問い

● 近接の都市とプラットフォーム

組織形態としてのデジタルプラットフォームがここちよい近接の都市に関わってくるときには、以下の2つの主要な形態をとる。2つの主要な形態とは、近接の関係を強化することを意図的に目指すプラットフォームという形態と、地域の住民があらゆる種類のプラットフォームを利用するという形態である。

イタリアでは、ネクストドア(4)のような近所付き合いに特化したプラットフォーム、つまり今述べた1つ目の形態よりも、2つ目として挙げた、限られた地域（近所や町）に特化したフェイスブック内グループが成功を収めている。これらはソーシャルメディア上の専用デジタルスペースであり、近隣のワッツアップグループや同様のグループと比較して、オープンで公共的な性質をもっていることが特徴である。これに関して最も重要な経験は、**ソーシャルストリート**という試みであろう。これはイタリア・ボローニャで2013年9月にフェイスブック上の非公開グループとして立ち上げられたもので、フォンダッツァ通りやその周辺に住む人びとを集めることを目指したものだ。ソーシャルストリートは、「ソーシャルになるアノニマス（匿名）ストリート」と定義されている(5)。最も興味深い点は、関わり合いの連鎖が通常とは逆の方向に進むことである。というのも、一般的に、人びとはオフラインで出会い、ソーシャルメディアを通じて連絡を取り合うが、ソーシャルストリートでは、近くに住んでいるにもかかわらずお互いを知らない個人同士が最初にデジタルで接触し、その後、個人的な出会いがあり、時として共通のプロジェクトを展開することにもつながる。ソーシャルストリートは、このように、隣人をコミュニティへと変化させるのに役立つ。ソーシャルストリート観測所の推計によると、ソーシャルストリートに登録した人の約50％がオフラインで隣人と出会うという。そして、そのうちの25％は、バーチャルなつながりから、多くの場合、地域のコモンズをケアするというような、共通の目標のための協働の好ましい連鎖へと進んでいく。2020年12月、参加度合いに差こそあれ、450以上のソーシャルストリートがイタリア国内外で活動していると推定されている。これは相当な数であり、たしかにきわめて重要な経験である。というのも、このことが、物理的なつながりとデジタルなつながりを対比することの不毛さと、ハイブリッドな近接の可能性とを示しているからである。

しかし、デジタルを媒介としたこれらの意図的な関わり合いへの取り組みは、他の種類のプラットフォーム（食品の購入、移動、物の交換など）を通じた日常的な相互作用の体験のなかに、より頻繁に入り込んでいる。それらの取り組みは、新しい形の交流や近接の関係を伝えていく手段になりうることもあれば、そうなりえないこともあるのだ。

●デジタルプラットフォームを近接の都市へと活かすためには

地域化は、しばしばプラットフォームが提供するサービスに埋め込まれ、近接はプラットフォームが機能するための必要条件となる。ただ、この領域では、プラットフォームをめぐる関係的なポテンシャルの違いが存在する。プラットフォームは、しばしばグローバルなレベルで統治されているにも関わらず、実際のところ、ハイパーローカルなレベルで活用されている。この場合、デジタルインフラをどう活用するのかという根っこを確立する際、パラドックスのように見えるかもしれないが、物理的な場所を経由することで、「家で／家からすべて」のシナリオから「すべてが近くにある」という方向へ移行していくことが可能になる。コワーキングスペース、コミュニティハブ、近隣コンシェルジュ(6)、さらにはキオスクやニューススタンド(7)は、ルチアーノ・フロリディが提案した新語を使えば、私たちの「**オンライフ**」関係を可能にする場所である。それらは**開かれた空間であり、多くの場合、幅広く多様なアクターを巻き込むことができる**。特に重要な問題は、社会的排除（訳注：高齢者や身体的なハンディキャップを背負っている人などが、デジタルプラットフォームなどにアクセスできなくなっている状態）をどのように取り扱うのかが、ある都市の最も深刻なリスクのひとつとなりうるということである。このリスクは、デジタルプラットフォームのインフラに大きく依存している。そして、ウェブへの物質的なアクセス、あるいは道具に関するリテラシーに関する問題だけでなく、新しい言語を適切かつ象徴的に扱う能力の相違によって、デジタルプラットフォームのインフラは伝統的な社会階層を生み出してしまうリスクがある(8)。

これらの「オンライフ」を可能にする場所は、複数のプラットフォームの「接続点」としても貴重である。というのも、ここは鉄道インフラのポイントやスイッチに相当し、2つの路線が交わる地点のように、方向を変えることができる。比喩を離れて考えてみても、ここは異なるプラットフォームを利用するコミュニティが出会い、やり取りしあう場でもある。例えば、コワーキングスペースは、WeMi（ミラノ市が参加した共有福祉システム(9)、本書3.7節、特に例6を参照）のようなプラットフォームの利用者にとって物理的な出会いの地点になると同時に、地域の購買グループの配給センターにもなり、これらの複数の経験が混ざり合うことによって新しい地域のコモンズが生み出される。

このように、デジタルプラットフォームをここちよい近接へと活かしていくという観点は、一般的に境界が明確に設定されている垂直的な、つまり行政と市民とが階層的な関係となっている都市のプラットフォームを転換させる重要な機会であるといえる。意図的にすすめていくためのやり方を含め、ここまで述べてきたようなハイブリッド化をどうすれば強化できるかという問題が浮かび上がってくる。ただ、この問題に対する地域レベルでのコーディネートの取り組みは、これまで主に居住環境で開発されたプロトタイプに限られていた。

●住みよい近接のためのプラットフォームと、そのガバナンス

これらの実践から、プラットフォーム上でのユーザー間の関係を可能にし、それを促進する人物の重要性に注目しよう。具体的には、コミュニティマネージャー、地区マネージャー、ソーシャルデリゲートといった様々な名前で呼ばれる人物である。ミラノのアップタウンの例を挙げてみよう。2020年に完成したミラノのアップタウンは、90万平方フィート以上の規格住宅、ソーシャルハウジング、市場価格で販売される住宅を擁する新しい地区である。アップタウンのコミュニティを構築するための活動は建設前から始まっていた。具体的には、コミュニティ構築のためのアプリによって、カッシーナ・メルラータ広場では、2019年だけで1．8万人以上が参加したイベントが企画され、地元住民に無料で公開された。家を購入した人びとは、最近の技術とソーシャルの両面でのイノベーションの全カタログを含む、近隣サービスのエコシステムへのアクセ

スをアプリ上で得ることができる。そこには、コワーキング、電気自動車シェアリング、自転車シェアリング、宅配サービスはもちろん、物理的なインフラ、すなわちゼロマイル・ファーマーズ・マーケット、外来診療所、ボランティアセンター、近隣情報窓口、税務支援センター、個人向けサービスや商業活動といったものも含まれている。アップタウンが管理する不動産・都市振興開発会社であるユーロミラノの地区マネージャーは、ある意味で近隣のソーシャル・アドミニストレーターに類似した役割を果たしている。そして、地区マネージャーは第三セクターにおいてまとめ上げられた実践や能力とも一貫性を持つファシリテーションの方法を用いている。この事例では、商業的な価値を大きくするというロジックによって動かしていくアプローチ（アパートの価値は、2年間で40％上昇した）をとっている。これは社会的、地域的なインパクトという意味でも興味深い。

このような事例は、近接の都市のガバナンス全般に関わる手法の問題を提起している。この事例で民間アクターが担ってきた人びとをつなぐという役割は、地域行政が担うことも可能である。経済的にも社会的にも新しいつながりを構築しうる近接のサービスを提供しようとする提案は、規制のレベルを超えて、様々なアクターや社会集団、諸制度を調整するためのやり方をあらためて否応なく考えさせる。このようなガバナンスの問題は、都市レベルでの最新の資源動員のあり方からも生じている。

●住みよい近接を実現するガバナンスに向けた運動としてのニューミュニシパリズム

新自由主義的な政策に対する集合的な抵抗活動と、近年のソーシャルイノベーションの試みは、**ニューミュニシパリズム（地域主権運動）**と定義される運動の出現につながった(10)。それは、国民国家を大事にしつつ、政治的・経済的な生活における地方自治体の民主的な自律性を救い出そうとする運動の継承者であり、「新しいプラットフォームのミュニシパリズム」という言葉を与えられるのが最もふさわしい運動である。これは、様々な社会変革の出発点となるエリアとして地域を再発見しようという、より大きな政治的・経済的な思想の流れのなかに位置づけられるひとつの活動のありようなのである。

コラム 付録1.1

ニューミュニシパリズム（地域主権運動）

ニューミュニシパリズム（地域主権運動）は、自治体社会主義や国際自治体主義といった歴史的な先行事例に基づいている。しかし、自治体社会主義や国際自治体主義は、政治とは距離を置く、あるいは政治に対して反発するという姿勢をとっていた。これらの運動に比べると、ニューミュニシパリズムは、より政治的で「支配的権力に対して抵抗する」という色彩をもっており、急進的な改革主義を目指している。具体的には、ニューミュニシパリズムは**都市的で非国家的なロジックを取り入れた新しい制度のありようを想い描く**というところに重点がある。ニューミュニシパリズムは、国家レベルで規制される資本主義に挑戦し、新たに自らで組織化していくことを推進するので、国家に対して要求を主張することはしない。これらの新しい自らによる組織化は、地域レベルで市民のニーズに対応できるようになることを目指している。私たちが考えるニューミュニシパリズムの興味深い側面は、国家との補完／代替関係以上に、「**近接の政治**」(11)を採用している点にある。この近接は、単なる物理的な近さを超えており、ローカルへの執着を意味するものではない。むしろ、より身近で小さな問題に取り組み、〝分離する力〟ではなく〝団結する力〟に関心を向けている。このニューミュニシパリズムの誕生は、その象徴という点で2017年6月にバルセロナで開催された「恐れのない都市」サミットへとさかのぼることができる。そこには、180都市、40カ国から700人が参加したことに加え、その場には100のプラットフォームの代表が出席した。市民活動の新たな形としてプラットフォームが現れてきたことを確認できたのは、きわめて重要であった。

ニューミュニシパリズムは、プラットフォーム資本主義に代わるものとして、新しい市民のプラットフォームを創設することで、市民社会を動かす流れを起こそうとする「新しいプラットフォーム・ミュニシパリズム」など、様々な考え方を含んでいる。

この運動は、テクノロジーの問題だけに焦点を当てたスマートシティの議論からも距離を置く。その代わりに、この運動は都市のインフラや仕事、モビリティ、そしてガバナンスの間の調整を再編成する様々な対案を提示している。それによって、空間を再び自分たちの地域とすることや市民権を再構築することにつながる。

ニューミュニシパリズムは、都市プラットフォームを民主化すること、そして経済や都市の民主化を目指す幅広いプロジェクトにおいて、プラットフォームを活用することをねらいにしている。

この新たな市民運動の側からデジタルプラットフォームに注目するということは、近接のデジタルプラットフォームに関して、特に重要な2つの問い、つまり、それぞれのプラットフォームの関係をめぐる特性と、都市プラットフォームとローカルガバナンスとの関係について、何らかの立場をとるということを意味している。この2つの問いについては、本書で十分に触れてきた。

付録 1.3

デジタルプラットフォームの関係的な(ただし、それだけではない)側面

2016年4月、マウロ・コバチッチは『コリエーレ・デラ・セーラ』紙の『ラ・レトゥーラ』に「今日一日、私は一言も発しなかった」と題する記事を掲載した。筆者は丸一日、他人と交流することなく過ごしたことを語った。コバチッチは、ATMでお金を引き出し、自動精算機で買い物の支払いを済ませ、ジムで汗を流し、セルフサービスのレストランで昼食をとり、ローマからミラノまで往復し、映画を観に行った。そして彼はこう言った。「人生は決して〝いま〟にあるわけでも、〝ここ〟にあるわけでもない。人生はどこか遠くへ置き去りにされ、先延ばしにされ、私たちが今、息をしている地点から空間的にも時間的にも遠く離れた場所にある。それはいつも、『誰かが他のどこかで生きている人生』なのだ。そこで起きるのは、すでにそうなるよう予期された出来事だ。エクササイズの終わりに、旅行の終わりに、あるいはその日の終わりに、あるいは……。なんであれ違いはないのだが、私たちの人生は、あらゆる瞬間に、インターネットというパラレルな時空間のなかで、すでに起きてしまっていることなのである。」

ウェブ、ソーシャルネットワーク、IoT、人工知能。デジタルは、身近な人との交流なしに商品やサービスを手に入れることを可能にすると同時に、遠くにいる人とリアルタイムでコミュ

ニケーションをとることを可能にする。しかし、視点を変えてみよう。近接の関係を構築し、育むために同じテクノロジーを使ったらどうなるだろうか？

デジタルは、隣でペダルを漕いでいる人に挨拶することもなく、アバターの指示に従ってジムでトレーニングできるようになるし、バスケットボールの試合を組むために、近所に住む、あるいは何ならすれ違うだけの、知らない人びとと接触することもできる。テクノロジーのおかげで、私たちはサイレントエリア（訳注：携帯電話での会話が禁止されている座席）の追加料金を払って高速列車フレッチャロッサの切符を予約したり、ブラブラカー（訳注：自家用車で空いた後部座席などに乗せてもらえるシェアリングサービス。予約型有料ヒッチハイクのイメージ）で旅をシェアしたりできる。オンラインで映画を予約し、ＱＲコードをスキャンして劇場に入ることもできるし、カムホーム[12]（訳注：共通の趣味などで集まりたいイベントを検索し、参加できるサービス）で友人の家で開催される文化イベントを検索することもできる。

ここで留意しておきたいのは、テクノロジーは中立ではないということだ。つまり、テクノロジーは、人間関係を有利にしたり、排除したり、権力を集中させたり、分散させたり、個人の貢献を認めたり、そこから価値を引き出したりするようにデザインされうるのだ。

デジタルプラットフォームに関する議論が生じたのは、まさに関係性の次元に敏感であるからなのだ。私たちがプラットフォームという概念を使い始めたのは数年前のことで、当初は**シェアリングエコノミー**と呼ばれていた。

コラム
付録1.2

シェアリングエコノミー

シェアリングエコノミーは、2008年の経済・金融危機によって生まれたニーズへの対応として、また持続可能性の3つの側面への言及として生まれた。それぞれ見ていくと、経済的な側面に関しては、希少で十分に活用されていない資源を活用することと取引コストを削減することとして、社会的な側面に関しては、個人的・集団的な社会関係資本の拡張と、社会関係における経済交換という根源へと立ち戻る中で浮上してきた。そして、環境的な側面に関しては、耐久消費財の利用拡大や製品のリサイクル、生産資産の共有などを通じて、循環型経済と関連づけられる形で顕在化してきた。

自然発生的に現れたり、それぞれ独自に見出されたりした実践の試みは、「シェアリングエコノミー」という傘のもとでひとつに収束しつつあるようだ。シェアリングエコノミーには、物々交換のプラットフォームやホームエクスチェンジ（訳注：バカンスの間、お互いの家を交換し合って暮らすこと）から、クラウドファンディングやタイムバンク（訳注：特に著名人に関して、その人の空き時間を売買するサービス）まで、事実上、物やサービスを交換するためのあらゆるデジタルプラットフォームが含まれるようになった。こういった拡張は、シェアリングエコノミーとは何かという言葉をどう定義するのかという問題を生み出したが、一方でそれぞれに異なって多岐にわたる実践にみられる共通の側面をも浮き彫りにした。これらの実践は、特に価値観や組織化に関して、主として生産の論理と知っている者同士による消費という考え方に触発されている。この点を要約したのが、ミシェル・バウウェンスである[13]。彼はシェアリングエコノミーの特徴を具体的に以下の4つに整理している。(i)反信用主義または等質性、すなわち、プロジェクトや交換に参加する人びとを先験的に選択しないこと、(ii)ホロプティズム、すなわち参加者が利用可能なすべての情報にアクセスできること、(iii)組織の分散化、(iv)すでに述べたような、様々な形での持続可能性への配慮。最も先進的な実践では、あるいは少なくとも理想的な基準として、これらの特徴にさらなる以下のような点が加えられている。

①参加型ガバナンス、②公正な経済モデルと報酬システムの採用、③データマネジメントにおけるオープンで透明性の高いテクノロジーの選択、④社会的包摂と差別撤廃の重要性、そして、⑤マイナスの影響に対する責任を負うことである。

デジタルシェアリングエコノミーは、互恵と市場のハイブリッドな形態、あるいは互恵性を市場の方向に拡大した形態といえる。協働においては、互恵性のサイクルは〝短い〟ものとなり、つまり、私たちは迅速に、そして与えられたものとできるだけ同じようなものを返還することを期待する。外発的な動機が内発的な動機よりも強くなればなるほど、互恵性という点に関しては弱いモデルとなる。外発的動機が強くなるモデル、つまり市場を志向するモデルでは、当事者が相手と協力しようという気になればなるほど、偶発的な利害関係を超えてまで、相手に義務を負うような関係を結ぼうとすることはない。したがって、協働のモデルは市場取引に似ているのだが、交換される財の生産または消費の関係が、〝完全な〟契約として、前もって規定できない点で、市場取引とは異なる。そのため、協働のモデルの場合は、表面的ではあるが相手に対するある程度の知識と信頼が必要となる。しかし、市場のような強い互恵性とは異なり、協働では、最初の注意事項、主に外在的な動機、そして関係の偶発性によって、特定の個人間での信頼を生むような関わり合うつながりを固めることはできない。これは、むしろ派生的または間接的なものである。というのも、協働が生じる制度的背景が、信頼できる評判の指標を浸透させることができるかどうかにかかっているからである。協働を始めようとするとき、人びとは過去の関係における直接的な経験をあてにすることはできず、過去にそのパートナーが信用するに足るかどうかを認めた他者の判断を信頼しなければならない。その後、立ち上げられた協働によって可能になった学習は、同じ人びとが、自分でやっていくことが可能になる累積的なプロセスの中で、今度は評判を生み出すことを可能にする。しかし、そうなるためには、プラットフォームによって広まる協働の制度的背景が、参加者の信頼を得る必要がある(14)。

本来ならここで議論することではないが、シェアリングエコノミーという考え方を転換するために再構築することは、近接の都市を提案しようとする者にとっては有益である。新自由主義を公然と批判し、「それまでとは異なる経済」を提案するカウンターカルチャーとして生まれたシェアリングエコノミーは、その後、自社のビジネスモデルの普及を正当化するために、シェアリングの論理とはかけ離れたモデルを提供する企業のマーケティング部門によって、そのビジネス上の意義を認められるにいたった。ラッセル・ベルク(15)は、それらを「疑似シェアリング」プラットフォームと定義している。集団としてのアイデンティティと互恵性を具現化しようとする共同消費のあり方に基づく真のシェアリングとは対照的である。このプロセスはシェアリングエコノミーの実践に影を落とした。それまで参加の動機となっていた理想や価値観に立脚した後押しを失った生産者と消費者に影響を与えることになった。

● 持続可能性とシェアリングエコノミー

こうしたシェアリングエコノミーの実践の出現から10年がたち、経済、社会、環境というの3

つの形態での持続可能性は、それぞれ異なる道を歩んでいる。1つには、主にシリコンバレーで生まれた、経済的な持続可能性を目指すグローバルプラットフォームがある。このプラットフォームでは、プラットフォームの所有者と、そのプラットフォームが独占状態に達するのを待ちながら、忍耐強く資本を注入することを厭わないベンチャーキャピタルとの間に提携が構築される。自分たちが独占状態を獲得するために、そのプラットフォームは消費者にインセンティブを提供し、消費者は効率的で低コストの商品やサービスから便益を得る。しかし同時に、労働者に害を及ぼすプラットフォームや投資家との同盟関係に組み込まれることになる。しかも、それは多くの場合、本意ではない。他方、社会や環境、倫理といった側面にルーツをもつ小規模な試みもあるが、経済的な持続可能性という点で問題があることが多い。

関係的な側面に重点を置くプラットフォームは、3つのカテゴリーに分類できる。

1. 個人によって提供される十分に利用されていない商品へのアクセスのためのプラットフォーム
2. 共同消費のためのプラットフォーム
3. 商品とサービスの準等価交換のためのプラットフォーム

この3つである。これらのカテゴリーはそれぞれ、本来、近接の都市という視点を通じて明確になってくるものである。

1．個人が所有している遊休財へアクセスするプラットフォーム

個人が所有している**遊休財へのアクセス**は、個人の家の一室から自動車に乗るに至るまで、もともとは知った者同士での交換と互恵性のロジックによって成り立つ協働モデルで動いていた。それが、デジタル市場プラットフォームにはっきりと道を譲ってしまったのが、この領域なのである。最も顕著な例は、宿泊だ。これは、長期的なつながりと、その土地の地域性や特徴のプロモーションを組み合わせようとするプラットフォームである。この分野での先駆的な実践のひとつにカウチサーフィンがある。このプラットフォームは、支払いを伴わない間接的な互恵関係に基づくもので、エアビーアンドビーが拡大した数年の間にユーザーを失った。当初、エアビーアンドビーは主に個人ユーザー間で有償のもてなしを提供していたが、現在では主に民間業者が提供する商業的なマーケットプレイスとなってしまっている。関係的な側面が弱まったことで、この要素を復活させようとする実践が現れつつある。このようなエシカルなプラットフォームは、賃貸契約の規則にかかわる面（税制上の観点も含む）だけでなく、ホストとゲストがそれぞれに相手に対して真摯に接することで生まれる本物の関係性、そしてこうした慣行がローカルな地域にどのような影響をおよぼすのかという点に再び目を向けようとしている。こういった点こそ、私たちが考え、実践に導こうとしていることと深く関わっている。

興味深い事例は、２０１６年に「現在の休暇レンタルプラットフォームに代わる非搾取的な選択

肢」として創設されたプラットフォーム、フェアビーアンドビー(16)である。当初はヴェネツィア、アムステルダム、ボローニャで運動として生まれたが、2018年末に協同組合として法的に登録された。フェアビーアンドビーのマニフェストにはこうある。「短期バケーションレンタルを提供するウェブサイトは、手頃でユニークな旅行体験を可能にする。地元の人びとは自分たちの文化を共有しながら収入を補うことができる。しかし、このモデルは不動産価格を押し上げ、コミュニティを分断し、地元小商店などのビジネスを閉鎖するという代償を払うことになる。何十もの都市で、テクノロジー主導のツーリズムが、地元の人びとが自分たちの地域に住み、近隣のなじんだ生活を続けることを難しくしている」。フェアビーアンドビーのプラットフォームは、「ホストとゲストが有意義な旅行と文化交流のためにつながり、同時にコミュニティへのコストを最小限に抑える」ことを目的としている。このプラットフォームは、まず第1に、利益を地域レベルの社会プロジェクトに再投資する。フェアビーアンドビーのプラットフォームはまだスタートアップの段階であり、実装には懸念すべき点が残されている。ただ、フェアビーアンドビーのモデルは、社会に根づいているかどうかという点に敏感で、地域レベルで人びとの交流がおこなわれることに重点を置いている。

2. 共同消費のためのプラットフォーム

第2の領域は、**共同消費**である。地元生産者からの購買グループを組織化するプラットフォーム、クラウドファンディング・プラットフォーム、個人間でイベントを組織化するプラットフォームなどである。近接という点に関して最も興味深い経験（実践／試み）は、食品購入の文脈で展開されたものである。食品の共同消費には、デジタルインフラを利用して活動をより効率的に組織化し、近接という観点にしっかりと根ざしたこれまでに代わるフードネットワークから、環境の持続可能性と食品の品質を活用し続けるプラットフォーム（la Ruche qui dit Oui![17]など）に至るまで、様々ある。しかし、このプラットフォームは、サービスの対価を支払うことで消費者がやらなければならないことを減らし、同時に消費者間の関係の必要性をも減らしてしまう。

共同消費のカテゴリーには、クラウドファンディングも含まれる。クラウドファンディングとは、デジタルプラットフォームを通じて、多数の個人、つまり「クラウド」が単一のプロジェクトに少額の投資を行うことである[18]。この分野では、大規模なグローバルプラットフォームと、国、地域（エミリア＝ロマーニャ州の例としてジンジャー[19]がある）、ローカルなプラットフォームが混在していて、非常に興味深い。これらのローカルプラットフォームについては、次節で説明する。また、これらのプラットフォームが優れたユーザー集団を持っていることも注目される。例えば、ボローニャのフォルノ・ブリッサ[20]が組織化した株式型クラウドファンディングキャンペーンは、平均年齢29歳の若者32人で構成される企業で、２０２０年2月にパン製造事業を拡大するため、３７９人から１２０万ユーロを集めることができた。

個人間でイベントを立ち上げるプラットフォームの広がりも興味深い。例えば、すでに引用した「カムホーム」は、誰でも自宅でイベント（ディナー、演劇、ヨガレッスン）を企画して開催でき、プラットフォームの利用者も参加できる。これによって、公演など楽しめるイベントの折に、その時々で集まることが可能になり、地域に根ざした関心にもとづくコミュニティが生まれることにもつながる(21)。

3. 商品とサービスの準等価交換のためのプラットフォーム

最後のカテゴリーは、**製品やサービスの準等価交換**である。具体的には、物々交換プラットフォーム（フリーサイクル(22)など）、タイムバンク、補完通貨などを挙げることができる。

これらは、当事者間のつながりが重要なカギとなる。そのため、等価交換を超えた相互のやり取りが存在している必要がある。物々交換のプラットフォームが２００８年の金融危機以降に広く普及したのは、手段として有用であると同時に、それを表現するという点でも有効だったからである。つまり、貯蓄や、他では手に入らない製品やサービスへのアクセス、そして同時に、新たな交流や関係の促進、こういったことが可能になるものとして、プラットフォームは想定されたわけである。例えば、サルデックス(23)は、２００９年にサルデーニャのセラマンナで設立された企業で、自らを「特定の地域で活動する経済アクター同士の関係を促進し、支払いや信用の手段を現実に用いられている通貨などと並行して、補完するために提供しようと設計された統合プラットフォーム」と定義している。2020年末時点で、イタリアの様々な地域に登録された1万社以上の企業が、年間2億ユーロに相当する商品やサービスを同社のネットワーク内で補完通貨と交換できるようにしており、従業員は給与の一部をサルデックスのクレジットで受け取っている。このような仕組みが、貨幣の循環を強化し、同時に地域での信頼の絆を構築していることは、研究によっても明らかにされている。

まとめよう。最初のころのシェアリング・プラットフォームの中心であった関係性という側面は、市場での取引へと進んでいこうとするグローバル・プラットフォームには、今や存在しにくくなっている。まさにこのような理由から、次節で見るように、関係性のあるプラットフォームを推し進めようとする対抗運動が台頭してきている。この種のプラットフォームは、倫理的で民主的でもあり、地元に強く根を下ろし、しばしば物理的な場所に収束する。

付録 *1.4*

都市型プラットフォームとローカルルーツ

1．プラットフォームは都市を構築する

プラットフォームは、農村部や、山岳地帯に近い内陸部にも存在するが、主に都市で生まれ、発展する。様々な理由はあるが、まずプラットフォームが機能するためには、密度が必要だからである。これは特に、オンラインサービスの需要と供給の出会いを促進し、その後、物理的な出会いを求めているプラットフォームについて当てはまる。例えば、料理を宅配するプラットフォームは、レストランと顧客との間に地理的な距離がありすぎると機能しない。しかし、プラットフォーム資本主義の舞台や劇場としての都市は、最初のレベルに過ぎない。ここで私たちが一番関心を寄せているのは、プラットフォームが人びとの都市体験のあり方を変え、都市空間を再構成するという事実であり、特に規模から近接への変化の道のりである。プラットフォームは都市を構築する(24)。しかし、都市は、都市それ自体が生み出す社会問題が最も強く顕在化する場所でもある。例えば、エアビーアンドビーによるジェントリフィケーション、配達員の健康へのリスクと労働に関する保護の欠落、アマゾンに取って代わられてしまった地元商店の倒産などは、その兆候の一部に過ぎない。

プラットフォームが普及したことによって、行政の規制を受けることも多い地元企業によって提供されるサービスから、グローバルレベルで拠点がわずかな数の都市に集中する多国籍企業によって提供されるサービスへと移行している。例えば、ウーバーやリフトのような旅客輸送企業は、本社だけでなく、支社も世界29都市にしかない(25)。このことは、「世界都市」、すなわち資本と人

のグローバルな流れが集中する都市へと向かう傾向を強める作用をもたらしている。イタリアの都市はこれまでのところ、この傾向からは蚊帳の外にある。そのため、ヨーロッパの都市、もちろんイタリアの都市もそうなのだが、主に海外にオフィスを構えるプラットフォームに対応しなければならないのが実情である。

しかし、これが唯一の制約というわけではない。都市は、社会変化のリスクに最も高いレベルでさらされているにもかかわらず、同時にどれくらい税収を獲得できるのか、産業政策をどう展開するのか、どのように予算を支出していくのかといった点で、介入するためのハンドルをあまり持っていない。そして、都市のサイズがより小さくなると、その都市圏に含むことが適切と思われる周辺がどれくらいの規模であれ、税収や産業政策、予算支出という点でもこれらを活かすことがさらに難しくなる。それゆえ、都市はどのようにして介入していくのかについて、新しい方法を見出すことが必要になっていると私たちは考えている。

2. 都市がプラットフォームに採りうる3つの戦略

ここまで述べてきた制約のなかで動いていこうとすると、都市がプラットフォームに対してとりうる戦略は、**規制、支援、創造・採用**という3つの行為に行きつく。規制は最も伝統的な形態であり、特にモビリティと観光・ホスピタリティの分野で、ジェントリフィケーションの影響を軽減するために実施されてきた。しかし、近接の都市という観点からは、他の2つの形態である支援と創造・採用について考察することが、より有益であろう。

3. 都市によるプラットフォームへの支援

プラットフォームへの支援に関して、ここでは「コンセーニエ・エティケ（エシカル・デリバリー）」の事例を紹介するのがよいだろう。これは、ボローニャ市が地元の2つの協同組合（ダイナモとイデー・イン・モヴィメント）と共同で推し進め、2020年10月から運営されている宅配の協同プラットフォームである。エシカル・デリバリー宣言の主な内容として、労働者の権利と保護の尊重に加えて、地域サービスの価値を高める、商人と顧客間の関係を維持する、そして市内の団結のプロセスを促進するといった点が述べられている。その目的は、地域のコミュニティを創造し、プラットフォームを通じてチャネルとしてつなげられた相互のやり取りから始めることにある。

地方行政は、一般的に3つのチャネルを通じて倫理的プラットフォームをサポートする。①行政内のスキルに基づくコンサルティング、②プラットフォームの「ユーザー」、あるいはクライアントとして、そして③評判資本の3つである。1つめの行政内のスキルに基づくコンサルティングに関していえば、コンセーニエ・エティケの場合、市は都市イノベーション財団から2名をプロジェクトに派遣し、デザインとスタートアップの段階をサポートした。2つめのプラットフォームの「ユーザー」として、クライアントとしての役割という点に関してみてみよう。EUではGDPの14%、イタリアの場合はGDPの10%が公共調達によって生み出されている(26)。この点を踏まえると、とりわけプロジェクトを立ち上げる段階で、関係性、倫理的、民主的な側面に配慮した評価基準を導入する際に、プラットフォームが重要な役割を果たすことができる。これは、コンセーニエ・エティケのケースにおいて、公共図書館が本を宅配する際に具現化している。3つめの評判資本、これが最も重要になるわけだが、これについて考えよう。行政は、登録やその他の方法を通じて、社会的に正義とされる基準に対応するプラットフォームがどれであるかを認識することができる。ボローニャの場合、コンセーニエ・エティケの推進は2018年5月の「都市の文脈におけるデジタルワークの基本的権利憲章」の起草に続いて行われた。この時系列は偶然ではない。なぜなら、たった2つのローカルプラットフォーム（スィナムとマイメニュー）だけが、この権利憲章に署名したからである。

コンセーニエ・エティケの場合、市の行政当局は独自のコミュニケーションチャネルを使用して、特定のプロジェクトにも利用できるようにした。ローカルプラットフォームの限界のひとつは、本来ならプラットフォームの特徴であるネットワーク効果を獲得する規模に到達しづらい点である。グローバル・プラットフォームは、投資家などによるリスクを負った資金を使って、プロジェクトをより広い地域に拡大するスケールアウトや、制度レベルの政策やルール、法律を変えたりするスケールアップを目指す。一方、地域のプラットフォームは、価値観や信念に大きな影響を与える**スケールディープ**を目的としている。制度的な認知による正当化と、幅広い市民に届く制度的なコミュニケーション・チャネルの利用が、特定の目標に向けて大きく貢献する可能性があることを示唆している。これは、新たな地域コミュニティを生み出すのではなく、既存の地域コミュニティに活力を与え、影響を与えることで可能となる。

コラム 付録1.3

シェアリングシティ

数多くの地方行政によるエシカルなプラットフォームへの支援が、42のシェアリングシティというネットワークの公式化につながった。これらの都市は、2018年11月のバルセロナサミットで共同宣言に署名した。この宣言は10の原則で構成されており、以下のようにまとめることができる。

1. デジタルプラットフォームの異なるモデルの識別、特に協働モデルへの特別な留意
2. 労働：仕事と財政問題に関連する新しい合意を通じて収入を増やす可能性

3. 労働：労働者の権利の公正な利益と保護
4. 包摂：仕事へのアクセスとあらゆる差別の予防
5. 公共の保護：健康と安全基準の尊重
6. 環境の持続可能性：循環経済の枠組のなかでの資源の持続可能な使用
7. データ主権と市民のデジタルに関する権利：テクノロジー主権政策とデジタル倫理基準の実施、コモンズとしてのデータというアプローチの採用
8. 都市の主権：都市の法的管轄権の尊重の保証
9. 経済振興：地域の協働的な経済エコシステムの発展
10. 都市と「都市コモンズ」の権利を保護する一般的な利益

この宣言の署名は重要な一歩である。まず、様々な都市プラットフォームが様々な都市の文脈で固有のやり方で構築されつつある現在だからこそ、国際レベルで共有されているいくつかの共通原則を再確認するところに意義がある。さらに、この宣言は、都市政府の行為権限の範囲内で、様々な含意の意義ある点に踏み込んでおり、個々の問題に対して立場をとっている。これは興味深い取り組みであり、協働的な経済実践の出現を触発したビジョンを復活させ、都市統治の有効性の領域でそれらを展開し、都市のレベルから近接のレベルへとさらに進展させていく上で有用な基盤を提示している。ただ、これらを実際に反映させていくという点では、まだまだ不十分である。

4. 都市によるプラットフォームの創造・採用

地方行政が都市プラットフォームを選択する際の3つめの戦略は、新しいプラットフォームを創造する、または既存のプラットフォームを採用した上でパーソナライズするというものである。この戦略は、組織イノベーションの手段としてプラットフォームを利用しようとするときに、行政が採用するやり方である。市民プラットフォームは、一般的にすでに存在しているプロセスを自動化することだけでなく、参加型ガバナンスを実現するための新しい戦略をサポートするようなデジタルの仕組みをつくり出す。

シェアリングエコノミーは、出発点にあった互恵性という概念領域を拡張し、市場という領域と混じり合うことを目指している。一方、クリスチャン・イアイオネとシーラ・フォスターが**共同都市**(27)として定義したものは、互恵性の論理を再分配の方向に拡張しようとする所に特徴がある。共同都市は、**帰属意識を共有する人びとの間の互恵性のつながりからなり、場所のコミュニティを含むコミュニティ構造**を、市場志向的なシェアリングエコノミーとは異なったものにする。この関わり合うつながりは、強い互恵性を持つ間柄としての「私とあなた」という道徳的な情緒性をもった関係を強化したり、広めたりするという水平的なつながりだけでなく、それ以上にそれぞれ自身が互いに「私たち」として認識し、そこからコミュニティのメンバー全員に対する義務が生まれてくるという個人とコミュニティという垂直的なつながりとしても現れる。これは、価値観とルールの共有に基づいている。それによって、コモンズ、つまりコミュニティとその一員である個人が消費する際にはしばしばライバル関係ともなるが、同時にその人たちの生活にとって不可欠であるがゆえに、他の人を排除できない財へのアクセスと使用に関して、自らを律することが可能になる。この点で、この互恵性を基礎にしたやり方を特徴づける信頼は、典型的なシェアリング構造を特徴づける評判とも異なる。実際、コミュニティに立脚した信頼は、コミュニティへの投資によって生み出され、そのメンバー全員に対して（多かれ少なかれ拘束力を持つ）道徳的な義務が確立されるのである。

一方、評判に基づく信頼は、間接的で一般化可能であり、過去の行動のみに依存する。この種の信頼は道徳的な意味でアクターを縛るものではなく、将来の評判に代償を払いつつも、選択すれば関係から抜けることができる。この互恵性は特定の文脈やコミュニティの中では一般化されるかもしれない。しかし、その範囲は当該コミュニティ自体によって定義された境界線に限定される。そのため、そのコミュニティの文脈の外側では、普遍性をもたない。伝統的な公共財の再分配のしかたとは違って、コモンズのハイブリッドなシェアリング形態では、これらのつながりは軽くて一過性のものかもしれないが、それでもこの文脈における財の交換の様式において基礎的な役割を果たしている(28)。

5. シビッククラウドファンディング

都市によるプラットフォームの創造・採用の例として、**シビッククラウドファンディング**を挙げることができる。これは、地域レベルでのコミュニティのダイナミクスを強化し、コモンズを生み出すプロジェクトの実現のためにクラウドファンディングを利用するものである。シビッククラウドファンディングは、**多様なアクター（市民、組合、企業、財団など）が経済的資源を集め、様々なタイプの都市プロジェクトを推進する、資金調達と共同デザインの新しいモデル**と定義することができる。これによって、デジタル技術に支えられて、市民がボトムアップで未来のビジョンを構築し、都市、サービス、都市空間をデザインすることを可能にする。そんな可能性をもったツールのひとつである。

活動的な市民と行政が協働していくための新しい形が秘めている可能性には、様々な要素がある。まず、シビッククラウドファンディングは、行政がコミュニティと直接、シンプルかつ透明性の高い方法で接することを可能にし、他に交流の機会をもたないアクターを巻き込み、この経路を通じてまだ充足されていないニーズや新たな社会課題を特定することができる。さらに、シビッククラウドファンディングは、官民パートナーシップのイノベーションを促進しうる。最後に、この新しいツールのおかげで、市民は、従来の市民参加の形態よりも〝より軽やかに〟、しかしだからこそ、より包括的である可能性を秘めた、イノベーティブな活性化のやり方を示すことができるかもしれないのである。

ミラノ市でのシビッククラウドファンディングのケースは、ここで特に重要な意味をもっている。このクラウドファンディングの2020／2021年版では、行政がシビッククラウドファンディングを隣人プロジェクトと明確に結びつけている。具体的には、地域の非営利団体が提示した20の試みを選び、市民からの寄付によってリソースの40％以上を達成できたプロジェクトに最大6万ユーロを助成するというものである。2020年12月には、7つのプロジェクトが目標を達成し、1，200人の寄付者から8．5万ユーロを集め、他の7つのプロジェクトも独自のキャンペーンを開始した。そのなかには、新しい近接の場も含まれている。例えば、「一杯のお茶あるいはコーヒーの間に、家庭で使うものを交換し、修理し、改造し、新しい友情が生まれる、あらゆる年齢の人たちのための特別な場所！」であることを掲げたラボ・バロナ＝リペア・カフェの例がある。また、小さなアームチェアと子どもサイズの家具を備えたジャンベッリーノ地区のシネ・マル＝モッキは、〝地域と対話できるような近接の文化〟を展開していこうと、「地元の協力者とともに、映画を原語で字幕付きで提供することで、世界の様々な地域の住民がアクセスできるようにする」ことを掲げている。

2016年に開催されたミラノ市でのシビッククラウドファンディングの結果を分析することで、こうした実践の影響について振り返ることができる。1つ目の重要な問題は、そのツールが市民の参加を拡大し、地域の民主主義の可能性を拡大することができるのか、という点に関わっている。何人かの論者は、このプロセスに関わる限界に焦点を当てている。それによれば、クラウドファンディングでは、一般的に資金提供者はプロジェクトを支援するかどうかの選択しかできない。けれども、より緻密で、有望であろう参加のあり方は、**地元のアクターがプロジェクトを改訂していくプロセスに加わり、アクターの期待やニーズ、能力に基づいてプロジェクトを修正したり、充実させたり、再設計したりするできる**というものである。ミラノの例では、資金調達キャンペーンの下流で、資金提供者や地域コミュニティがプロジェクトの実施段階に直接関与するケースが多く見られるようになった。

2つ目の重要な問題は、**デジタルデバイド（情報ツールを扱う能力格差）**である。これらの事例に対しては、すでに自分自身で選びとることができ、様々なツールを使いこなすことができる一部の人びとにのみ利益をもたらすことができるのではないかという批判がある。さらに、戦略やデザインに長けたよりよく組織化された集団は、一般的に、恵まれた社会的（都市的）文脈から生まれると考えられている。しかし、ミラノの場合、市は、限界集落や社会的弱者、生活などの面で脆弱な人びとを対象としたプロジェクトをプロセスに組み込むという方向性を明確に支持している。そうすることで、小規模でしばしばニッチなプロジェクトを通じてという形にはなるが、不平等を軽減する方向にプロセスを方向づけようとしている。

3つ目の重要な問題として挙げられるのは、市民社会、団体、あるいは個人によって推進される多くのボトムアップの取り組みと同様に、**シビッククラウドファンディングが普及することで、**

これまで地域福祉によってカバーされてきた多くの領域において、地方行政の存在とプロジェクトがさらに縮小されてしまう危険性があるという指摘である。この傾向は予算不足に起因する。この視点からすると、その地域社会が活発であるがゆえに、次第に地方行政や公共団体の役割にとって代わってしまう可能性があり、それによって、さらに予算が縮小されてしまう可能性がある。この点についても、ミラノの事例は異なることを教えてくれる。プロジェクトの事前選定とその後の共同資金調達の仕組みは、むしろ、プロジェクトの戦略段階と実現可能性の段階の両方に市が関わるようになっており、その結果、大規模で構造化された第三セクターのようなアクターのみならず、小規模で分散したアクターとも一緒に、新しい形での官民パートナーシップの構築を支援しているようだ(29)。

付録 *1.5*

目の前に近づいている未来：新たな「地域コモンズ」としてのプラットフォーム？

目の前に近づいている未来は近接の未来だと断言するとき、製品やサービスの交換のためのプラットフォームに加えて、コミュニケーションや情報・知識の共有のためのプラットフォームが予想外に重要な役割を担っている。これらは、パンデミック期にはリモートワークや遠隔学習への移行を支え、今や地域、経済、社会の間の関係を変える方向へと向かっているように思われる(30)。

リモートワークは、少なくとも潜在的には、今後数年間の社会変革の最も決定的なテコとなり、個人と集団の生活のあらゆる領域に影響をおよぼす近接の都市の構築につながる。企業の立場からすると、関連する地域はつねに立地の選択において役割を担ってきた。というのも、地域レベルで利用できる資源は、ある地域で事業を行うことを決定した企業に好都合であり、同時に、その企業の存在は他の資源にとって魅力的な要素になりうる。この意味で、地域発展に関する文献においては、「競争力にとっての地域コモンズ」(31)という概念が提案されている。まさにこれは特定の地域の状況という文脈において利用可能な製品やサービスのことをいう。これは、地理的な近接に関連した目に見えない要因である。地域コモンズの存在は、製品やサービスを内部化する、あるいはそういった製品やサービスを市場で購入する資源をもたず、十分な競争力を獲得していない中小企業でも成功できるといった、地域発展の原動力となる。こうした製品やサービスの提供は、ローカルガバナンスのあり方によって保証されている。

分散型労働が強まるにつれて、2つの問題が提起されている。1つ目は、地域のコモンズの生産とアクセスを再編するプロセス、2つ目は、新しい地域コモンズが出現してきている点である。

第1の点に関しては、分散型労働への回帰によって、サービス業を営むエリアの地理が変化し、過去数十年間に工業地域の建物をめぐって起こった事象と同様に、サービス業に使用されていた建物が放棄される可能性がある。同時に、新しい形の地域再集合が生じる可能性もある。これは、放棄された地域の再生という点に限られた話ではない。経済的なイノベーションという点で必要な情報や知識の交換プロセスに関しても、たとえ漸進的であったとしても、影響を与える。最も競争力のある地域経済、例えば工業地区、学習地域、スマート地域、**イノベーターが集まる地域**など、具体的には様々あるが、そういった地域では、競争力にとって最も重要ないくつかの地域コモンズは、人的資源の育成や研究開発プロセスと結びついている。労働者が、企業がオフィスを構える同じ地域に居住しているわけではない場合、訓練や研究に割り当てられた場所（特に専門訓練所や大学）の地域化のダイナミクスはどのように変化するのだろうか？　とりわけ、ことに優れてイノベーティブな地域経済（イタリア以外を考えてみると、シリコンバレーを例に挙げることができよう）を特徴づけるのが、知識を開発し、普及させる拠点とビジネスとの間にある望ましい循環である。この好循環をあらためて創出するにはどうすればよいのか？

これらの問いに対しては、経済と社会に対する新しいデジタルプラットフォームの影響への対応として、地域コモンズを生産するプロセスを再編成するという点からだけでなく、地域コモンズそのものとして理解されたデジタルプラットフォームの分析からも答えることができる。地域に統合され、そこに根づいているデジタルプラットフォームのエコシステムの存在は、実際にその地域に住む人びと、企業、組織に利用可能な資源として立ち現れる。そして、このエコシステムは新しい形の近接によって育てられる新しい経済の出現を支えるのだ。

一例として、データマネジメントのためのローカルプラットフォームの可能性を考えてみよう。エコノミスト誌によれば、データは〝21世紀の石油〟と言われている。天然資源とは違って、データは生産され、評価される必要がある。さらに、データは貨幣のように代替可能なものではない。そのため、市場で交換されにくく、この手の期待があるにも関わらず、データを提供した人に（金銭的）価値を再分配するモデルを構築することが難しい。一方で、データは、それを処理できるコミュニティにとって、きわめて大きな情報としての価値をもつことがある。つまり、データは地域の新たなコモンズとなり得るのである。そのため、何人かの人たちは、関連するコミュニティへの価値を創造するために、市民が信頼できる既存の組織と連携して、データを保存、集約、そして何よりもデータの検索や更新、削除、抽出などの要求をデータベースに送信するクエリ機能を果たすローカルプラットフォームを構築しようとしている。健康データから移動に関するデータまで、一個人が利用できるデータは、地域レベルで集約され、適切に検索や更新、削除、抽出などがなされるならば、コミュニティそのものに価値をもたらす情報を生み出すことができる。

20世紀の地方発展のキーワードが競争力であったとすれば、今は協働モデルが強く前面に押し出されている。それは、企業間のネットワークを可能にする（グローバルな競争に立ち向かうためのローカルなコラボレーション）だけでなく、ローカルに根ざし、グローバルにつながる経済モデルを構築することで、資源の交換が、先に分析した市場へと向かう互恵性の拡張と、私たちがここまでに分析してきた再分配というハイブリッドな論理に沿って活動することができる。この意味で、デジタルプラットフォームは、「コラボレーションのための地域のコモンズ」なのである。それは、ブロードバンド接続から空間、とりわけ経済的、そして関係的ルーツの短いネットワークを、新しいアイデアや情報、知識の探求の長いネットワークにつなげることができるコラボレーションスペースの存在に至るまで、他の物理的、デジタル的インフラと並んで、地域コモンズとして位置づけることができる。

ここまでに紹介した実践や考察をあらためて確認しよう。近接の都市は、地域に根ざしたデザインに基づくデジタルプラットフォームやデジタル技術の集合体、物理的な場所、個人の利用、アントレプレナー的な論理、様々な市民活動などの結果として存在することが明らかになった。これまで、私たちは、主に都市レベルでの地域的な結びつきのなかで、様々な分野で生まれた力の均衡を観察してきた。本書で展開される「住みよい近接の都市」という提案は、望ましい未来の方向性を示すために、プロジェクトベースの取り組みが必要となる草の根レベルを経ていくことが重要だということを示唆している。

注　記

1 Tarleton Gillespie, "The Politics of 'Platforms'," *New media & society*, 12(3), 2010, pp. 347-364.

2 これらの応答についてのさらなる議論については、以下を参照：David Stark, Ivana Pais, "Algorithmic Management in the Platform Economy," *Sociologica*, 3, 2020.

3 Nick Srnicek, *Platform Capitalism*, Cambridge (UK)-Malden (MA), Polity, 2017.

4 https://it.nextdoor.com/

5 ソーシャルストリートについて、展開された実践、参加者の動機に関するさらなる考察については、サクロ・クオーレ・カットリカ大学のソーシャルストリート観測所の出版物、とりわけ以下を参照：Cristina Pasqualini, *Vicini e connessi. Rapporto sulle Social Street a Milano*, Milan, Fondazione Feltrinelli, 2018 (available at https://fondazionefeltirnelli.it/).

6 さらなる点については、以下を参照：Monica Bernardi, "Portinerie di quartiere: innovazione sociale tra digitale e locale," in Giampaolo Nuvolati (ed.), *Enciclopedia Sociologica dei Luoghi*, Milan, Ledizioni, 2019, pp. 335-351.

7 フランスにおける興味深い実践として、以下を参照：*Lulu dans ma rue* https://www.luludansmarue.org/

8 空間から場所への移行に関するより深い分析については、以下の興味深い文献を参照：Paolo Venturi, Flaviano Zandonai, *Dove. La dimensione di luogo che ricompone impresa e società*, Milan, Egea, 2019.

9 https://wemi.comune.milano.it/

10 この節で言及した問いに関するさらなる考察については、以下を参照：Matthew Thompson, "What's so new about New Municipalism?" *Progress in Human Geography*, 2020.

11 Bertie Russell, "Beyond the Local Trap: New Municipalism and the Rise of the Fearless Cities," *Antipode*, 51(3), 2019, pp. 989-1010.

12 https://comehome.fun/

13 Michel Bauwens, "The Political Economy of Peer Production," *CTheory*, January 12, 2005.

14 さらなる分析については、以下を参照：Ivana Pais, Giancarlo Provasi, "Sharing economy: A step towards the re-embeddedness of the economy?" *Stato e mercato*, 35(3), 2015, pp. 347-378.

15 Russell Belk, "Sharing versus Pseudo-Sharing in Web 2.0," *The Anthropologist*, 18(1), 2014, pp. 7-23.

16 https://fairbnb.coop/

17 https://alvearechedicesi.it/it

18 詳しくは以下を参照：Ivana Pais, Paola Peretti, Chiara Spinelli, *Crowdfunding. La via collaborativa all'imprenditorialità*, Milan, Egea, 2018.

19 https://www.ideaginger.it/

20 https://mamacrowd.com/project/forno-brisa

21 デジタルを通じて形づくられる新しい経済コミュニティについての分析に関しては、以下の文献によってなされた優れた調査と分析を参照：Marta Mainieri, *Community Economy. Persone che rivoluzionano imprese e mercati*, Milan, Egea, 2020.

22 https://www.swapush.com/

23 https://www.sardex.net/il-circuito/

24 サラ・バーンズは「ソフトウェアメーカーが文字通り『都市建設者』になりつつあるように、『建設されたもの』と『デジタルなもの』の間の古風な区別は崩れつつある」と述べている。Sarah Barns, *Platform Urbanism. Negotiating Platform Ecosystema in Connected Cities*, London, Palgrave, 2020, p. 15.

25 Shauna Brail, "Unicorns, Platforms, and Global Cities. The economic geography of ride-hailing," in M. Hodson, J. Kasmire, A. McMeekin, J.G. Stehlin, *Urban Platforms and the Future City: Transformations in Infrastructure, Governance, Knowledge and Everyday Life*, London-New York, Routledge, 2020, pp. 53-69.

26 *Comunicazione della Commissione al Parlamento europeo, al Consiglio, al Comitato economico e sociale europeo e al Comitato delle regioni. Appalti pubblici efficaci in Europa e per l'Europa*, Strasbourg, October 3, 2017 (available at https://ec.europa.eu/).

27 Sheila R. Foster, Christian Iaione, "The city as a commons," *Yale Law & Policy Review*, 34, 2015, p. 281.

28 さらなる分析については以下を参照：Pais, Provasi, "Sharing economy," cit.

29 この分析については、さらなる分析を行った以下を参照：Carolina Pacchi, Ivana Pais, "Il crowdfunding civico tra reti, comunità e ruolo del governo locale," in Fondazione Ambrosianeum (eds.), *Una metropoli per innovare, crescere, sognare*, Milan, Franco Angeli, 2017, pp. 117-134.

30 続いて述べられる考察は、以下の文献で提起された：Ivana Pais, "Smartworking e nuovi spazi di lavoro: come cambiano i beni collettivi locali," *Menabò di Etica ed Economia*, 136, 2020.

31 最近の議論のなかでも代表的なものとして、以下を参照：Colin Crouch, Patrick Le Gales, Carlo Trigilia, Helmut Voelzkow, *I sistemi di produzione locale in Europa*, Bologna, Il Mulino, 2004.

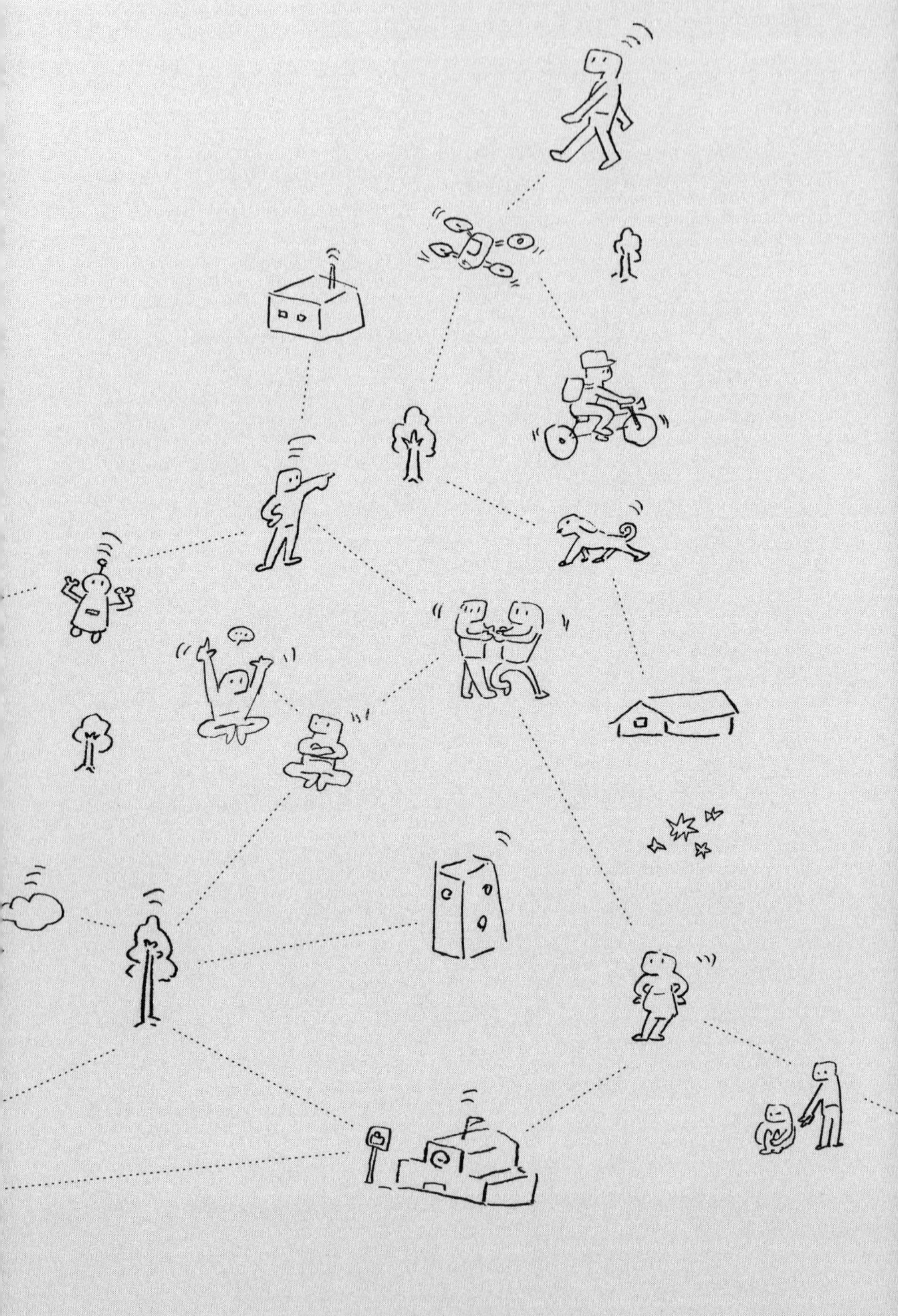

付録 *2*

日本語版解説と日本での事例

安西洋之、本條晴一郎、澤谷由里子、森一貴、山﨑和彦、山縣正幸　著

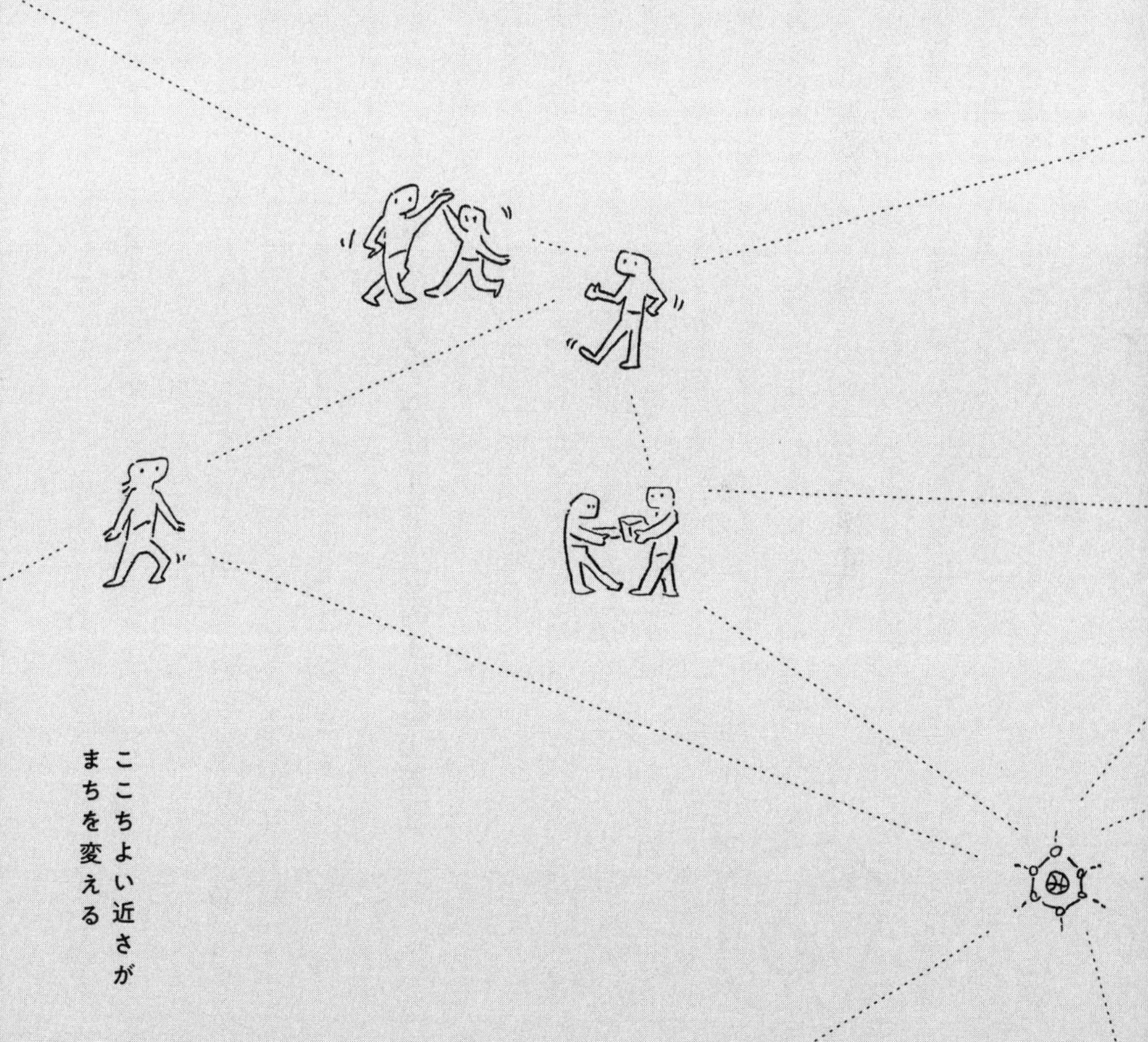

付録 2.1

欧州のまちづくりの参考のしかた

● ミラノのまちづくりを日本ではどう参考にすればよいのか？

欧州における近接の都市の実現のしやすさ、その欧州の経験を他の地域に適用する際の注意点、これらについてマンズィーニは本書の「はじめに」で次のように記している。

〝私が熟知する文脈にある事例として、主にミラノとバルセロナを選んだ。（中略）これらの都市を事例として参照することは、最もたやすい選択であることを意味する〟

〝各事例には付随する避けがたい特殊性があり、事例が他の文脈の人びとに伝えられることの限界がある。だが、私たちが、それぞれの事例を認識し解釈する方法さえ知れば、それぞれの事例はあらゆる人に何かしらのことを教えてくれ、状況に適用できる何かをもっている、と私は信じている〟

バルセロナやミラノがどうして容易な例とされるのか。ミラノの現況を説明しながら、日本でその経験を適用する場合のポイントについて触れておきたい。

● イタリア及びミラノの歴史地区の変遷

欧州の中世からある多くの街は「歴史地区」が核になっている。かつて城壁に囲まれた地域で、中心には城や主要な教会がある。もちろん住居もある。「欧州で近接の都市をつくるのは容易」と言われるのは、このタイプの地区の直径が通常数キロしかないからだ。イタリア都市史が専門の法政大学建築学部名誉教授・陣内秀信さんによれば、1950〜60年代のイタリア

地図中の小さな枠内が歴史地区

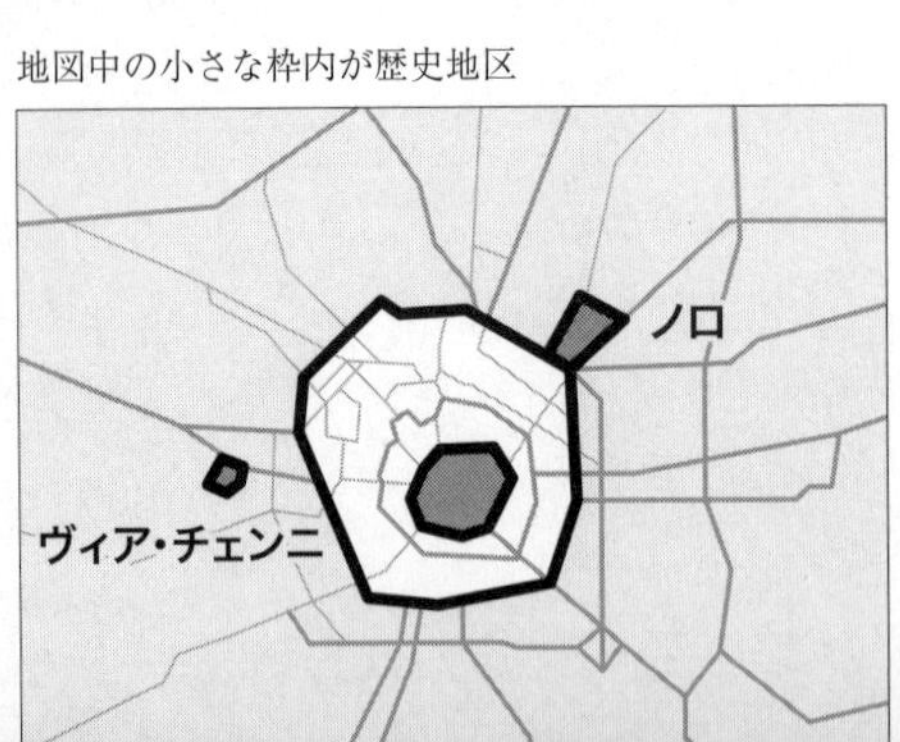

経済高度成長期、都市の過密が問題になり都市郊外に都心の住人が移り住むことで都市内が荒廃した。

だが、1968年、先進諸国の若者たちによる「価値転換を目指す運動」をひとつの契機に、効率的なまちづくりは人びとの歴史的・文化的なアイデンティティの喪失につながると気づいた世代を超えた建築家・都市計画家・社会的リーダー・文化人らがイタリア各地で声をあげた。自治体とも手を取り合い、歴史的・文化的財産の保護と再生に舵をきることで、歴史地区の魅力が再評価されるようになった（マンズィーニ自身がサステナビリティをテーマとしてきたのも、1968年の経験が起点になっている）。

ただ、ここで注意しなければいけない。**イタリアにおける都市再生は住人たちの生活そのものの維持に焦点がおかれた社会的な政策であった。単なる建物外観の保存ではない。**しかし、21世紀に入ってからのミラノの歴史地区にはグローバルにビジネスをする企業の店舗などが急増する。不動産の値段が高くなりすぎ、ミラノで長くビジネスをしてきた企業には手が届きにくいという理由で、「ミラノらしさの空洞化」という現象を招いている。

● 歴史地区の外で活発化する「再編成」

その結果、今、近隣地区のソーシャルイノベーションの主舞台は歴史地区の周辺3～4キロ圏内だ。ここに、工房や倉庫など「産業遺産」とされたものの多様な目的への転用と、それらを壊しての新建築の2つの流れがある。

前者は〝都市の再編成〟として、倉庫がショールームに転用されるなどの例があるが、商業目的は再編成の一部に過ぎない。後者が〝都市の再開発〟にあたる。**前者には住人の論理の優先順位が高く、新しい利用には議論が噴出する。近接の都市は全地区を対象とするが、現在、ホットなゾーンはここだ。**

この例として本書では、ミラノ市北東地区を取り上げている。ミラノ工科大学デザイン学部准教授、ダヴィデ・ファッシが4章で解説しているNoLoと呼ばれる地区である。ノロとはロレート広場の北側の略称で、2019年、ミラノ市が正式名称として採用した。ここ

ノロの街角の風景

は貧しく犯罪が多い地区と認知され、多発する犯罪が新聞記事でも社会問題として度々指摘されてきた。

そこに新しい動きがでてきた。2016年、「ノロ・ソーシャルディストリクト」というグループがフェイスブック内にできた。これにより、近くに住んでいるけどよく知らない人たちが、実際に対面で会うようになる。

2017年以降、ノロの小売りの店舗や飲食店などもネットワークで地域の交流を促し、住人の日々の困りごとに対応できるようなもちつもたれつの関係ができてきた。パンデミック期間でも、生活困窮者がサバイバルできる食料品の提供などがクラウドファンディングにより実施できた。また、ノロの活動を支援しリサーチをする機関として、ミラノ工科大学デザイン学部の研究グループが、地区内にある市営屋内マーケット内にオフキャンパスを2018年から設け、常時、学生や研究者がいる。

● ミラノにあるアソシエーション文化とデザイン文化

本地区はミラノ市内のなかでもアソシエーションの数がとりわけ多い。実はミラノ全域においても、何らかの価値をつくり、それを普及させていこうというアソシエーション文化がある。

並行して、もとはプロジェクト文化と呼ばれていたデザイン文化もミラノには根強い。毎年5月に開催されるミラノデザインウィークが、デザイン文化の具現例のひとつだ。デザイン文化とは、ビジョンや価値をつくり、それを試行錯誤しながら実際に前進させていく文化のことだ。ここから気づくのは、**アソシエーション文化とデザイン文化の共通性だ。**

ミラノデザインウィークはビジネス目的から自然発生的にはじまった。だが、住民やクリエイターたち各地区文化の醸成を視野に入れ、挑戦的な試みをそれぞれに手掛けた。市役所はそれらの提案に「お墨付き」を与える。ミラノ工科大学で教鞭をとるデザインウィークに詳しいルカ・フォイスさんは次のように語る。

「ミラノにはインテリア産業の興隆に見るように、もともとデザイン文化があったと見てよい。それが時間をかけて成熟したのがミラノのシステムとも称せるボトムアップの文化だ」

●「多義性」が近接の都市の鍵になる

アソシエーション文化とデザイン文化はボトムアップが特徴で、これらにある**共通点は「実践に通じる雑談」の存在**である。発端は人びとの間での何気ない、あることに対する見方や解釈の違いに関する気楽な意見交換だ。物事を多義的に見る習慣があるのだ。

この**多義性を重んじる土壌**は、都市と田園地帯を行政区分だけではなく、自然、経済、社会、文化の共同体という多くの次元をひと塊にとらえるテリトーリオというイタリアに特有の見方をも支えている。

前述した陣内秀信さんには『イタリアのテリトーリオ戦略』（白桃書房）との著書があり、統合的な地域観が紹介されている。誰もが地域や状況を多義的に見ることで住みよい環境をつくろうとするこのテリトーリオ戦略には、都市内で地区ごとに用途を設定してきた従来の都市観を崩すヒントが隠れている。

市営マーケット脇の交流スペース

つまり、イタリア全体にある文化とミラノで強い文化が重なり合い、現在、ノロのような都市の再編成が地区ごとで進行中なのである。ミラノにおける近接の都市の実現へのプロセスをハードウェアとソフトウェアの両方の点に注視することで、日本における実践の参考になるだろう。決して容易でないが、夢物語でもない。

安西 洋之

付録 *2.2*

複雑系としてのコミュニティとケアの倫理

●コミュニティとケア

本書のアイデアを簡潔に言うと、「それぞれの場所が様々な使われ方をされる」ようにすることで、つまり**多様化した近接**を実現することで、ここちよさを得ようというものになる。デジタル技術を使った新たな形として、あらゆることを家に閉じこもった状態で行う「家で／家からすべて」というシナリオと、あらゆることを地理的に近いコミュニティで行う「近接ですべて」というシナリオの2つが提示され、後者の魅力と実現方法が述べられている。

近隣地域によってケアを実現する試みとして、日本には**地域包括ケアシステム**があり、2025年を目処とした実現が目指されている。地域包括ケアシステムは、高齢者が住み慣れた地域で自分らしい暮らしを送り続けることができるように「住まい・医療・介護・予防・生活支援」を一体的に提供するシステムであり、中学校の学区の大きさを基本単位として、各地域の特性に応じてつくり上げていくものである。そこで目指されている姿は、本書で紹介される事例と共通するところが多い。

地域による高齢者のケア

ただしマンズィーニは、地域という既存のコミュニティによるケアを目指すだけではなく、新しいコミュニティが生まれていくことを視野に入れる。そのために、介護としてのケアに限らず、介護を必要としない人びとの趣味や娯楽を含む様々な活動とケアの考えを組み合わせる。ソーシャルイノベーションの実践と観察から得られたコミュニティとケアについてのアイデアが本書の特徴となっており、それらのアイデアはまちづくりや地域づくり、ケアワークの取り組みを補完し発展させるものである。

複雑系としてのコミュニティ

コミュニティとは何らかの共通性がある人びとの集まり、もしくはお互いに共通の知人が多い人びとの集まりを指す。ただし、新しいコミュニティが生まれるプロセスを考える場合、踏み込んだ考察が必要になる。そこで用いられるのが**複雑系**の知見である。

複雑系とは、**複雑性**をもつシステムのことである。複雑性には、「全体の性質が部分の要素に還元できない」つまりバラバラにすると全体の性質が失われるという意味と、「部分と全体が相互作用することで、部分の性質や役割が変わる」という意味が含まれている。例えば、生物は分子からできているが、生きているという性質は個々の分子に分解して説明することはできない。分子の単位にバラバラにしてしまうと、生きているという状態が失われてしまう。そして、「部分の集まりの相互作用から、つまり、要素が集まったシステムが、複雑系としての性質を表すようになることを**創発**という。現実世界の複雑系がどのように創発するかについて一般的な知見は得られておらず、複雑系の一部である要素が全体をデザインすることはできないと考えるのが基本的な理解である。

コミュニティは、要素である人びとの足し合わせ以上のものであり、複雑系である。よって、要素である人間がデザインすることはできない。マンズィーニはこのことを踏まえた上で、人びとを集める方法や、雑談などの人びと同士の相互作用が生じやすい方法をデザインすることで、コミュニティが創発しやすい環境を整えるアプローチを提示している。中核的なアイデアのひとつが**場所のコミュニティ**である。マンズィーニは、「人びとが活動し意味を付与した空間」を**場所**と呼び、異なるテーマを持つプロジェクトが空間的に近い場所で行われることで、場所のコミュニティが創発しやすくなることを、様々な事例に対する考察によって示している。

ケアの実践とケアの倫理

マンズィーニは、様々な意味で用いられる**ケア**という言葉を、誰かや何かに注意を向ける「気づき」としてのケア1、実際に行われるケアワークである「対応」とし

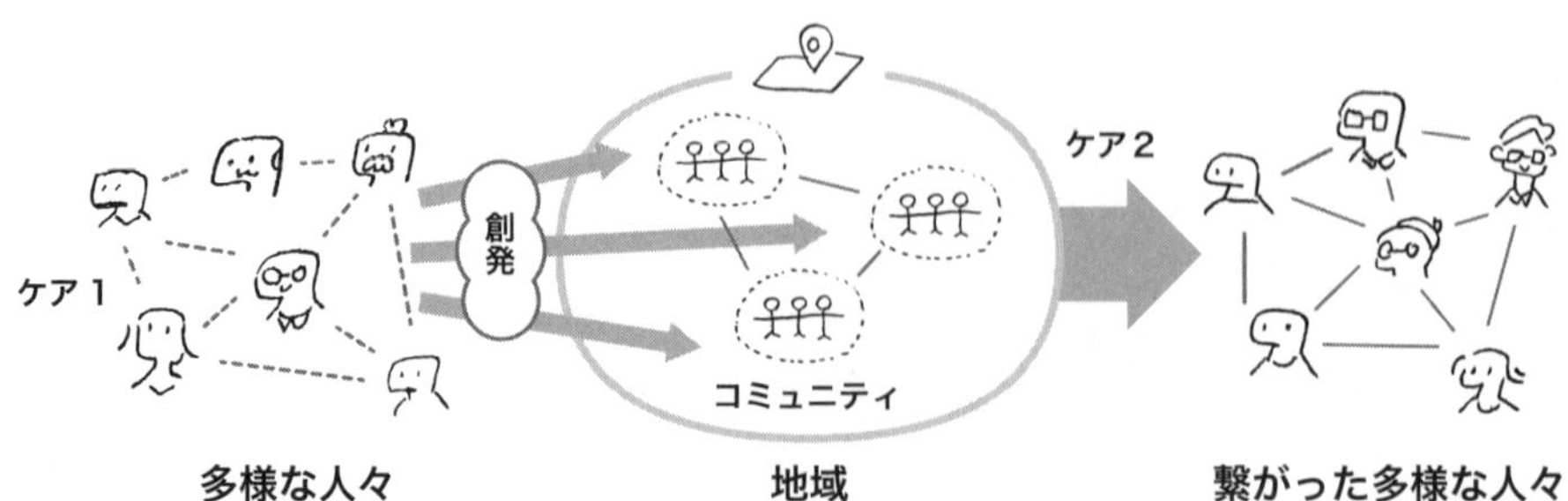

本書でのケアのあり方

てのケア2、ケアワークの結果である「治療」を意味するケア3に呼び分けている。

そして、ケアワークの実践と並行して、ケアについての哲学的な考察がなされる。そこで取り上げられるのは「私たちが『世界』の中で可能な限りよく生きることができるように、私たちの『世界』を維持し、継続し、修復するために行うすべてのことを含む、種の活動である。その世界には、私たちの身体、自己、環境が含まれる」と定義されるケアである。ベレニス・フィッシャーとジョアン・トロントによってなされたこの定義は、現実の文脈を踏まえた実践を志向する**ケアの倫理**の中心をなす定義である。ケアの倫理とは、世界を人間関係の集まりとして捉え、人間関係のネットワークを活性化させ強化することで、様々なニーズを満たそうとする思考様式である。対照的に、世界を孤立した人びとの集まりとして捉え、個人同士の権利の競合を形式的で抽象的な原理によって解決しようとする思考様式は、**正義の倫理**と呼ばれる。

マンズィーニは、ケアの定義の対象に環境が含まれていることを拡大して捉え、地球全体をケア3の治療の対象として考えることで、**持続可能性**の確保を意図している。そして、ケアの倫理が目指すネットワークの活性化を都市全体、さらには地球全体に広げることで、複雑系としてのコミュニティが創発しやすい条件を整えることを考える。単一の合理性や唯一の司令部に依存した正義の倫理によるあり方ではなく、現実の文脈を踏まえた多様なプロジェクトを実現することが、コミュニティの基盤となる。

●非都市とスマートシティ

さらに、マンズィーニは、ケア1なきケア2がしばしば行われていることの危険を述べる。正義の倫理に従い、管理の効率性や規模の経済の実現を目指した**専門化した近接**によって、市場化したサービスのみでケアワークが行われることは、ケア1なきケア2である。「家で／家からすべて」のシナリオによるオンラインケアは、この方向を極限まで推し進めたものである。

ケア1なきケア2を防ぐため、ケア1を維持、活性化するために提示されるのが近接のアイデアである。そして、介護以外の行為もケア1とともに行うことが勧められる。デジタル技術を、ケアなき技術とするか、ケアする技術とするかの違いがここにある。前者が「家で／家からすべて」という**非都市**のシナリオをもたらす一方、後者は「近接ですべて」というシナリオに結実する。「ICT等の新技術を活用しつつ、マネジメント（計画、整備、管理・運営等）の高度化により、都市や地域の抱える諸課題の解決を行い、また新たな価値を創出し続ける、持続可能な都市や地域」と定義される**スマートシティ**を支えるための技術は、非都市をもたらすケアなきデジタル技術ではなく、ケアするデジタル技術と言える。そうした技術は、楽しさやここちよさを増大させると期待される。そして、コミュニティの網の目の上に構築され、復元力を持つレジリエントな**ケアする都市**は、災害大国の日本において大きな有効性をもつだろう。

本條 晴一郎

付録 *2.3*

近接の都市が描く世界

●規模の経済によるサービス社会の限界

マンズィーニがこの書籍を書くきっかけとなったコロナ禍は、サービス社会の本質的な問題をあぶり出した。この問題の要因を、特定の個人の問題に対する特定の解決策としてのサービスの限界と見てとる。ケアを量的な観点からとらえると、必要となるすべてのサービスをすべての人に提供することは不可能である。この資源の限界と、今まで私たちの社会を豊かにしていたコモンズの減少が、伝統的なケアの崩壊要因であると指摘する。

この解決の糸口となるのが近接である。近接には、サービスとそれが行われる場所の物理的距離である**機能的近接**と、人びととの相互作用である**関係的近接**がある。効率化を優先し規模の経済を追求するあまり、ケアサービスは機能優先の大規模センターにまとめられ、私たちの身近にあった豊かな関係性が失われている。これらがケアサービスの崩壊をもたらしたとマンズィーニは見抜く。

●サービス社会の再生

サービス社会の再生のために有用な示唆を与えてくれるのが、オンラインケアとコラボレーションサービスのシナリオである。マンズィーニがディストピア的だというオンラインケアは、ともすればケアの関係性の深遠さを軽視し、支援を遠隔放棄の状態に変える。一方、コラボレーションサービスは、サービスの提供者・需要者、さらには専門家と非専門家という区別を排除し、より多くの人を巻き込み**ケア1（気づき）**と**ケア2（対応）**の仕組みを再生するヒントとなる。

コラボレーションサービスとは、多くの人びとや物が、時間や知識、それらを使ってケアを提供して貢献するコミュニティである。それを成り立たせるのは、物理的・関係的な近接のケアシステムとデジタルプラットフォームのハイブリッドである。そのためには、人びとが信頼や共感、そして対話といったあらゆる関わりあいの横糸と縦糸となるコモンズを織りなすサービスの出会いをデザインする必要がある。

サービスの出会いとは、問題解決や新しい機会につながるアクター間の相互作用である。サービスの出会いをデザインすることで、サービスの存在する場所が人びとの活動の場であるコミュニティになる。サービスの出会いを有効化するためにはアクター間の非対称性の排除が必要であり、マンズィーニはそのヒントをセンのケイパビリティに見出す。個人のケイパビリティから出発し、人びとを問題の担い手としてだけでなく、その解決策の一部として捉える。

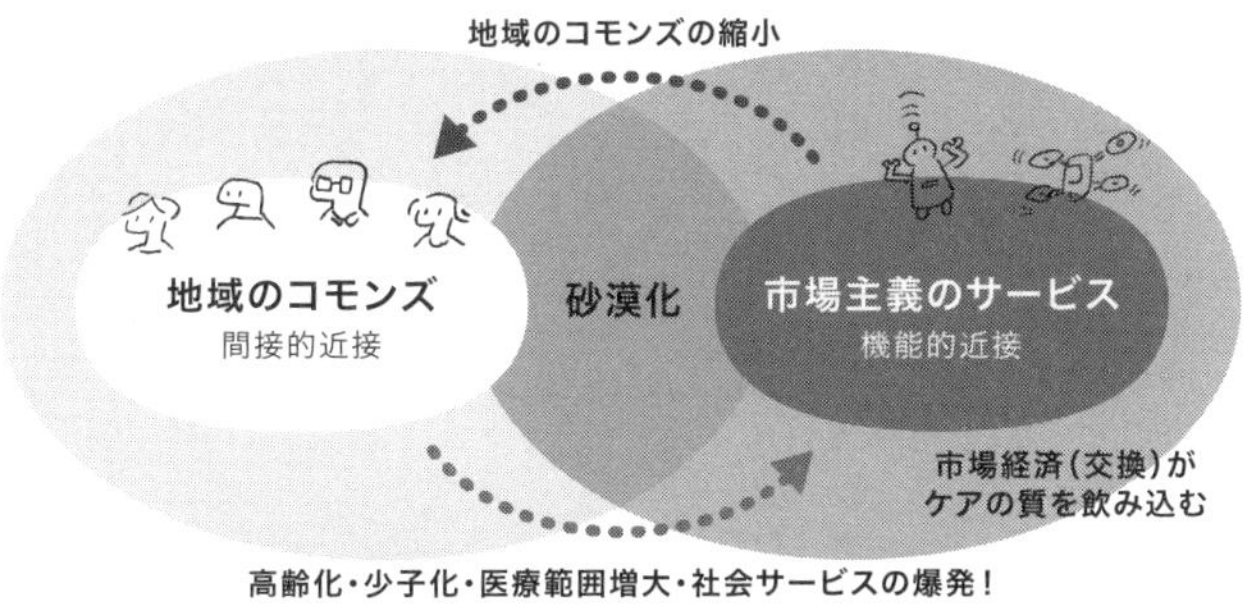

● 範囲と連結の経済による近接の都市の実現

近接の都市には密度の高さが必要であり、**範囲の経済**が意味をもつ。範囲の経済とは、複数の異なる活動を一箇所で行うことによるシナジー効果である。カフェに設置された市民サービスは**機能のハイブリッド**であり、複数の活動の共生による範囲の経済を生み出す。機能のハイブリッドは経営的な利点だけではなく、人を呼び込み、関係性を強化し、共同活動を促す。そして、複数主体間に関する**連結の経済**や**役割のハイブリッド**が創発される。

デジタルと物理的なハイブリッドを基盤とし、機能・役割のハイブリッドによって、市民や他の社会アクターを共通の関心や共同活動の周辺に集め、地域に根づくコミュニティが実現される（3章扉図参照）。

● 近接の都市のデザインのための処方箋

ケア活動やその基盤となるコラボレーションサービスの地域的な組織化は、十分に密な近接システムに準拠すればより効果的である。その実現のためには、デジタル・機能・役割のハイブリッドが有効だ。

規模の経済によるサービス社会の限界

次に、ケア活動を支援するサービスは、多様な近接システムの中で運営されれば、より存在しやすく長続きしやすい。その本質は、システムとしてのケア、**サービスシステム化**である。サービスシステム化は、個々の問題に対する具体的な解決策としてのケアから、ケアのコミュニティへの変容を促す。

3つ目は、関わりあいやコミュニティが生まれ、長く続くような好ましい環境をつくることである。マンズィーニは、社会化はコミュニティの創発とみなされるものであり直接的にデザインすることができない、という。できることは、ケアのコミュニティが起きやすくするための環境をデザインすることである。そのためには、社会的な会話を生み出す**刺激**と**アトラクター**が役に立つ。それはバルセロナのランブラス通りの真ん中に置かれた椅子のようなもので、この椅子が観光客の流れを断ち切ることで、観光客を住民との会話に誘うことができる。

4つ目に、人びとが始めた取り組みに人を巻き込むためには、**地域化・社会化・包摂・多様化・調整**の行動様式が役に立つ。小さくローカルでスタートし、オープンで多様性を享受し、参加しやすく繋がりやすくすることである。

最後に、ケアのコミュニティがずっと豊かな意味を育む場であり続けるために、**近接の中での行動**と**近接のための行動**との間の二重のつながりのデザインをあげる。マンズィーニは、変容的ではなくなり規範化へと向かっていく危険性を打破するために、**変容する通常性**という概念を提唱する。つまり、ケアの活動がある限り、近接の都市が完成して止まることはないのだ。

●ケアの評価と配分

これまで一般的に金銭的な価値を持たなかったケア1とケア2によって生み出された価値をどのように認識するかは、残された問題である。市場経済上ではケア1とケア2によるケアワークと、職業的**ケア3（治療）**の活動の間に明確な境界線を引くことはかなり難しい。

ケアの質は、ケアを込めて行われた行為と、個々の文脈の複雑さと、それらへの対応するプロセスから生じる。

ケアに関わる時間は、機能的近接によって時間が生み出され、関係的近接によって時間が使われる。私たちがケアする都市を目指す場合、現代の一元的で効率化を目指した時間は、ケアする都市の多様な時間に変わる必要がある。時間をかけてこそ生み出され評価される質を求めるのか？ 求めるならば、それをどのように価値づけ評価するのか？ 結局の所、私たちはスローダウンできるのか？

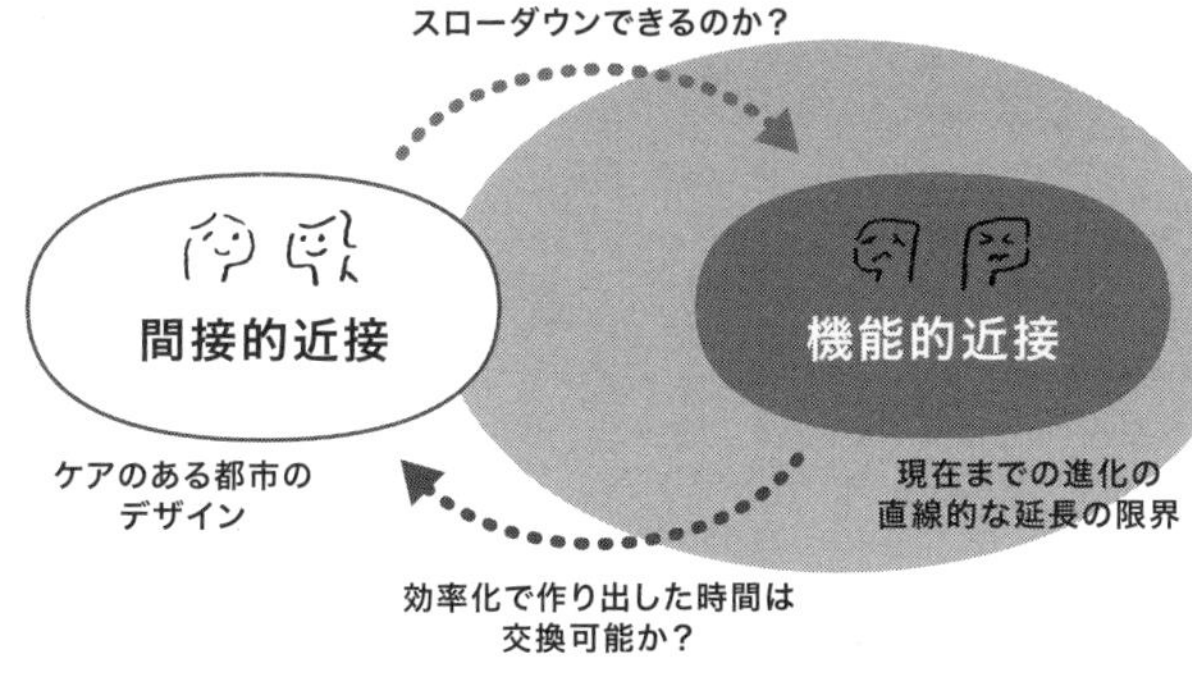

ケアワークの価値は主に、物事をうまくやった、つまり、ケアワークをした人の満足感にある。しかしマンズィーニは、これはよい出発点にはなり得るが満足のいく回答にはまだなっていない、という。ケアワークの評価と分配を実現するためには、コラボレーションサービスとそのプラットフォームはどのように変容していくのか？

新たな時間のエコロジー：一元的加速→多元的時間

●だれが近接の都市を創るのか？

最後に議論したいのは、だれがこの都市を創るのか？である。近接の経済は、その機能を過去に求めてはならないだけでなく、現在までの進化の直線的な延長として想像することも避けなければならない、とマンズィーニは強調する。この、出現しつつある世界の中に自らを位置づけることをしながら、近接の経済の兆しをつくり出しているのが、ソーシャルアントレプレナーである。

本書でマンズィーニは、デザイナーの役割が、問題を特定し解決策を提案することから、人びとがもつ潜在的な能力やリソースを特定しサポートすることへ変容すべきである、と語る。それによって、デザイナーはサービスの出会いをデザインし、より良く生きるための関係の網を織りなす手助けをする。この姿は、まさしく、ソーシャルアントレプレナーである。

澤谷 由里子

付録 2.4

豊かな一時的近接からはじまるうねり。産業観光イベントRENEW

どうぞ、と促された工房の扉をあけると、じっくりと回転する大きな機械から吹き出る熱気と湿気が頬を抜ける。並んだ3人の職人たちが、黙々と和紙をすいていた。ちゃぷ、と和紙をすく水の音と静かな所作とが、うなる機械と不思議なコントラストをなしている。

「驚いたでしょう。この大きな機械は、すいた和紙を乾かすためのものなんですよ」

ここですいている和紙は、日本酒のラベルなどに用いられるのだという。「和紙をちぎったときの、この毛羽立ちがいいでしょう?」実物の和紙を見せながら、楽しそうに職人さんが説明してくれる……。

●持続可能な地域を目指す「RENEW」

「近接の都市」は、都市部でしか実現しえないものだろうか? 確かに都市部のほうが、多様化した近接は実現しやすいように思われる。しかしマンズィーニの言う通り、必要なのは「関わり合いの密度」であり、地方でも多様化した近接を実現することは可能だ。この解説では、地方において豊かな近接を生み出してきた事例として、**ものづくりを通じて持続可能な地域を目指す運動「RENEW(リニュー)」**を紹介したい。

RENEWの舞台は、福井県越前鯖江エリア(鯖江市・越前市・越前町)だ。ここは漆器、和紙、打刃物、箪笥、焼物の5つの伝統産業と眼鏡、繊維産業が集積する、日本でも有数のものづくり集積地で

RENEWの様子

自由に工房をめぐり見学やワークショップなどを楽しむ

ある。しかし地場産業の売上は減少し続けており、その状況は切迫している。こうした危機感から２０１５年に始まったのが、産業観光イベントＲＥＮＥＷだ。３日間の会期中には地域の工房が一斉開放され、訪れた人びとは工房見学やワークショップ、ショッピングなどを通じて職人らと会話しながら、私たちが普段使うモノの裏側で、どんな人が、どんな技術を使って、どんな想いでものづくりに関わっているのかを体感することができる。毎年約90事業所が参加、３０，０００人以上が来場する、国内最大規模の産業観光イベントだ。この取り組みを、本書の議論をもとに見てみよう。

●関係的近接を生み出す実践

ＲＥＮＥＷはまずもって、普段立ち入ることのできない工房という既存資源を、３日間限りで地域に開くイベントである。またフードコートやマーケット、トークセッションなども開催される。このようにＲＥＮＥＷは、**多様な活動が集まる豊かな近接を、一時的に実現させる活動**だと言うことができる。

ここで何より重要なのは、ＲＥＮＥＷがマンズィーニのいう「機能的プロトタイプ」として機能していることだ。つまりＲＥＮＥＷは、産業観光イベントという形式を通じて、**「私たちが将来的に見たいのは、こういう景色なのだ」というビジョンを具体的に可視化している**のである。こうすることで関係者らは、目指すビジョンを具体的な像として共有することができ、さらに、その景色は自分たち自身で生み出していけるものなのだ、という確信をもつことができた。

これに加えて準備期間という観点で見ると、ＲＥＮＥＷは職人、クリエイター、行政といった、地域の多様なアクターが集い協働する関係的オブジェクトとして機能していることがわかる。具体的には毎月の会議でワークショップを行ったりするのだが、こうした協働の結果、

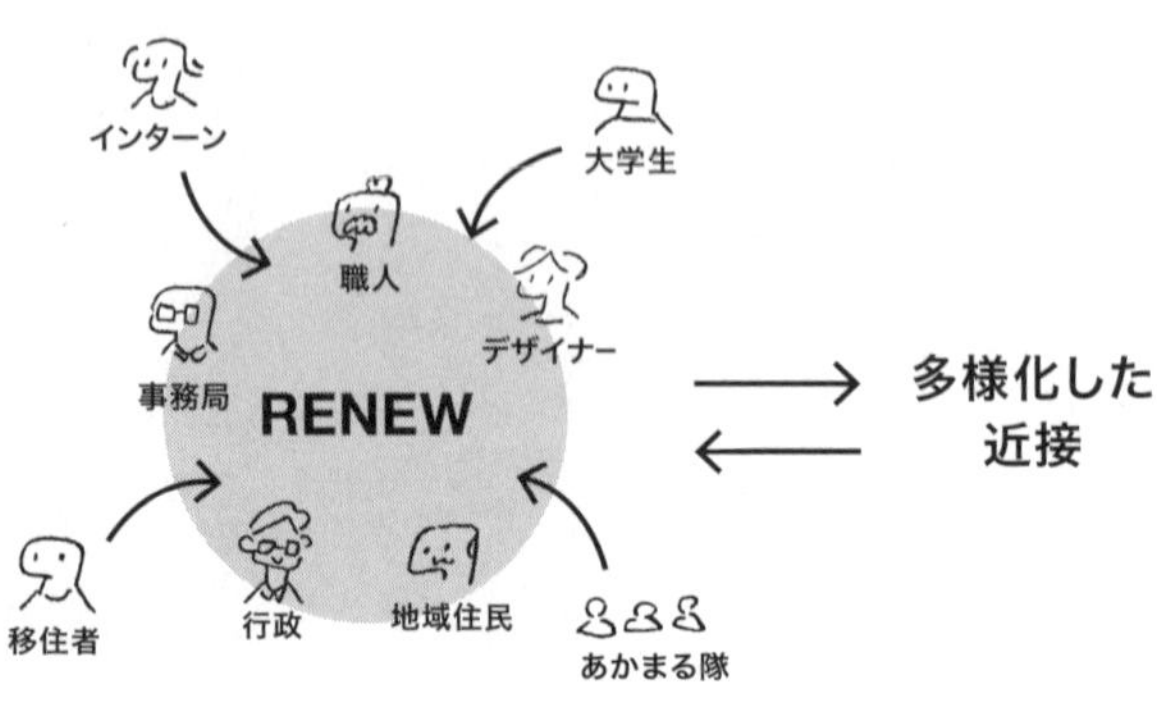

地域の多様化した近接に影響を与えている RENEW

参加事業者の間で商品開発プロジェクトが生まれたり、事務局メンバーが参加事業者に就職したりと、思いもよらない変化が生まれている。

このように、理想の未来像が共有され、また協働を通じて関わり合いが生まれた結果、地域に大きな変化がもたらされた。つまり、２０１５年から２０２２年にかけて、参加事業者の中から合計33もの店舗や宿、ギャラリーなどが新たに生まれ、**より豊かな機能的近接が実現されたのである。**結果、普段からこの地域に訪れる人が増えつつあるほか、これらの拠点から新たな人びとの出会いや関わりあいが生まれ、それがさらに新たなコミュニティやプロジェクトにつながる循環が育まれている。

このようにＲＥＮＥＷは、**多様化した近接は、それが一時的なものだったとしても、地域に新たな機能的・関係的近接を生み出すことに大きく貢献できる**と示しているのである。

● 通時的視点から

さて、本書のポイントのひとつは、長期的な変化に焦点をあてていることだ。ＲＥＮＥＷもまた第一回目の開催からすでに8年が経っており、その通時的な変化についても見てみたい。

ＲＥＮＥＷは当初、「ソーシャルヒーロー」から始まったイベントだった。立ち上げたのはデザイン事務所・ＴＳＵＧＩの新山直広と谷口眼鏡の谷口康彦であるが、彼らは、ものづくり産業が元気を失えば、産業と深く結びついたこの地域そのものが衰退してしまうという強い危機感を持っていた。しかし最初期のＲＥＮＥＷは収益もなく、マンズィーニの言う通り、その運営には多くの時間や熱意が必要だった。

しかし時を経て、徐々に**それぞれのエネルギーに応じた、多様な参加が可能になりつつある。**参加形態としては事務局メンバーのほかにインターンや当日ボランティアなどがあるが、このうち、多様な参加を担保している代表的な例が、地域のサポーターチーム「あかまる隊」である。このチームの参加者は、特定のコミットを強制されることはないが、産地ツアーを企画するなど各々の関心やエネルギーをもとに、軽やかな形で地域に関わることができている。このようにRENEW、ひいてはこの地域はいま、多様な人びとがそれぞれの居所を見つけられる、新しい通常性の段階に入りつつある。

このように段階が変化するなかで、RENEWの存在意義自体も問い直されてきたことに着目しておく必要がある。RENEWは産業観光イベントとして始まったが、とりわけコロナ禍は、関係者らが一度立ち止まり、RENEWのあり方を改めて再考するきっかけとなった。その結果、商品開発や雇用創出支援、通年での産業観光推進などに取り組みが拡大し、一般社団法人SOEが新たに設立された。マンズィーニの言うように、活動のあり方は固定的ではない。**活動の存在意義は、常に問い直され、変容し続けるものなのだ。**またこの変化はマンズィーニのいう「近接におけるデザイン」から「近接のためのデザイン」への転換だという点も、強調しておくべきだろう。

●最後に

これまでの経験を踏まえてまとめれば、**「近接のデザイン」とは、こうしたすべてのものごとが絡みあう網の目を引き受けながら、それらをよりよい形で維持していこうとする、ケアとしてのデザインだと言うことができる。**そこには明快なレシピは存在しないし、何が生まれるかを予測したり管理したりすることはできない。それは変化し続ける場に敏感に応答し、好ましい条件を整え続ける、泥臭い営みである。しかしだからこそ、そこには驚きに満ちた、予期せぬ未来が生まれる可能性があるのだ。

森 一貴

付録 2.5

近づけるためのデザイン（近接のデザイン）とすさみ町の事例

和歌山県すさみ町は南紀白浜空港より30分で、雄大な太平洋に面して、農林漁業と観光を主要産業として、豊かな自然美に加えてマリンスポーツや世界遺産の熊野古道大辺路街道も脚光を浴びている地域である。また、人口は約3，600人で高齢者の人口比率が高い。

●すさみ町の産学プロジェクト

2022年の夏には、武蔵野美術大学と熱中学園とすさみ町が協力して「すさみ町の産学プロジェクト」を推進した。このプロジェクトでは、地域の人たちと実際に共創し、すさみ町らしい事業の企画やデザインを提案することが目標である。岩田町長はこのプロジェクトにあたって、すさみ町のことを「外から来る人に対してはね、案外こうウェルカムっていう精神がある町。すさみにあるのは、空き地、空き家とお年寄り。あなた方の宝が東京になかったとしても、すさみに宝がうまっているかもしれません」と語っている。

学生たちは自分のやりたいことを見つめながらも、すさみ町に2週間滞在し、まずはやってみる実践を開始した。すさみ町のウエルカムな文化と協力してくれる人たちに恵まれながら、学生は多くの活動を実践した。実践を通して提案した内容には、「騒げる奴等で天国GO」、「SUSAMI FES」、「おせっかいクリエイティブ」、「しばきプロジェクト」、「浜掃除」、「ふるさと留学」など15のプロジェクトがある。

すさみ町で学んだ事例のひとつに、**浜掃除のコミュニティ**がある（図1）。80代の中心人物が、すさみ町海岸を清掃する「ボランティア渚」というコミュニティである。この活動に学生も参加して、地域

図1：浜掃除のコミュニティ（すさみ枯木灘海岸）

図２：ふるさと合宿の様子（すさみ町アナカシコ）

の人たちの想いやコミュニティから多くのことを学んだ。また、すさみ町の人が思いついたら、身近にある材料ですぐにつくるクリエイティブな実践も刺激だった。ここでの実践からの学びは「地方活性化」や「地域での東京のデザイン活用」ではなく、**地域の人たちこそが人として活性化して生きていること、創造的に活動していること**を、学べたことだった。

●すさみの美術大学

　これに気づいた学生有志より、すさみ町ともっとつながりたい、つながり続けたいという想いから、**すさみの美術大学**というアイデアを提案した。町の人たちとも相談しながら、2023年1月に武蔵美の学生が中心となってすさみ町の人たちと一緒に「すさみの美術大学」という社団法人を発足させた。そして「すさみに学び、ステキを、カタチに」というビジョンを基に活動を開始した。このメンバーは、一人ひとりがこのビジョンのもとに妄想しながら、多様なプロジェクトのアイデアの社会実装を目指している。

　すさみの美術大学の最初のプロジェクトは、町のみんなが先生である「みんなの学校」を妄想していたメンバーが中心となり「ふるさと合宿」という企画を実践した（図2）。これは、すさみの美術大学主催で都市近郊の人たちを募集してすさみ町で実施した合宿である。この合宿は、すさみの人たちの生きがいを学びながら、町で遊び、学び、町の人びとと一緒に活動するプログラム。各自の妄想からスタートしながら、行動に移すため、プログラムの終わりには、参加者のアイデアを実践した。

　次の企画である**すさみアートキャンプ2023**は、すさみの美術大学が中心となり町の人と一緒に実行委員会をつくり、すさみ町の日常美を表現する町民主体の芸術祭を開催した。コンセプトは「仲良くなる」とし、人と

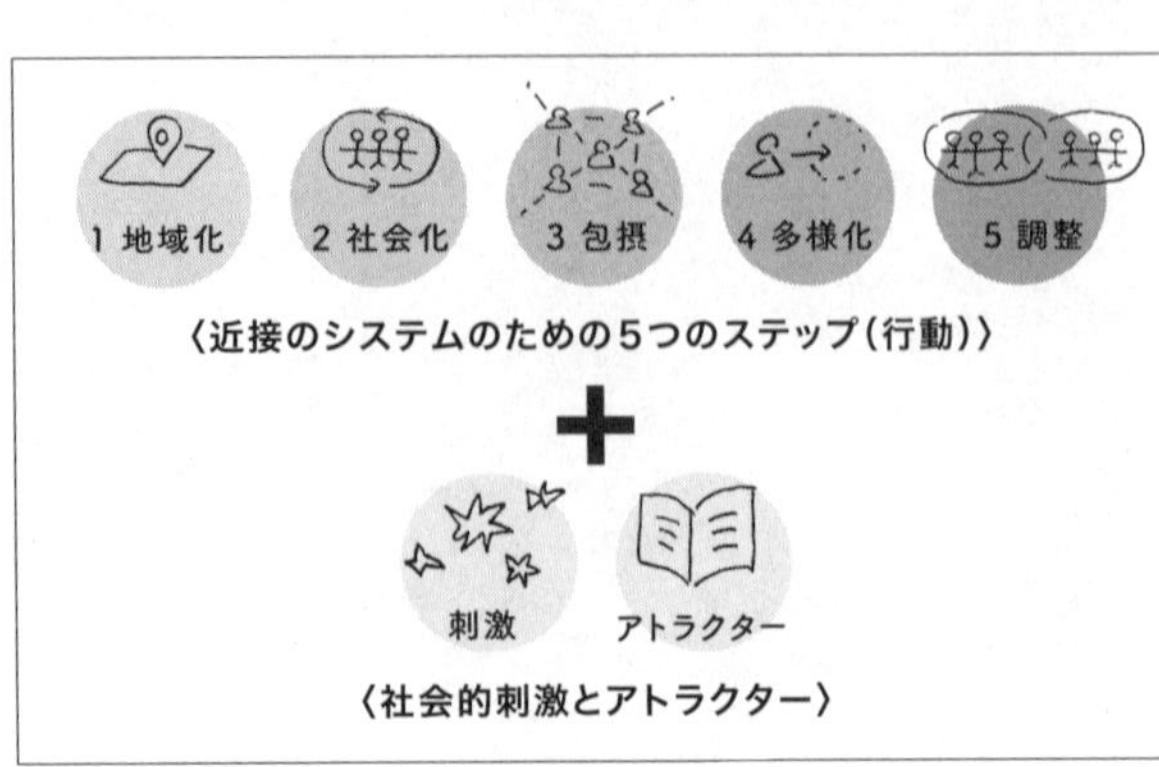

図3：近づくためのデザイン（近接のデザイン）

人だけでなく、地域と地域、人間と自然、過去と未来、不安と安心、これまで敷かれていた境界線を乗り越えてつながることを目指した。参加者が日々の生活のなかの美しさを再発見し、イベントや作品をつくり上げる。また、来場者も制作プロセスに参加し、町の人びとや風景と触れ合う機会となることを意図した。

●近接のデザインという視点での振り返り

近づけるためのデザイン（近接のデザイン）という視点で、この活動を振り返ってみよう。具体的には、**近接のシステムのための5つのステップと社会的刺激とアトラクター**という視点である（図3）。

まずはすさみ町の現状から。「近接のシステムのための5つのステップ」である、地域化、社会化、包摂、多様化と調整であるが、「浜掃除のコミュニティ」を例に解説する。**地域化**という視点では、すさみ町の海岸を町の大事な財産と活動場所（コモンズ）としてとらえ浜掃除の活動を町民の身近なものにしている。**社会化**という視点では地域に根ざしたサービスの小さなコミュニティが構築されている。そして**包摂**という視点では、このコミュニティには、お年寄りが中心であるが、若い人や行政の人も参加できるようなオープンな視点をもっている。またLINEのプラットフォームを活用して連絡をとっている。**多様化**という視点では、海岸清掃という目的だけでなく、こない人の健康に気遣ったり、清掃後にお茶を飲んで会話を楽しんでいる。最後の**調整**という視点では、他のコミュニティとのつながりは少ないようである。このように分析してみると、すでに「近接のシステムのための5つのステップ」の4つのステップはできているが**調整**という視点や**社会的刺激とアトラクター**という視点は不足しているように思える。

そして、武蔵美の産学プロジェクトで「浜掃除のコミュニティ」に参加させてもらった学生は、都会ではなかなか得られないこの「近接のシステムのための5つのステップ」の実践をリアルに学ぶことができた。特に**調整**という視点では、これまでのコミュニティと学生のコミュニティがつながってきたと分析ができる。しかし、学生は何か不足していることを感じて、このコミュニテイに入れてもらいながら、新たな企画や活動を実践した。例えば、一緒に映画を見るようなイベント、一緒にダンスをするようなプロジェクトを実践したのである。そしてこのダンスをする活動は「騒げる奴等で天国GO」として80歳を中心としたお年寄りと学生がダンスやパフォーマンスを楽しむイベントに発展した。これはまさに**社会的刺激とアトラクター**の役割を学生たちが実験したとみることができる。

次に、すさみの美術大学の「ふるさと合宿」活動では、一緒に遊んだり多様な活動を通して、すさみ町の人たちの小さなコミュニティに参加させてもらった。そして、最終日に参加者の想いを形にして、SUSAMIースポーツフェスティバルの縁日に参加することなども含めて**社会的刺激**としては機能したが、まだ地域の人たちの交流としては不足していた。次の「すさみアートキャンプ2023」活動では、すさみ町から多くの人が参加して、都会から来る人たちとも交流しながら、このイベントを開催。まさに、**社会的刺激とアトラクター**の役割と実践である。また、多様なコミュニテイをつなぐ**調整**の役割もになっていた。

● 最後に

すさみの美術大学はまだ始まったばかりであるが、多くの視座を得ることができている。特に、**地域を見つめる視点が「地域活性化」や「地域での東京のデザイン活用」ではなく、都会の人にとっては「地域からの学び」であり、地域の人にとっても「調整」と「社会的刺激とアトラクター」の役割の可能性がある**と分析することもできる。また、すさみの美術大学の活動の目的は、産学プロジェクトで実践した活動を持続的なコミュニティとして継続することである。それはまさに「英雄的段階から変容する通常性へ」の挑戦であり、今後のすさみの美術大学の活動に目が離せない。

山﨑 和彦

付録2.6 協同とそれを可能にする組織形態と八尾市の事例

山縣が翻訳を担当したのは、付録1のパイスの手になるエッセイである。ここでは、近接をベースにしたプラットフォームの構築可能性が論じられている。そこでは、**協同組合**という組織形態をベースにした議論が展開されている。ただ、日本の場合、本来であれば営利を目的とした会社形態である株式会社を活用した**住みよい近接**の実現が目指されているケースもある。その一例として、大阪府八尾市の**みせるばやお**について見てみることにしよう。

● 大阪府八尾市の「みせるばやお」：会社形態の企業は〝住みよい近接〟を生み出していくアクターとなれるのか

大阪府八尾市で設立された**みせるばやお**は、もともと中小企業がそれぞれの資源や能力、知見などをシェアすることでイノベーションを生み出すことをねらいに、八尾市内を中心とする中小企業と八尾市、金融機関、大学などが共創し、2018年8月8日に開設した場である。それを継続的に事業として動かしていくための運営組織として、2020年8月に**株式会社みせるばやお**が併せて設立された。ここでは、創業支援のようなイノベーション促進だけでなく、地域の子どもたち向けにものづくりの魅力を伝えるワークショップや、八尾市の中小企業に就職した新入社員の横のつながりを深めるようなイベントなど、地域レベルでの関係的近接を深める試みも数多く展開されている。

このような動きは、まちの賑わいの中心となっていた百貨店の撤退といった八尾市の抱える課題と、地元企業の後継者たちのつながりを求める姿勢が合致したことにより始まった。そのうちに、もともと地元が好きであった事業者たちだけでなく、〝必ずしも地元が好きではない〟

事業者たちとの間にも関係的近接が生まれていった。そこにいくつかの中小企業が集まり、行政や金融機関もそれを支援する形でみせるばやおは誕生した。今では、このみせるばやおを中心として、八尾市にとどまらず、関西の中小企業が協同しつつ展開する「ファクトリズム」というオープンファクトリーも毎年開催されている。これらの活動においては、単に企業の存在を知ってもらうということだけにとどまらず、地域を構成するアクターの一人としての企業という認識を、経営者だけでなく従業員も共愉的（コンヴィヴィアル）に抱くことが、ひとつのねらいとなっている。

● 協同組合という組織／企業形態

このマンズィーニとパイスの本では、**ケア**という概念を軸にして、どうすればそれぞれの個人がより充実した生を過ごしていけるのかという問題意識が起点になっている。そのなかで注目されているのが、協同組合という組織形態である。国際協同組合同盟が１９９５年に採択した「21世紀に向けた世界の協同組合の活動指針を示す新しい協同組合原則」によれば、協同組合とは「人びとの自治的な組織であり、自発的に手を結んだ人びとが、共同で所有し民主的に管理する事業体を通じて、共通の経済的、社会的、文化的なニーズと願いをかなえることを目的とする」と規定されている。そして、**自発的で開かれた組合員制、組合員による民主的管理、組合員の経済的参加、自治と自立、教育、研修および広報、協同組合間の協同、地域社会（コミュニティ）への関与**という7つの点が原則として掲げられ、自助や自己責任だけでなく、民主主義や平等、公正、連帯といった価値観が基礎に置かれている。こういった価値観を支える考え方が、アソシエーションなのである。

付録1でも触れられているが、ヨーロッパでは市民が生活を支え合い、ケアするための組織として協同組合が重要な役割を果たしている。具体的には、協同組合金融や、ソーシャルハウジングの実践例としての組合所有住宅など多岐にわたる。日本でも、協同組合の連携によって、産消連携や事業連携、地域連携など多様なねらいに基づく活動も展開されている。具体的には、日本協同組合連携機構（ＪＣＡ）の公式サイトで紹介されているので、関心のある方はご覧いただきたい（https://www.japan.coop/cooperation/case/）。

ここで論じたいのは、株式会社という企業形態と協同組合という組織形態の優劣を比較することではない。地域の状況などによって、どちらが適切かは異なってくる可能性があるし、両方がアクターとして併存することも当然ながら考えられる。本書をきっかけとして、住みよい近接を実現するために、どのような組織／企業形態がふさわしいのかについての議論が活発化することを期待したい。

●デジタルプラットフォームの活用

ただ、問題は組織／企業形態の選択にとどまらない。関係性を支えるためのツールとしてのデジタルプラットフォームについても、やはり併せて考えるべきであろう。そこに、パイスのエッセイが置かれている意義がある。

その際に注意しておきたいのは、多くの場合、当初から計画的にどのデジタルプラットフォームを用いるかということが考えられていたわけではなく、必要に応じて、ド・セルトー「日常的実践のポイエティーク」の言葉を借りれば〝なんとかやっていく〟形で、実践されているという点である。それによって、その場で生じる課題の解決や、想起された〝ありたい状態〟への動きなどのなかで、戦術的に取り入れられ、その時その場で整序が試みられるわけである。

例えば、**みせるばやお**の場合、2023年9月の時点では、企業間の情報共有であればサイボウズ株式会社の**キントーン**（kintone）が、対外的な情報発信には**LINE**や**インスタグラム**、**フェイスブック**などが用いられている。さらに、八尾市が大阪信用金庫と提携し、株式会社カヤックが運営する地域通貨**まちのコイン**を導入した（2021年から実証実験として導入し、現在は正式導入。名称は**やおやお**）。**みせるばやお**も、この地域通貨のエコ

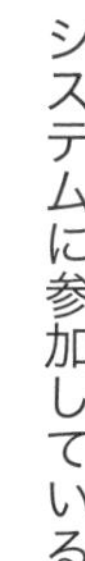

システムに参加している。

こういったデジタルプラットフォームの導入は、ややもすると場当たり的に見えるかもしれない。実際、多様なデジタルプラットフォームの利用は、確かに運用において手間を生じることがある。しかし、利用者のデバイス活用の潜在能力（ケイパビリティ）もまた多様であることを考えると、また、そもそも日常的な生活が必ずしも体系的に整ったことばかりではないことを考えると、複数のデジタルプラットフォームが併存していることは、生あるいは生活を支えるしなやかさを生み出すともいえる。

このように、住みよい近接を通じてよりよい生（ウェルビーイング）を実現しようとする際、物理的な近接だけでなく、デジタルプラットフォームによって支えられる関係的な近接も重要な役割を果たす。住みよい近接を支えるのは、計画的にも非計画的にも生み出されたハイブリッドな仕組みに目を向けることが大事になってくるのである。

山縣 正幸

著者

エツィオ・マンズィーニ（はじめに、および1章より4章を執筆）

イタリアのデザイン研究者であり、ソーシャル イノベーションとサステナビリティのためのデザインに関するリーダー。現在、ミラノ工科大学名誉教授、同済大学（上海）及び江南大学（無錫）客員教授。イノベーションとサスティナビリティのためのデザインに関する国際ネットワークであるDESISの創設者。これまでに、エリサバ デザイン スクール アンド エンジニアリング（バルセロナ）やロンドン芸術大学（ロンドン）など世界各地の大学で教えていた。代表的な著書は、「日々の政治 ソーシャルイノベーションをもたらすデザイン文化」、「Design,When Everyone Designs」と最新著書として「Livable Proximity: Ideas for the City That Cares」など。

寄稿者

イヴァナ・パイス（付録1を執筆）

ミラノにあるサクロ・クオーレ・カットリカ大学経済社会学教授。研究テーマはプラットフォーム経済とデジタル・レイバー。社会的インパクトのある変化・発展について分野横断的な研究を行う学内リサーチセンター・TRAILabの所長や国際的な社会学誌『Sociologica』の共同編集長を務める。

安西 洋之（日本語版監修、はじめにの翻訳と付録2.1の執筆を主担当）

モバイルクルーズ（株）代表取締役。De-Tales Ltd. ディレクター。東京とミラノを拠点とするビジネス＋文化のデザイナー。欧州とアジアの企業間提携の提案、商品企画や販売戦略等に多数参画してきた。同時にデザイン分野や地域文化との関わりも深く、ユーザビリティやローカリゼーション、意味のイノベーションの啓蒙活動、ラグジュアリー領域のイノベーション等に関与。著書に『「メイド・イン・イタリー」はなぜ強いのか？ 世界を魅了する〈意味〉の戦略的デザイン』など。共著に『新・ラグジュアリー 文化が生み出す経済 10の講義』『デザインの次に来るもの』。監修に、ベルガンティ『突破するデザイン』。訳書に、マンズィーニ『日々の政治 ソーシャルイノベーションをもたらすデザイン文化』。

本條 晴一郎（1章の翻訳と付録2.2の執筆を主担当）

静岡大学学術院工学領域事業開発マネジメント系列准教授。東京大学大学院総合文化研究科広域科学専攻および法政大学大学院経営学研究科経営学専攻修了。博士（学術）および博士（経営学）。学術振興会特別研究員、東京大学東洋文化研究所特任研究員、NTTドコモモバイル社会研究所副主任研究員等を経て現職。力学系理論、複雑系科学、脱植民地化の研究を経て、現在は市場創造としてのソーシャルイノベーションおよびブランディング等の経営学的対象を、サイバネティクスを中心とした学際的な観点から研究。著書に『消費者によるイノベーション』、『1からのデジタル・マーケティング』（共著）、『災害に強い情報社会』（共著）など。

森 一貴（2章の翻訳と付録2.4の執筆を主担当）

参加型デザイナー、プロジェクトマネージャー。フィンランド・アールト大学デザイン修士課程修了。山形県生まれ。東京大学教養学部卒業。コンサルティング会社勤務を経て福井県鯖江市へ移住し、越前鯖江の産業観光イベント「ＲＥＮＥＷ」や「ゆるい移住」など、持続可能な地域を目指すプロジェクトの企画・実施に携わる。また、福井県や鯖江市、エスポー市とのサービスデザインプロジェクトを実施。関心領域として、わからなさのなかで「ともにする」ことのデザインを探索している。ＲＥＮＥＷ元事務局長。シェアハウスの家主。受賞歴として令和２年度国土交通省「地域づくり表彰」最高賞・国土交通大臣賞（地域づくり部門）など。

澤谷 由里子（3章の翻訳と付録2.3の執筆を主担当）

名古屋商科大学ビジネススクール教授、Design for All（株）共同創業者&ＣＥＯ。東京大学大学院総合文化研究科博士課程修了。博士（学術）。（株）日本ＩＢＭ東京基礎研究所にてＩＴ及びサービス研究に従事。ＪＳＴサービス科学プログラムフェロー、早稲田大学教授などを経て、２０１８年より現職。ＪＳＴ　ＣＯＩ－ＮＥＸＴ 共創・地域共創第１領域プログラムオフィサー、経済産業省産業構造審議会、サービス産業の高付加価値化に関する研究会、攻めのＩＴ投資評価指標策定委員会の委員等。大興電子通信（株）社外取締役、ジャパンクラフトＨＤ（株）取締役（監査等委員）等兼務。主著に『Handbook of Service Science Vol.2』、『Global Perspectives on Service Science: Japan』など。

山﨑 和彦（日本語版監修、４章の翻訳と付録2.5の執筆を主担当）

（株）Ｘデザイン研究所共同創業者／ＣＤＯ、Smile Experience Design Studio代表。京都工芸繊維大学卒業後、クリナップ（株）、（株）日本ＩＢＭにてプロダクト、ソフトウェア、サービス等のデザインとコンサルティング担当、日本ＩＢＭ ＵＸデザインセンター長（技術理事）、千葉工業大学デザイン科学科／知能メディア工学科教授、武蔵野美術大学教授を経て現職。神戸芸術工科大学博士（芸術工学）号授与、東京大学新領域創成科学研究科博士課程単位取得満期退学。ＩＢＭ社 Academy of Technology、グッドデザイン賞選定委員、日本デザイン学会理事を歴任。主著に「うれしい体験のデザイン」等。

山縣 正幸（付録1の翻訳と付録2.6の執筆を主担当）

近畿大学経営学部教授。関西学院大学大学院商学研究科博士課程後期課程単位取得退学。博士（商学）。専門は経営学史、とりわけドイツ語圏における経営学理論の展開と現代的意義の探究。最近は、サービスデザインや意味のイノベーションについて、経営学的な位置づけを試みている。２０１７年から価値創造デザインプロジェクトの名称で、プロジェクト型学修、協同的実践を展開中。もともとの関心領域は、日本の古典文芸（特に和歌と能）の美学的な考察。主著に『企業発展の経営学』、共著『ＤＸ時代のサービスデザイン』、論考として「方法としての経営学史」など。八尾市産業振興会議座長を歴任。

協力者

小林広樹、渡辺隆行、辻川暁、飯田裕美、金田由妃、小嶋裕亮、吉良栞、深田久典、杉浦友美、渡辺今日子、峯菜月、渡辺紀陽美、河村憲一、筈井淳平、鍵和田真人、大湯麻衣子、辻大賀、塚本仁志、竹内政憲、阿部一朗、石川雅文、大久保敏之、寺本裕美子、川島里沙、酒井章、今尾充博、小島幸代、杉本博子、布施陽介、大野睦昌、小玉泰士、飯野麻衣、石井萌、村上健太、佐々木実、川田智子、喬巧、別府妙香、井登友一、神谷泰史、加藤大暁、田中聡一郎、稲葉貴志、井上順子、鼻輪篤、玉井恵里子、佐々木俊弥、キボウ、河野泉、小原大樹、峯村昇吾、井出充、柴田吉隆、足立毅、陣内秀信、アレッサンドロ・ビアモンティ（順不同）

付録2．2の本條の解説はＪＳＰＳ科研費ＪＰ22Ｋ01762の成果を、付録2．3の澤谷の解説はＪＳＰＳ科研費ＪＰ20Ｋ01839の成果を、付録2．6の山縣の解説はＪＳＰＳ科研費ＪＰ23Ｋ01527の成果をそれぞれ含んでいる。

ここちよい近さがまちを変える
ケアとデジタルによる近接のデザイン

2023 年 11 月 1 日 初版第 1 刷発行
2024 年 5 月 1 日 初版第 2 刷発行

著者　エツィオ・マンズィーニ
寄稿者　イヴァナ・パイス
翻訳者・解説者　安西 洋之、本條 晴一郎、森 一貴、澤谷 由里子、山崎 和彦、山縣 正幸

発行人　浅野 智
発行所　X デザイン出版（https://www.xdesign-lab.com）
〒214-0023 神奈川県川崎市多摩区長尾 7-4-11-202
編集　岩崎 友彦
デザイン　竹内 公啓

ISBN978-4-910984-02-5
Printed in Japan

Livable Proximity: Ideas for the City That Cares
by Ezio Manzini